中等职业教育课程改革创新教材

金融事务专业规划教材

证券实务

主　编　刘万军

参　编　孙晓红　季　猛　黄建萍

李　梅　刘佳彬

主　审　彭纯宪

机　械　工　业　出　版　社

本书以《中华人民共和国公司法》、《中华人民共和国证券法》等为依据，参照最新的证券从业资格考试大纲，选取学习内容。教学内容的安排体现了“做中学、做中教”的理念和实用的原则。

全书由证券与证券市场、股票的发行与交易、债券的发行与交易、投资基金的发行与交易、证券投资决策与分析、证券投资风险的防范和证券监管六章内容组成。为了便于深入学习和掌握本书的主要内容，另外配有《证券实务习题集》供练习使用。

本书适合中等职业学校会计类、金融类、商贸类、管理类等相关专业课程实训教学，也可作为参加证券从业资格考试的补充参考教材。

图书在版编目（CIP）数据

证券实务/刘万军主编. —北京：机械工业出版社，2012.1
中等职业教育课程改革创新教材　金融事务专业规划教材
ISBN　978-7-111-36972-1

Ⅰ. ①证…　Ⅱ. ①刘…　Ⅲ. ①证券投资—中等专业学校—教材
Ⅳ. ①F830.91

中国版本图书馆 CIP 数据核字（2011）第 280099 号

机械工业出版社（北京市百万庄大街 22 号　邮政编码 100037）
策划编辑：宋　华　　　责任编辑：陈　曦
责任印制：杨　曦

保定市中画美凯印刷有限公司印刷

2012 年 1 月第 1 版第 1 次印刷
184mm×260mm · 12 印张 · 295 千字
标准书号：ISBN　978-7-111-36972-1
定价：29.00 元

凡购本书，如有缺页、倒页、脱页，由本社发行部调换

电话服务	网络服务
社服务中心：（010）88361066	门户网：http://www.cmpbook.com
销售一部：（010）68326294	
销售二部：（010）88379649	教材网：http://www.cmpedu.com
读者购书热线：（010）88379203	封面无防伪标均为盗版

前言

一、本书的编写背景及指导思想

目前，有关证券知识类的中等职业教育教材版本众多。这些教材虽然各有特色，但就选用后的教学实践来看，仍然难以适应中等职业学校学生现有的学习能力及现状。有的理论性过强，有的内容量太大、难度太深，学起来感到很吃力，不便于老师有效地组织教学。在教与学的过程中，教师仍然要按照学生的实际在教学内容、教学方法上作大量的调整和补充，以满足学生的学习需求以及社会各工作岗位对中等职业学校人才的需求。

本书的编写指导思想是：以“做中学、做中教”为理念，以“证券市场运作、证券市场客体的流转过程”和“证券市场参与者的不同具体实际岗位工作”为基点，以相关的证券法规为依据，参照最新的证券从业资格考试大纲，选取学习内容。

二、本书的特色

本书的特点是以工作过程为导向，本着够用、实用的原则，以培养学生的实际操作能力为主，避免过多的理论阐述。教材设计尽量方便教师组织教学，以简单具体的案例反映证券市场的运作过程，增强趣味性，力求在短时间内让学生掌握最基本的证券知识。

1）教材充分体现“做中学、做中教”的思想，把需要中等职业学校学生学习的最基本的证券知识，用简洁的语言进行阐述，适度增加知识结构图表、典型案例、小资料、小知识、实训内容等。

2）教材内容与证券业务工作实际结合紧密，培养学生岗位实务操作能力。

3）使用范围广。教材知识点参照 2009 年的证券从业资格考试大纲，基本涵盖证券从业资格考试的命题范围。

三、课时分配与编写分工

本书建议总课时为 72 学时（每周 4 节，一学期），教学中可根据具体情况进行调整。

项　目	内　容	课　时
第一章	证券与证券市场	10
第二章	股票的发行与交易	12
第三章	债券的发行与交易	12
第四章	投资基金的发行与交易	12
第五章	证券投资决策与分析	14
第六章	证券投资风险的防范和证券监管	12
合　计	——	72

本书由刘万军担任主编，彭纯宪担任主审。具体编写分工如下：孙晓红、季猛编写了第

一章，刘万军编写了第二章，刘万军、黄建萍编写了第三章、第五章，李梅、刘佳彬编写了第四章、第六章。

本书在编写过程中参考了大量的教材、书籍和网络信息，得到了同行和领导的大力支持，在此一并表示感谢。

为了方便教学，凡选用本书作为教材的教师，均可登录机械工业出版社教材服务网（http://www.cmpedu.com）免费下载助教课件。

由于编者能力有限，书中难免存在不妥之处，恳望专家、读者不吝指正。

编　者

目　录

前言

第一章　证券与证券市场 1

第一节　证券概述 1

第二节　证券市场 8

第三节　证券市场参与者 15

第二章　股票的发行与交易 19

第一节　股票概述 19

第二节　股票的价格 28

第三节　股票发行 34

第四节　股票交易 50

第三章　债券的发行与交易 68

第一节　债券概述 68

第二节　债券发行 76

第三节　债券的市场价格及收益率 86

第四节　债券交易 93

第四章　投资基金的发行与交易 103

第一节　投资基金概述 103

第二节　投资基金类型 108

第三节　投资基金的设立、发行与交易 115

第五章　证券投资决策与分析 125

第一节　证券投资决策 125

第二节　宏观分析 129

第三节　行业分析与区域分析 134

第四节　对上市公司的分析 142

第五节　证券投资技术分析 154

第六章　证券投资风险的防范和证券监管 170

第一节　证券投资风险的防范 170

第二节　证券监管 175

参考文献 186

第一章 证券与证券市场

证券是指各类记载并代表一定权利的法律凭证的统称。它是一种特殊的商品和资本，在我们的经营活动和日常生活中十分普遍，例如银行存款单、提货单、股票等。证券市场是证券发行和买卖的场所，是资本供求的中心。在发达的市场经济中，证券市场是完整的市场体系的重要组成部分，它不仅反映和调节货币资金的运动，而且对整个经济的运行具有重要影响，是国民经济的晴雨表。

本章主要介绍有关证券和证券市场的知识，通过"案例导入"，激发学生的学习兴趣，教师引导学生采用探究式的教学方法完成本章的学习任务：①掌握证券的概念。②认识证券的分类和有价证券的特征。③掌握证券市场的概念。④了解证券市场的产生与发展过程。⑤了解证券市场的特征与功能。⑥认识证券市场参与者的构成。

通过《证券实务习题集》的练习和训练，巩固和加深对证券与证券市场知识的理解，提高对证券市场的认识。

第一节 证券概述

案例导入

早期的证券——一张老股票

荷兰北部小城霍伦的西弗里斯档案馆于2010年9月9日宣布，在馆内发现一张古老凭证。经鉴定这是迄今为止发现的世界上最古老的股票。

这张股票凭证是荷兰乌得勒支大学一名历史系学生为写论文在该档案馆查找资料时无意中发现的。人们起初以为这仅仅是一张古老的借据而已，但经过鉴定后发现，这是荷兰东印度公司于1606年9月9日在霍伦发行的一张股票，股票持有人为彼得·哈尔门松，票面价值为150荷兰盾。

值得一提的是，这张股票凭证记载了荷兰东印度公司的分红信息，可以看出东印度公司在发行这张股票的几年内没有分红，之后业绩开始好转。

据悉，荷兰东印度公司是世界上最早发行股票的公司。这是迄今为止发现的第四张该公司发行的股票凭证，比之前认定的世界最早的股票早了3个星期。

温馨提示

炒股有风险，切记！切记！

相关知识

一、证券的基本知识

你见过股票、支票、保险单、提货单、存款单吗？这些单证虽然形式上各有不同，但是它们的共同点都是其持有者凭此可以享受一定的权利。

（一）证券的含义

证券是各类财产所有权或债权凭证的统称。它用以证明持券人有权依其所持证券记载的内容取得相应的权益，如股票、债券、票据、保险单、提货单、存款单等都是证券。所以，证券的本质是一种交易契约或合同，该契约或合同赋予合同持有人根据该合同的规定对合同规定的标的采取相应的行为并获得相应收益的权利。

（二）证券的票面构成要素

证券的票面构成要素包括四点，如图 1-1 所示。

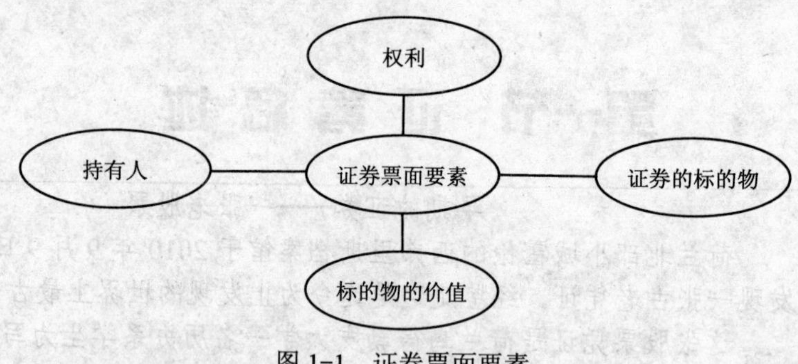

图 1-1　证券票面要素

1. 持有人

证券的持有人，即证券为谁所有。

2. 证券的标的物

证券的标的物，即证券票面上所载明的特定的具体内容，它表明持有人权利所指向的特定对象。

3. 标的物的价值

标的物的价值，即证券所载明的标的物的价值大小。

4. 权利

权利，即持有人持有该证券所拥有的权利。

上海双鹿电器股份有限公司股票票样如图1-2所示，请指出其票面要素。

图 1-2　上海双鹿电器股份有限公司股票票样

二、证券的分类

证券可以分为证据证券、凭证证券和有价证券。

（一）证据证券

证据证券是指单纯地证明事实的文件，主要有信用证、证据（书面证明）等。

（二）凭证证券

凭证证券是指认定持证人是某种私权的合法权利者，证明持证人所履行的义务有效的文件，如存款单、借据、收据及定期存款存折等就属于这一类。凭证证券实际上是无价证券，虽然是代表所有权的凭证，但不能让渡，不能独立地作为所有权证书来行使权利。

（三）有价证券

1. 有价证券的含义

有价证券是一种具有一定票面金额，证明持有人有权按期取得一定收入，并可自由转让和买卖的所有权或债权证书。有价证券本身并没有价值，只是由于它能为持有者带来一定的股息或利息收入，因而可以在证券市场上自由买卖和流通。

小知识

钞票、邮票、印花税票、股票、债券、国库券、商业本票、承兑汇票、银行定期存单等，都是有价证券。但一般市场上说的证券交易，特指《中华人民共和国证券法》所规定的有价证券，钞票、邮票、印花税票等不在这个范围内。证券交易被限制在《中华人民共和国证券法》所规定的有价证券范围之内。

温馨提示

无价证券，是指具有证券的某一特定功能，但不能作为财产使用的书面凭证。由于这类证券不能流通，所以不存在流通价值和价格。

无价证券按照不同的功能，通常分为证据证券和凭证证券。证据证券是单纯证明某一特定事实的书面凭证，如信用证等。凭证证券即资格证券，是表明证券持有人具有行使一定权利资格的书面凭证，如借据、收据、各种类型的资格证，以及机票、车船票、电影票等。

无价证券和有价证券的最大区别是不具有流通性。法律和政策规定无价证券不能通过流通来增值，因此无价证券在经济上缺乏实际的投资价值。而有价证券可以在流通中实现收益的增减。

2. 有价证券的分类

有价证券可以按不同标准进行分类，如图 1-3 所示。

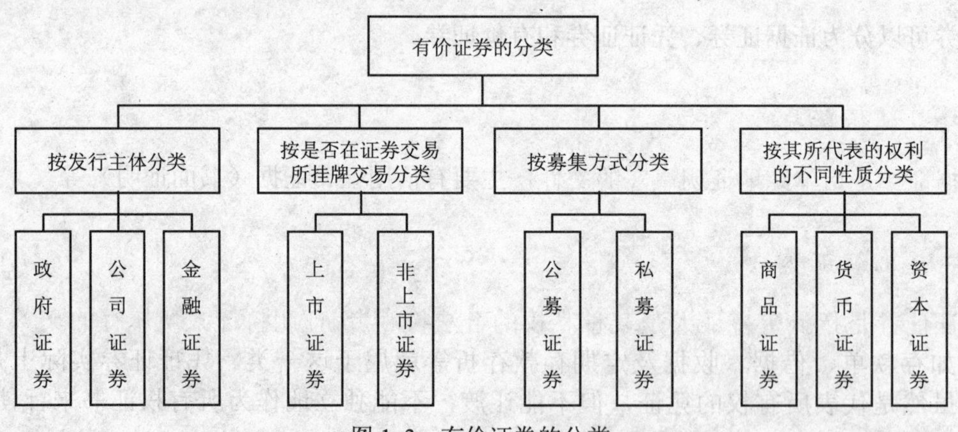

图 1-3 有价证券的分类

（1）按发行主体分类 有价证券可以按发行主体分为政府证券、公司证券和金融证券。

1）政府证券通常是指由中央政府或地方政府发行的债券。中央政府债券也称国债，通常由国家财政部发行。

2）公司证券的包含范围比较广泛，有股票、公司债券及商业票据等，它是公司、企业等经济法人为筹集资金或与筹集资金直接相关的行为而发行的证券。

3）金融证券通常是指银行及非银行金融机构发行的证券，其中金融债券尤为常见。

（2）按是否在证券交易所挂牌交易分类　有价证券可以按是否在证券交易所挂牌交易分为上市证券和非上市证券。

1）上市证券又称挂牌证券，是指经证券主管机关批准，并在证券交易所注册登记，获得在证券交易所内公开买卖资格的证券。

2）非上市证券又称非挂牌证券、场外证券，是指未申请上市或不符合在证券交易所挂牌交易条件的证券。

（3）按募集方式分类　有价证券可以根据募集方式分为公募证券和私募证券。

1）公募证券是指发行人通过中介机构向不特定的社会公众投资者公开发行的证券，其审批较严格并采取公示制度。

2）私募证券是指向少数特定的投资者发行的证券，其审查条件较松，投资者较少，不采取公示制度。

（4）按其所代表的权利的不同性质分类　有价证券可以按其所代表的权利的不同性质分为商品证券、货币证券和资本证券。

1）商品证券是指证明持券人有商品所有权或使用权的凭证，取得这种证券就等于取得这种商品的所有权。持券者对这种证券所代表的商品所有权享有法律保护，属于商品证券的有提货单、运货单、仓库栈单等。

2）货币证券是指本身能使持券人或第三者取得货币索取权的有价证券，即可以用来代替货币使用的有价证券。货币证券主要用于企业之间的商品交易、劳务报酬的支付和债权债务的清算等，常见的有期票、汇票、本票、支票等。

3）资本证券是指把资本投入企业或把资本供给企业、国家的一种书面证明文件。资本证券主要包括股权证券（所有权证券）和债权证券，如各种股票和各种债券等。

资本证券是有价证券的主要形式，狭义的有价证券即指资本证券。在日常生活中，人们通常把资本证券直接称为有价证券乃至证券。

小资料

1984年11月，中国第一家股份上市公司——上海飞乐音响股份公司成立。

1987年5月，深圳发展银行首次向社会公开发行股票，成为深圳第一只股票。

1990年11月26日，上海证券交易所成立。

1991年4月，经国务院授权、中国人民银行批准，深圳证券交易所成立，7月3日正式营业。

1991年7月11日，上海证券交易所推出股票账户，逐渐取代股东名卡。

1991年7月15日，上海证券交易所开始向社会公布上海股市8种股票的价格变动指数，以准确反映上海证券交易所开业以后上海股市的总体走势，为投资者入市及从事研究提供重要依据。

1991年8月28日，中国证券业协会在北京成立。

1991年10月31日，中国南方玻璃股份有限公司与深圳市物业发展（集团）股份有限公司向社会公众招股，这是中国股份制企业首次发行B股。

1992年10月12日，国务院证券委员会中国证券监督管理委员会（简称证监会）成立。

1993 年 4 月 22 日，《股票发行与交易管理暂行条例》正式颁布实施。
1993 年 8 月 6 日，上海证券交易所所有上市 A 股均采用集合竞价。
1993 年 7 月 7 日，国务院证券委发布《证券交易所管理暂行办法》。
1995 年 7 月 11 日，中国证监会正式加入证监会国际组织。
1997 年 11 月，国务院证券委员会颁布实施《证券投资基金管理暂行办法》。
1999 年 7 月 1 日，《中华人民共和国证券法》正式实施。
2004 年 6 月 1 日，《中华人民共和国证券投资基金法》施行。
2008 年 10 月 5 日，中国证监会宣布将正式启动证券公司融资融券业务试点工作。
2010 年 6 月 9 日，融资融券试点扩大范围。

三、有价证券的特征

有价证券的特征，如图 1-4 所示。

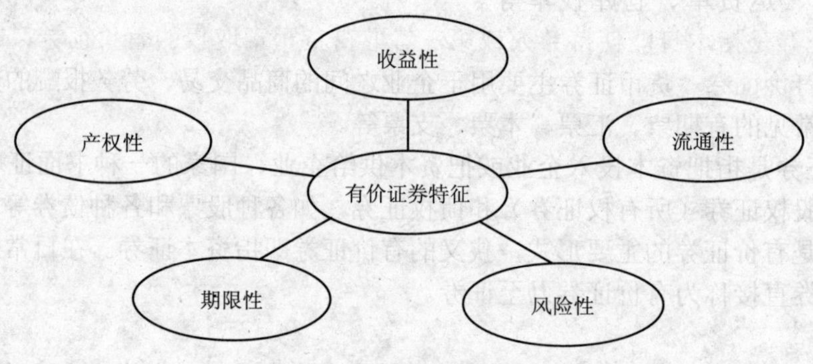

图 1-4　有价证券的特征

1. 产权性

证券的产权性是指有价证券记载着权利人的财产权内容，代表着一定的财产所有权，拥有证券就意味着享有财产的占有、使用、收益和处分的权利。在现代经济社会里，财产权利和证券已密不可分、融为一体，即权利证券化。虽然证券持有人并不实际占有财产，但可以通过持有证券，在法律上拥有有关财产的所有权或债权。

2. 收益性

收益性是指持有证券本身可以获得一定数额的收益，这是投资者转让资本使用权的回报。证券代表的是对一定数额的某种特定资产的所有权或债权。而资产是一种特殊的价值，它要在社会经济运行中不断运动，不断增值，最终形成高于原始投入价值的价值。由于这种资产的所有权或债权属于证券投资者，投资者持有证券也就同时拥有取得这部分资产增值收益的权利，因而证券本身具有收益性。有价证券的收益表现为利息收入、红利收入和买卖证券的差价，收益的多少通常取决于该资产增值数额的多少和证券市场的供求状况。

3. 流通性

证券的流动性又称变现性，是指证券持有人可按自己的需要灵活地转让证券以换取现金。流通性是证券的生命力所在。证券的期限性约束了投资者的灵活偏好，但其流通性以变通的方式满足了投资者对资金的随机需求。证券的流通是通过承兑、贴现、交易实现的。证券流通性的强弱，受证券期限、利率水平、利息方式、信用度、知名度和市场便利程度等多种因素的制约。

4. 风险性

证券的风险性是指证券持有者面临着预期投资收益不能实现，甚至使本金受到损失的可能。这是由证券的期限性和未来经济状况的不确定性所导致的。在现有的社会生产条件下，未来经济的发展变化有些是投资者可以预测的，有些则无法预测。因此，投资者难以确定其所持有的证券将来能否取得收益和能获得多少收益，从而就使持有证券具有风险。

5. 期限性

债券一般有明确的还本付息期限，以满足不同投资者和筹资者对融资期限以及与此相关的收益率需求。债券的期限具有法律的约束力，是对双方的融资权益的保护。股票没有期限，可视为无期证券。

有价证券的出现，可以加速资本集中，从而适应商品生产和商品交换规模扩大的需要。有价证券是虚拟资本的形式，它本身没有价值，但是由于它能为持有者带来一定的收入，因而能够在证券市场上买卖，具有价格。有价证券的价格取决于证券预期收入和银行存款利率两个因素，同前者成正比，同后者成反比。此外，有价证券供求关系的变化、政局的稳定、政策的变化、国家财政状况以及市场银根松紧程度等因素都会引起有价证券价格的波动。

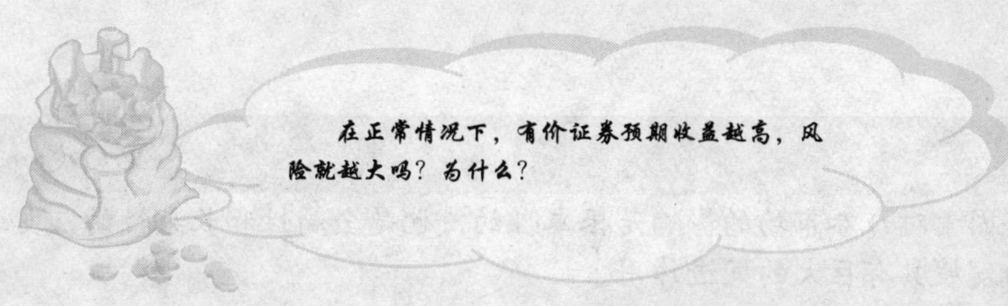

小故事

砍柴不磨刀

一位客户来银行办理基金认购业务。因为基金产品种类繁多，收益情况参差不齐，便拿不准到底应该买哪一只。他向银行工作人员咨询，银行工作人员本着对客户负责的态度，耐心地向这位客户介绍基金的分类、风险、投资渠道等基本概念。没想到的是，客户还没等工作人员把话说完，就很不耐烦地打断他，说“你不要跟我说这些似是而非的东西，我只要你推荐一款能赚钱的基金，不要‘赔本型基金’……”

第二节 证券市场

案例导入

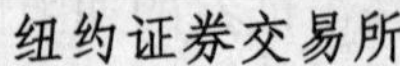

纽约证券交易所

纽约证券交易所（New York Stock Exchange, NYSE）是目前世界上规模最大的证券交易市场。在美国证券发行之初，尚无集中交易的证券交易所，证券交易大都在咖啡馆和拍卖行里进行。

1792 年 5 月 17 日，24 名经纪人在纽约华尔街和威廉街的西北角一咖啡馆门前的梧桐树下签订了“梧桐树协定”，这是纽约交易所的前身。到了 1817 年，华尔街上的股票交易已十分活跃，于是市场参加者成立了“纽约证券和交易管理处”，一个集中的证券交易市场基本形成。1863 年，管理处易名为纽约证券交易所，此名一直沿用至今。

如今，纽约证券交易所内共设有 16 个交易厅，每个交易厅有 16～20 个交易柜台，均装备有现代化办公设备和通信设施。经营对象主要为股票，其次为各种国内外债券。除节假日外，交易时间为每周 5 天，每天 5 小时。自 20 世纪 20 年代起，它一直是国际金融中心，这里股票行市的上涨与下跌，都会在其他资本主义国家的股票市场产生连锁反应，引起波动。

你知道世界著名的证券市场有哪些吗？

温馨提示

宏观经济因素对证券市场的影响是根本性的，也是全局性和长期性的。发达有序的证券市场对经济的发展具有巨大的促进作用。

相关知识

证券市场是现代金融体系的重要组成部分，也是金融市场的核心和焦点。

一、证券市场的概念

证券市场是证券发行和买卖的场所。证券市场通过证券信用的方式融通资金，通过证券的买卖活动引导资金流动，有效合理地配置社会资源，支持和推动经济发展，因而是资本市

场的核心和基础，是金融市场中最重要的组成部分。

二、证券市场的产生和发展

（一）证券市场的产生

证券的出现并不意味着证券市场同时产生，只有当证券通过市场公开发行与转让，证券市场才随之出现。因此，证券市场的形成必须具备一定的社会条件和经济基础。证券市场形成于自由资本主义时期，股份公司的产生和信用制度的深化是证券市场形成的基础。

首先，证券市场是商品经济和社会化大生产发展的必然产物。随着生产力的发展和商品经济的日益社会化，资本主义从自由竞争阶段发展到垄断阶段，资本家所依靠的银行借贷资本已经不能满足巨额资金增长的需要。为满足社会化大生产对资本扩张的需求，客观上需要有一种新的筹集资金的手段。在这种情况下，证券与证券市场就应运而生了。

其次，股份公司的建立为证券市场的形成提供了必要条件。随着生产规模的日益扩大，传统的独资经营方式和封建家族企业已经不能满足资本扩张的需要。于是，合伙经营组织应运而生，随后又由单纯的合伙经营组织演变成股份制企业——股份公司。股份公司通过发行股票、债券向社会公众募集资金，实现资本集中，满足扩大再生产对资金的大量需要。因此，股份公司的建立和股票、债券的发行为证券市场的产生和发展提供了必要条件。

再次，信用制度的发展促进了证券市场的形成和发展。近代信用制度的发展促使信用机构由单一的中介信用发展为直接信用，即直接对企业进行投资。于是，金融资本逐步渗透到证券市场，成为证券市场的重要支柱。信用工具一般都要求具有流通变现的特性，股票、债券等有价证券具有较强的变现性，而证券市场恰好为有价证券的流通和转让创造了条件。由此可见，信用制度的发展可以促使更多的社会公众的货币收入转化为货币资本，投入到证券市场中去。证券业的兴起为近代信用制度的发展开辟了广阔的天地。

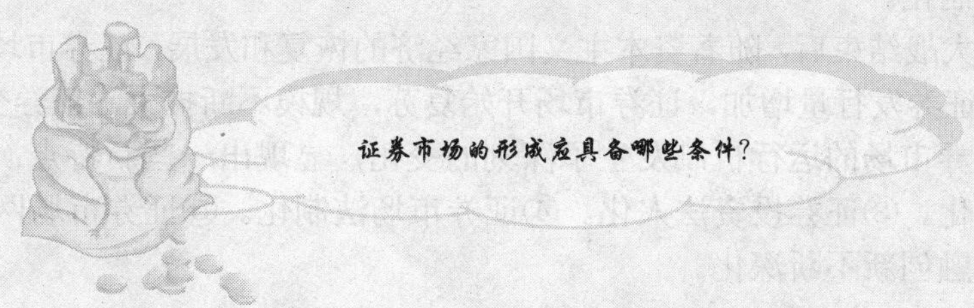

（二）证券市场的发展

1. 萌芽阶段

1602 年，在荷兰的阿姆斯特丹成立了世界上第一家股票交易所。1773 年，英国的第一家证券交易所在“乔纳森咖啡馆”成立，并于 1802 年获得英国政府的正式批准，为现在伦敦证券交易所的前身。1790 年，美国成立了第一家证券交易所——费城证券交易所。1792 年 5 月 17 日，24 名经纪人在华尔街的一棵梧桐树下聚会，商订了一项名为“梧桐树协定”的协议，约定每日在梧桐树下聚会，从事证券交易，并制订出了交易佣金的最低标准及其他交易条款。1817 年，这些经纪人共同组建了“纽约证券和交易管理处”，1863 年改名为“纽约证券交易所”，这就是著名的纽约证券交易所的前身。

小故事

咖啡馆和证券市场的渊源

17世纪后半叶随着英国的崛起，整个欧洲的经济中心转移到了伦敦。那时世界各地的消息对国内经济的走势至关重要，而咖啡馆恰是得知四面八方消息最为便利的地方。当时还没有股票交易所，股票交易纯属私人商业活动，志同道合的投资人在咖啡馆聚首买卖股票。

2. 发展阶段（19世纪初—20世纪20年代）

从19世纪末到20世纪初，欧美的一些资本主义国家相继进入了垄断资本主义阶段。证券市场以其独特的形式有效地推动了资本的积累和集中，同时自身也获得高速的发展。

纵观这一时期的证券市场，其主要特点是：

1）股份公司逐渐成为社会经济中的主要企业组织形式。

2）有价证券发行量不断扩大，已初具规模。

3）一些国家开始加强证券管理，引导证券市场规范化运行。例如，英国在1862年颁布了《股份公司条例》，德国于1892年通过的《有限责任公司法》，法国于1867年颁布了《公司法》，日本于1894年制定的《证券交易法》等。

4）证券交易市场得到了发展。例如，1878年日本东京证券交易市场形成；1877年瑞士创建了苏黎世证券交易所；1891 年中国香港地区成立了股票经纪协会，1914 年更名为香港证券交易所。

3. 完善阶段（20世纪30年代以来）

1929～1933年，资本主义国家爆发了严重的经济危机。这次危机严重地影响了证券市场，股价剧烈波动，市场崩溃，投资者损失惨重。这次经济危机使各国政府清醒地认识到必须加强对证券市场的管理，于是世界各国政府纷纷制定证券市场法规并设立管理机构，促使证券交易市场趋向法制化。

第二次世界大战结束后，随着资本主义国家经济的恢复和发展，证券市场也迅速地得到恢复和发展。公司证券发行量增加，证券市场开始复苏，规模不断扩大，证券交易也日益活跃。

这一时期证券市场的运行机制发生了深刻的变化，显现出一些新特点：①金融证券化。②证券市场多样化。③证券投资法人化。④证券市场法制化。⑤证券市场网络化。⑥证券市场国际化。⑦金融创新不断深化。

（三）中国证券市场的发展

我国证券市场的产生可以追溯到北洋政府时期，1914年北洋政府颁布的《证券交易所法》推动了证券交易所的建立。1918年夏天成立的北平证券交易所是中国人自己创办的第一家证券交易所。20世纪30年代，我国证券市场一度繁荣。新中国成立之后，我国推行计划经济体制，取消了证券市场。直至20世纪80年代，在邓小平理论的指导下，在党中央和国务院的支持下，伴随着改革开放的深入和经济发展，我国证券市场逐步恢复发展。1981年，我国恢复国库券发行，拉开了新时期中国证券市场的发展序幕。1984年，上海、北京、深圳等地的少数企业开始发行股票和企业债券，证券发行市场重新启动。1988年国债流通市场的建立和20世纪80年代中后期股票柜台交易的起步，标志着证券流通市场开始形成。1990年底，经国务院同意，上海证券交易所正式宣告成立。1991年4月，深圳证券交易所经批准正式成

立。两大交易所的建立极大地推进了证券市场的发展，国内证券交易逐步规范。近年来，随着《中华人民共和国证券法》的实施，中国证券市场开始逐渐完善和发展。

三、证券市场的特征与功能

（一）证券市场的特征

1. 证券市场是价值直接交换的场所

有价证券是价值的直接代表，其在本质上只是价值的一种直接表现形式。虽然证券交易的对象是各种各样的有价证券，但证券市场在本质上是价值的直接交换场所。

2. 证券市场是财产权利直接交换的场所

证券市场上的交易对象是作为经济权益凭证的股票、债券、投资基金等有价证券，它们本身是一定量财产权利的代表。所以，证券市场实际上是财产权利的直接交换场所。

3. 证券市场是风险直接交换的场所

有价证券既是一定收益权利的代表，同时也是一定风险的代表。有价证券的交换在转让出一定收益权的同时，也把该有价证券所具有的风险转让出去。所以，从风险的角度分析，证券市场也是风险的直接交换场所。

应该特别注意证券市场与一般商品市场的区别，见表 1-1。

表 1-1　证券市场与一般商品市场的区别

市场区别	证券市场	一般商品市场
交易对象	股票、债券等有价证券	特定商品
交易目的	投资收益、筹集资金	满足某种消费的需要
交易对象价格	利润的分割	商品价值的货币表现
市场风险不同	价格波动性大、风险较大	价格波动较小、风险较小

（二）证券市场的功能

证券市场综合反映国民经济运行的情况，被称为国民经济的“晴雨表”，客观上为观察和监控经济运行提供了直观的指标。证券市场是市场经济发展到一定阶段的产物，是为解决资本供求矛盾和促进资本流动而产生的市场。证券市场的功能如图 1-5 所示。

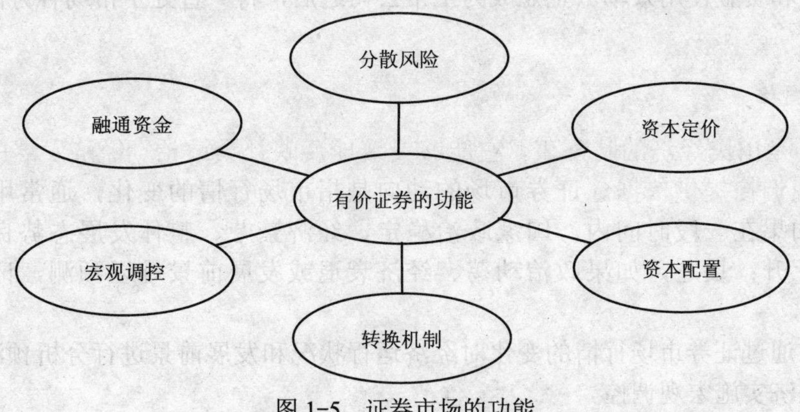

图 1-5　证券市场的功能

1. 融通资金

证券市场的融资功能是指证券市场为资金需求者筹集资金的功能。融通资金是证券市场的首要功能，这一功能的另一作用是为资金的供给者提供投资对象。一般来说，企业融资有两种渠道：一是间接融资，即通过银行贷款而获得资金；二是直接融资，即发行各种有价证券汇集社会闲散资金。前者提供的贷款期限较短，适合解决企业流动资金不足的问题，而银行长期贷款数量有限，条件苛刻，对企业不利。后者弥补了前者的不足，让社会化大生产和企业大规模经营成为可能。政府也可以发行债券，从而迅速地筹集巨额资金，投入到国家的生产建设之中或用来弥补当年的财政赤字。

2. 资本定价

证券市场的第二个基本功能就是为资本决定价格。证券是资本的存在形式，证券的价格实际上是证券所代表的资本的价格。证券的价格是证券市场上证券供求双方共同作用的结果。证券市场的运行形成了证券需求者和证券供给者竞争的关系，这种竞争的结果使资本投资回报趋于合理。市场的需求大，其相应的证券价格就高；反之，证券的价格就低。因此，证券市场提供了资本的合理定价机制。

3. 资本配置

证券市场的资本配置功能是指通过证券价格引导资本的流动而实现资本合理配置的功能。证券投资者对证券的收益十分敏感，而证券收益率在很大程度上决定于企业的经济效益。从长期来看，经济效益好的企业证券拥有较多的投资者，这种证券在市场上买卖也很活跃。相反，经济效益差的企业证券投资者越来越少，证券在市场上的交易也不旺盛。所以，社会上部分资金会自动地流向经济效益好的企业，远离效益差的企业。这样，证券市场就引导资本流向能产生高报酬的行业或企业，从而使资本收益最大化，进而实现资源的合理配置。

4. 转换机制

企业如果要通过证券市场筹集资金，必须改制成为股份有限公司。股份公司的组织形式是社会化大生产和现代市场经济发展的产物，在这种企业组织形式下企业的所有权和经营权是分离的。股份有限公司有一系列严格的法律、法规对其进行规范，使企业能够自觉地提高经营管理水平和资金使用效率。企业成为上市公司之后，将一直处于市场各方面的监督和影响之中。

5. 宏观调控

证券市场是国民经济的晴雨表，它能够灵敏地反映社会政治、经济发展的动向，为经济分析和宏观调控提供依据。证券市场的动向是指市场行情的变化，通常用证券价格指数来表示。如果在一段时间内，国家政治稳定、经济繁荣、整体发展态势良好，证券价格指数就会上升；反之，如果政治动荡、经济衰退或发展前景难以预测，证券价格指数就会下跌。

政府可以通过证券市场行情的变化对经济运行状况和发展前景进行分析预测，并且利用证券市场对经济实施宏观调控。

6. 分散风险

证券市场不仅为投资者和融资者提供了宽广的投融资渠道，而且还具有分散风险的功能。对于上市公司来说，通过证券市场融资可以将经营风险部分地转移和分散给投资者，公司的股东越多，单个股东承担的风险就越小。另外，企业还可以通过购买一定的证券，保持资产的流动性和提高盈利水平，减少对银行信贷资金的依赖，提高企业对宏观经济波动的抗风险能力。对于投资者来说，可以通过买卖证券和建立证券投资组合来转移和分散资产风险，投资者往往把资产分散投资于不同的对象。证券作为流动性、收益性都相对较好的资产形式，可以有效地满足投资者的需要，而且投资者还可以选择不同性质、不同期限、不同风险和收益的证券构建证券组合，分散证券投资的风险。

用屁股赚钱比用脑袋赚得更多

沃伦·巴菲特是当今世界具有传奇色彩的证券投资商。用屁股赚钱比用脑袋赚得更多是他著名的投资哲学。很多人只重视用脑袋来选择投资工具，却不能把屁股稳稳地坐在选到的投资工具上。他们不停地选择，却没能长期持有，到头来只是为券商贡献了手续费，自己却是竹篮打水一场空。

四、证券市场的分类

按照不同的标准，对证券市场可以进行不同分类，如图 1-6 所示。

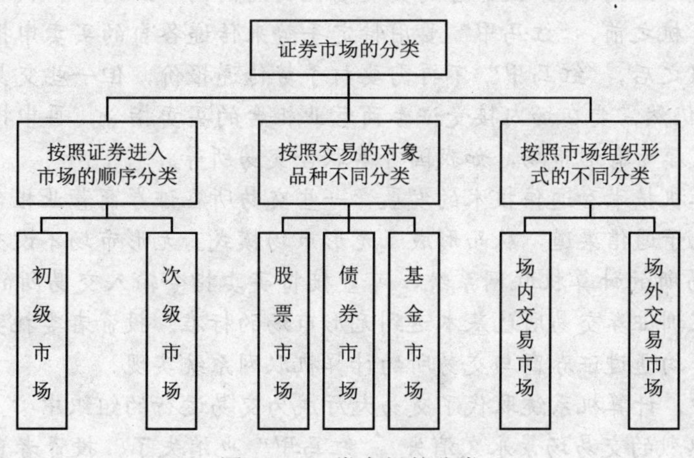

图 1-6　证券市场的分类

1. 按照证券进入市场的顺序分类

按照证券进入市场的顺序分类，证券市场可以分为初级市场和次级市场。初级市场也称为一级市场，是证券发行人以筹集资金为目的，按照一定的法律规定和发行程序，直接向投资者发行证券所形成的市场。次级市场又称为二级市场，是已发行证券通过买卖交易实现流通转让的市场。

2. 按照交易的对象品种不同分类

按照交易的对象品种不同分类，证券市场可以分为股票市场、债券市场和基金市场等。股票市场是股票发行和流通的市场。股票市场的发行人为股份有限公司。债券市场是债券发行和流通的场所。债券的发行人有中央政府、地方政府、金融机构和公司（即企业）。基金市场则是证券投资基金份额发行和交易的市场。

3. 按照市场组织形式的不同分类

按照市场组织形式的不同分类，证券市场可以分为场内交易市场和场外交易市场。场内交易市场是指证券交易所内的证券交易市场。该市场是有组织、制度化的市场，其设立和运作需要符合法律法规的规定，如我国的上海证券交易所和深圳证券交易所。一般而言，证券必须达到证券交易所规定的上市标准才能够在场内交易。场外交易市场是指在证券交易所以外进行证券交易的市场，如柜台市场。在柜台市场中，开办柜台交易的证券经营机构既是交易的组织者，又是交易的参与者。

无形市场

无形市场是相对于有形市场而言的。传统的证券市场都设有交易大厅，证券商在其中派驻出市代表，俗称“红马甲”，投资者的买卖委托由场内的“红马甲”代理完成。证券交易市场没有应用计算机之前，“红马甲”要用特定手势来传递各自的买卖申报。采用计算机撮合投资者买卖申报之后，“红马甲”不再需要打手势传递报价，但一些交易所仍保留了交易大厅，“红马甲”仍然需要在场内接受证券商营业柜台的买卖指令，再申报到交易所撮合系统中去，这种方式属于有形市场，如我国香港联合交易所等。

随着电子计算机技术和通信技术的发展，一些交易所在证券商营业柜台到交易所计算机系统之间开辟了电子通信渠道，从而形成了无形市场模式。无形市场不设交易大厅，投资者利用证券商与交易所的计算机联网系统，可直接将买卖指令输入交易所的撮合系统进行交易。目前，我国深圳证券交易所已基本达到无形市场的标准。投资者委托买卖、成交回报、股份资金的交割，均通过证券商与交易所的计算机联网系统实现。

在无形市场中，计算机系统取代了交易大厅成为交易运行的组织中心，传统的交易大厅不复存在，喧闹热烈的交易场景永久消失，“红马甲”也消失了。投资者直接利用证券商和交易所的计算机联网系统进行证券交易，消除了人工报盘易出错、排长队的缺陷，减少了通过“红马甲”转报盘的中间环节，减少了交易成本，缩短了报盘时间，使证券市场运作效率大大提高。

由于无形市场的交易方式具有高效、经济的优势，因此逐渐为世界各国主要证券市场接纳并采用，成为当今世界证券市场发展的主流。

第三节 证券市场参与者

案例导入

1986年9月26日，在上海南京西路1806号，新中国第一家证券交易柜台——静安证券营业部诞生了。上市交易的只有上海飞乐音响和延中实业两只股票。9点正式开盘，飞乐音响开盘价为55.6元。与该股一年多前的股票价格相比，涨幅超过了10%，当天上市的100股股票不到一个半小时即被抢购一空。

静安证券交易所的成功交易，使投资者产生了信心，也促使更多的老百姓愿意投资股票。在这种情况下，1990年11月26日，经国务院授权，由中国人民银行批准建立的上海证券交易所正式成立，这是新中国成立以来内地的第一家证券交易所。几天之后，深圳证券交易所也开业了。

随着证券交易所的成立，股市风云以及沉浮其间的故事、人物开始不断地演绎并展现在普通中国人面前。一个叫杨怀定的普通工人，辞去公职，投身股票投资中。不久之后，此人就被人们称为了“杨百万”。在“杨百万”等人的带动下，大批中国人走进了股市。

股票及股票交易，使得中国人告别了单一银行存款的资产打理方式，股票、基金甚至黄金、艺术品的投资，走进了越来越多的家庭。2007年5月底，伴随着股市的持续走高，沪深两市账户合计已经过亿。

证券交易所里穿红马甲的那些人是什么角色？

温馨提示

证券市场的参与者各司其职，对证券市场的发展具有举足轻重的作用。

◀◁ 相关知识

证券市场的参与者包括证券的发行人、证券投资者、证券市场的中介机构、自律性组织和证券监管机构。这些主体各司其职，共同构成了一个完整的证券市场体系。证券市场的参与者结构如图1-7所示。

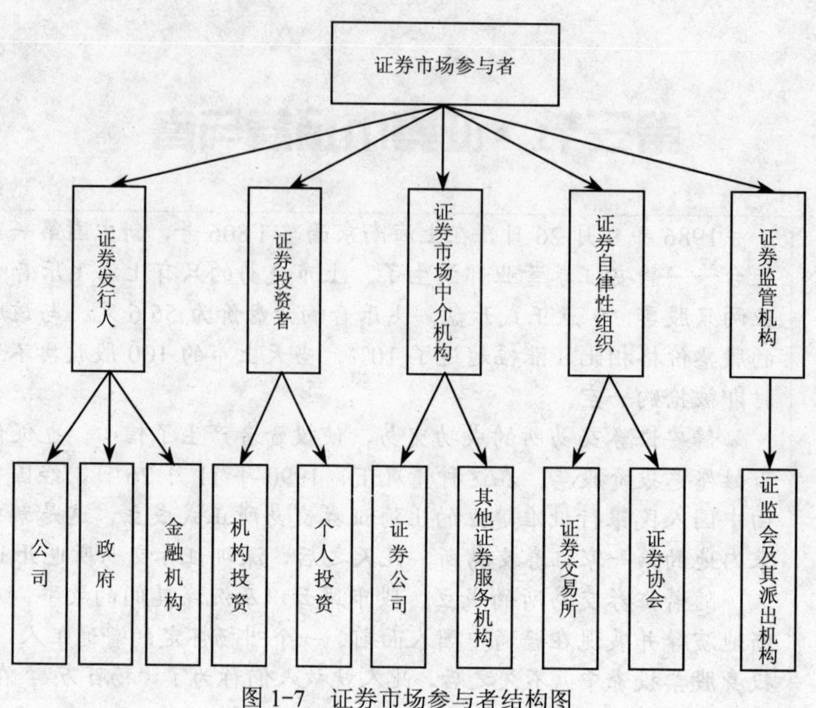

图 1-7　证券市场参与者结构图

一、证券发行人

证券发行人是指为筹集资金而发行债券、股票等证券的发行主体，主要包括政府及其机构、金融机构、公司。

政府及其机构是证券发行的重要主体，但政府发行的证券仅限于债券。

随着经济的发展，现代企业作为证券发行的主体地位不断上升，但只有股份有限公司才能发行股票。

金融机构作为证券市场的发行主体，既可以发行债券，也可以发行股票。

二、证券投资者

证券投资者是指在证券市场进行投资的各类机构和个人，他们既是资金的供给者，也是金融商品的购买者。投资者可分为个人投资者和机构投资者两大类。

截至 2010 年 7 月 9 日，沪深证券账户数：A 股账户为 14495.91 万户，B 股账户为 247.89 万户。

个人投资者是指从事证券投资的居民，目前是我国证券市场最广泛的投资者，具有分散性和流动性的特点。个人投资者的主要投资目的是追求营利，谋求资本的保值和增值，所以十分重视本金的安全和资产的流动。机构投资者相对于中小投资者而言拥有资金、信息、人力等优势，包括政府机构、企业、金融机构、各类基金等。目前，基金是市场最主要的机构投资者，分为公募和私募两类。金融机构的投资仅限于国债。

温馨提示

宁可放过暴涨的股票，也不要做无根据的交易，个人投资应理性。

三、证券市场中介机构

证券市场中介机构是指为证券的发行与交易提供服务的各类机构，包括证券公司和其他证券服务机构。

1. 证券公司

证券公司又称证券商，是依法设立的在证券市场上经营证券业务的金融机构。证券公司是证券市场中最重要的中介机构，它是连接证券市场上资金供求双方的桥梁和纽带，并为双方提供所需的各种金融工具。同时，它对实现一国有限资源的有效配置和促进产业集中也起着十分重要的作用。

2. 其他证券服务机构

其他证券服务机构是指依法设立的，为证券市场发行人和投资者提供各种证券服务的专业机构，主要包括证券投资咨询公司、会计师事务所、资产评估机构、律师事务所、证券信用评级机构以及证券登记机构和证券清算机构等。

四、证券自律性组织

在我国，证券自律性组织包括证券交易所和证券协会。我国的证券交易所是为证券集中竞价交易提供场所和设施，组织和监督证券交易，实行自律管理的法人。证券协会是证券业的自律性组织，是社会团体法人。证券协会的权力机构为由全体会员组成的会员大会。它是政府与证券经营机构之间的桥梁和纽带，促进证券业的发展，维护投资者和会员的合法权益，完善证券市场体系。我国证券业自律组织机构是上海证券交易所、深圳证券交易所、中国证券业协会和中国国债协会。

五、证券监管机构

在中国，证券监管机构是指中国证券监督管理委员会（简称证监会）及其派出机构。它是国务院直属的证券管理监督机构，依法对证券市场进行集中统一管理。它的主要职责是：负责行业性法规的起草；负责监督有关法律法规的执行；负责保护投资者的合法权益；对全国的证券发行、证券交易、中介机构的行为等依法实施全面监管，维持公平而有秩序的证券市场。中国证监会是我国最高的证券监管机构，是专门的监管机构。

小知识

QFII 制度，即合格的境外机构投资者制度，是指允许合格的境外机构投资者将一定额度的外汇资金汇入并转换为当地货币，通过严格监管的专门账户投资当地证券市场，其资本利得、股息等经批准后可转为外汇汇出的一种市场开发模式。

小故事

晚清在茶馆买卖证券

中国的证券交易最初是由西方传入的。早在1869年，在中国的国际商埠上海，长利（西洋代理券商）就已经在从事国际股票买卖了。

随着中国洋务运动的开展，一批官督商办和完全商人独资的企业开始兴起。为了融资，这些企业依葫芦画瓢，学习洋人的办法也开始从事股票买卖。在这样的背景下，中国出现了一批华商股票掮客。这些人不仅十分了解股票，而且与企业有着密切的关系，他们从事股票买卖有着得天独厚的优势。

让人感到有趣的是，当时中国没有专门的股票交易所。为了买卖股票，这些最早的股票经理只好到当时大家常聚会的场所——茶馆来进行股票交易。这种当时在茶馆喝茶的行为称为茶会。每天早上，这些人来到一些著名的茶馆，举办茶会。大家在一起，聊聊天、喝喝茶，当然主要是交换信息、洽谈交易。不过这种交易都是口头成交，在之后才将交易落实。当然也有直接将证券拿到茶会上的，一手交钱，一手交货，或者依据比价，将证券换手。

这种茶会代行证券交易的方式延续了很长的时间，一直到1914年秋天上海股票交易公会成立，中国的证券交易才开始逐渐走向正式。

◀◁ 本章小结

证券是各类财产所有权或债权凭证的统称。它用以证明持券人有权依其所持证券记载的内容取得相应的权益，如股票、债券、票据、保险单、提货单、存款单等都是证券。证券可分为证据证券、凭证证券和有价证券。资本证券是有价证券的主要形式，狭义的有价证券即指资本证券。有价证券具有收益性、流通性、风险性、期限性和产权性等特征。

证券市场是证券发行和买卖的场所。证券市场是价值直接交换、财产权利直接交换、风险直接交换的场所。证券市场的发展经历了萌芽阶段、发展阶段和完善阶段。证券市场具有融通资金、分散风险、资本定价、资本配置、转换机制和宏观调控的功能。证券市场可以按照不同的标准分类，不同市场有不同的交易对象和不同的功能特点。

证券市场由证券发行人、证券投资者、证券市场中介机构、证券自律性组织和证券监管机构构成，它们各司其职。

第二章　股票的发行与交易

股票是股份证书的简称，是股份公司为筹集资金而发行给股东，股东以此作为持股凭证并借以取得股息和红利的一种有价证券。每张股票都代表股东对企业拥有一个基本单位的所有权。股票是股份公司资本的构成部分，可以转让、买卖或抵押，是资本市场的主要长期信用工具。股票的发售有着严格的程序和步骤。一家股份公司发行股票，必须通过层层审查。

股份公司出现后，股东共同出资经营企业组织。股份公司的变化和发展产生了股票形态的融资活动，股票融资的发展产生了股票发行和交易的需求；股票发行和交易的需求促成了股票市场的形成和发展，而股票市场的发展最终又促进了股票融资活动和股份公司的完善和发展。

本章主要介绍股票的发行与交易的基本知识，通过“案例导入”，发挥教师引导学生的作用，激发学生的学习兴趣，完成四项学习任务：①了解股票的概念，认识股票性质与分类。②理解股票的价格。③了解股票发行的概念和程序。④了解股票交易的概念和程序。

通过《证券实务习题集》的练习和训练，加深学生对股票知识的理解，让学生扎实地掌握股票发行与交易的基础知识，提高专业能力。

第一节　股票概述

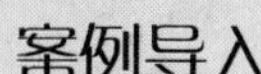

20 世纪 80 年代初，新中国产生了上海飞乐音响股份公司等 5 家首批股份公司。

1986 年 11 月 14 日，美国纽约证券交易所的董事长约翰·范尔林访华，向邓小平同志赠送了一枚纽约证券交易所的证章。邓小平同志用飞乐股票作为回赠。这是一张面额为人民币 50 元的上海飞乐音响公司股票——新中国发行的第一张股票。

范尔林亲自带着这张股票到新中国首家证券交易部——上海静安证券营业部更名过户。

现在，这枚范尔林先生的“原始股”已永久陈列在纽约证券交易所的橱窗内。飞乐音响股份公司的原始股东范尔林也永久地载入了飞乐公司的名册中。

温馨提示

一个初学投资者从开始逐步摸索、磨练，到最终成为一名成功的投资者，他（她）必须经历理论的学习、经验教训的总结以及心理内部长期斗争后形成稳健、乐观、自信、戒骄戒躁的心态，这一过程一般需要较长的时间才能完成。

什么是股票？股票的性质是什么？股票有哪些种类？

相关知识

一、股票的概念

股票是指股份有限公司在筹集资本时向出资人发行的股份凭证。股票代表着其持有者（即股东）对股份公司的所有权。简单地说，股票是股份有限公司发行的，表示股东按其持有的股份享有权益和承担义务的可转让凭证。

小知识

每个股东所拥有的公司所有权份额的大小，取决于其持有的股票数量占公司总股本的比重。股票一般可以通过买卖方式有偿转让，股东能通过股票转让收回投资资金，但不能要求公司返还其出资金额。股东与公司之间的关系不是债权债务关系。股东是公司的所有者，以其出资额为限对公司负有限责任，承担风险，分享收益。

二、股票的性质

1. 股票是有价证券

有价证券是财产价值和财产权利的统一表现形式。持有有价证券，一方面表示拥有一定价值量的财产，另一方面也表明有价证券持有人可以行使该证券所代表的权利。

温馨提示

行使股票所代表的财产权，必须以持有股票为条件，股东权利的转让应与股票转让同时进行，股票的转让就是股东权的转让。

2. 股票是要式证券

股票应具备《中华人民共和国公司法》规定的有关内容，如果缺少规定的要件，股票就无法律效力。

《中华人民共和国公司法》规定，股票应采用纸面形式或者国务院证券监督管理机构规定的其他形式。股票应载明的事项主要有：公司名称、公司成立的日期、股票种类、票面金额及代表的股份数、股票的编号。股票由法定代表人签名，公司盖章。发起人的股票，应当标明“发起人股票”字样。

3. 股票是证权证券

证券可以分为设权证券和证权证券。设权证券是指证券所代表的权利本来不存在，而是随着证券的制作而产生，即权利的发生是以证券的制作和存在为条件的。证权证券是指证券是权利的一种物化的外在形式，它是权利的载体，权利是已经存在的。股票作为证权证券的作用不是创造股东的权利，而是证明股东的权利。

设权证券与证权证券

设权证券上所记载的权利，是证券发生和存在的必要前提。在证券形成以前，该项权利无从发生。设权证券是在创设一个权利，而不是表示或证明既已存在的权利。常见的设权证券有汇票、支票和本票。

证权证券是指证券是权利的一种物化的外在形式,它是权利的载体,权利是已经存在的。

4. 股票是资本证券

股票是投入股份公司资本份额的证券化，属于资本证券。但是，股票不是一种现实的资本，股份公司通过发行股票筹集的资金，才是公司用于营运的真实资本。股票独立于真实资本之外，在股票市场上进行着独立的价值运动，是一种虚拟资本。

5. 股票是综合权利证券

股票持有者作为股份公司的股东，享有独立的股东权利。股东权是一种综合权利，股东依法享有资产收益、重大决策、选择管理者等权利。

三、股票的基本特征

1. 不可偿还性

股票是一种无偿还期限的有价证券，投资者认购了股票后就不能再要求退股。若要卖出股票，只能到二级市场卖给第三者。股票的转让只意味着公司股东的改变，并不减少公司资本。

2. 收益性

收益性是股票最基本的特征。持有股票的目的在于获取收益。股票的收益来源可分成两类：一是来源于股份公司的股息红利，二是来源于股票转让所得。

3. 风险性

股票风险的内涵是预期收益的不确定性。公司发生亏损时，股东以其认购的股份为限对公司承担责任，公司破产时可能血本无归。股票在交易市场上作为交易对象，同商品一样有自己的市场行情和市场价格。由于股票价格要受到诸如公司经营状况、供求关系、银行利率、大众心理等多种因素的影响，其价格变化有很大的不确定性。正是这种不确定性，可能使股票投资者遭受损失。价格波动的不确定性越大，投资风险也越大。因此，股票是一种高风险的金融产品。

小案例

称雄于世界计算机产业的IBM公司业绩不凡时，每股价格曾高达170美元。但在其地位遭到挑战，出现经营失策而导致亏损时，股票价格又下跌到40美元。如果不合时机地在高价位买进该股，就会遭受严重损失。

4. 流动性

股票的流动性是指股票可以在依法设立的证券交易所上市交易或在经批准设立的其他证券交易场所转让的特性。股票是流动性很强的证券。

5. 永久性

股票的永久性是指股票所载有权利的有效性是始终不变的，因为它是一种无期限的法律凭证。股票代表着股东的永久性投资。对于股份公司来说，由于股东不能要求退股，所以通过发行股票募集到的资金，在公司存续期间是一笔稳定的自有资本。

6. 参与性

股票的参与性是指股票持有人有权参与公司重大决策的特性。股票持有人作为股份公司的股东，有权出席股东大会，拥有对公司经营决策的参与权。股东参与公司重大决策权利的大小取决于其持有股份数量的多少。

小知识

只要投资者购买了某公司的股票就成为了该公司的股东，投资者可以采用不同形式参与公司决策，行使表决权。目前股东有三种参与表决的方式：一是参加股东大会；二是网上投票；三是授权代表。众多的小股东越来越普遍地使用网上投票的方式。

四、股票的分类

股票的分类方法是多种多样的，如图2-1所示。

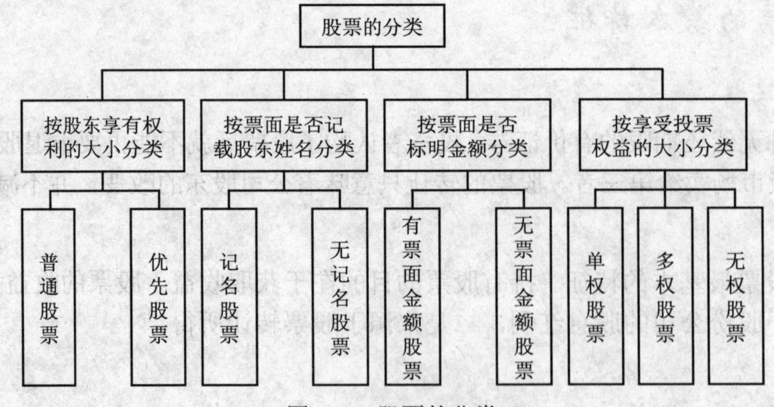

图2-1 股票的分类

（一）按股东享有权利的大小分类

按股东享有权利的大小分类，股票可以分为普通股票和优先股票。

1. 普通股票

普通股票是指享有普通权利的股份，是股票的一种基本形式，构成公司资本的基础，也是发行量最大、最为重要的股票。普通股股票持有者按其所持有股份比例享有以下基本权利：

（1）公司决策参与权　普通股股东有权参与公司决策。

（2）利润分配权　普通股股东在优先股股东取得固定股息之后才有权享受利润分配权。

（3）优先认股权　如果公司需要扩张而增发普通股股票时，现有普通股股东有权按其持股比例，以低于市价的某一特定价格优先购买一定数量的新发行股票。

（4）剩余资产分配权　当公司破产或清算时，若公司的资产在偿还欠债后还有剩余，其剩余部分按优先股股东、普通股股东的顺序进行分配。

2. 优先股票

优先股票是公司在筹集资金时，给予投资者某些优先权的股票。这种优先权主要表现在以下两个方面：

（1）收益分配优先而固定　在公司分配盈利时，优先股票有固定的股息，不随公司业绩好坏而波动，并可以先于普通股票股东领取股息。

（2）具有优先求偿权　当公司破产进行财产清算时，优先股票股东相对于普通股股东而言对公司剩余财产有优先求偿权。但优先股一般不参加公司的红利分配，持股人也无表决权，不能参加公司的经营管理。

股息和红利

股息和红利一般合称为股利。根据西方公司法的规定，股息是指股票持有者凭借股票定期地按照固定的比率从公司领取的投资报酬，就优先股而言，派息就是公司分派股息。红利一般是就普通股而言的，即普通股股东从公司盈余分派中获得的收益，分红就是公司支付红利。股利的支付方式见表2-1。

表2-1　股利的支付方式

方　式	说　明
现金股利	现金股利是以现金支付的股利，它是股利支付的主要方式。公司支付现金股利除了要有累计盈余外，还要有足够的现金
财产股利	财产股利是以现金以外的资产支付的股利，主要是以公司所拥有的其他企业的有价证券，如债券、股票作为股利支付给股东
负债股利	负债股利是公司以负债支付的股利，通常以公司的应付票据支付给股东，不得已情况下也有发行公司债券抵付股利的。财产股利和负债股利实际上是现金股利的替代
股票股利	股票股利是公司以增发的股票作为股利的支付方式

优先股票的种类很多，为了满足投资者的需要，优先股票有各种各样的分类方式，主要有以下几种分类方式：

（1）累积优先股票和非累积优先股票

1）累积优先股票是指在某个营业年度内，如果公司所获的盈利不足以分派规定的股利，日后优先股的股东对往年未付给的股息有权要求如数补给。

2）非累积优先股，虽然对于公司当年所获得的利润有优先于普通股票股东获得分派股息的权利，但如果该年公司所获得的盈利不足以按规定的股利分配时，非累积优先股票股东不能要求公司在以后年度中予以补发。一般来讲，对投资者来说，累积优先股比非累积优先股具有更大的优越性。

（2）参与优先股票与非参与优先股票

1）参与优先股票是指当企业利润增大，除享受既定比率的股息外，还可以跟普通股票共同参与利润分配的优先股票。

2）非参与优先股票是指除了既定股息外，不再参与利润分配的优先股。一般来讲，对于投资者来说，参与优先股票较非参与优先股票更为有利。

（3）可转换优先股票与不可转换优先股票

1）可转换优先股票是指允许优先股票持有人在特定条件下把优先股票转换成为一定数额的普通股票。可转换优先股票是近年来日益流行的一种优先股票。

2）不可转换优先股票是指不允许优先股票持有人在特定条件下把优先股票转换成为普通股票。

（4）可收回优先股票与不可收回优先股票

1）可收回优先股票是指允许发行该类股票的公司，按原来的价格再加上若干补偿金将已发行的优先股票收回。当该公司认为能够以较低股利的股票来代替已发行的优先股票时，往往会行使这种权利。

2）不可收回优先股票是指不附加有赎回条件的优先股票。

（二）按票面是否记载股东姓名分类

按票面是否记载股东姓名分类，股票可以分为记名股票和无记名股票。

1. 记名股票

记名股票是指在股票票面和股东名册上记载股东姓名的股票。

小链接

记名股票的特点是除持有者和其正式的委托代理人或合法继承人、受赠人外，任何人都不能行使股东权利。另外，记名股票不能随意转让。转让时，既要将受让人的姓名、住址分别记载于股票票面，又要在公司的股东名册上办理过户手续。否则，转让不能生效。显然这种股票具有安全、不怕遗失的优点，但转让手续繁琐。这种股票如需转让，发生诸如继承和赠予等行为时，必须在转让行为发生后立即办理过户等手续。

2. 无记名股票

无记名股票是指此种股票发行时，在股票上不记载股东的姓名，其持有者可自行转让股

票，任何人一旦持有便享有股东的权利，无须再通过其他方式、途径证明自己的股东资格。这种股票转让手续简便，但也应该通过证券市场的合法交易实现转让。

温馨提示

我们现在日常交易的股票都是记名的，面值为一元的普通股。目前，沪深两市交易的股票属于无纸化的股票，虽然看不到实际股票样品，但投资者在购买时就已经通过自动交易系统在沪、深证券结算公司进行了登记，所以它不属于无记名证券。无记名证券的典型例子是凭证式国债，即纸质国债，购买时不需要登记姓名。

（三）按票面是否标明金额分类

按票面是否标明金额分类，股票可以分为有票面金额股票（面额股票）和无票面金额股票（无面额股票）。

1. 有票面金额股票

有票面金额股票，简称金额股票或面额股票，是指在股票票面上记载一定的金额，如每股人民币 100 元、200 元等。有票面金额股票给股票定了一个票面价值，这样就可以很容易地确定每一股份在该股份公司中所占的比例。

2. 无票面金额股票

无票面金额股票也称比例股票或无面额股票，是指股票发行时无票面价值记载，仅表明每股占资本总额的比例，其价值随公司财产的增减而增减。因此，这种股票的内在价值总处于变动状态。

小知识

无票面金额股票最大的优点就是避免了公司实际资产与票面资产的背离，因为股票的面值往往是徒有虚名，人们关心的不是股票面值，而是股票价格。发行这种股票对公司管理、财务核算、法律责任等方面要求极高。

小链接

绩优股、垃圾股、蓝筹股和红筹股

1）绩优股：一般指业绩好、收益稳定的股票。

2）垃圾股：指业绩差、公司经营不稳定的股票。

3）蓝筹股：通常指那些经久不衰、声望卓越、业绩优良的上市公司的股票。

4）红筹股：我国香港和国际投资者把在境外注册、在香港上市的带有中国内地概念的股票称为红筹股。

（四）按享受投票权益的大小分类

按享受投票权益的大小分类，股票可以分为单权股票、多权股票和无权股票。

1．单权股票

单权股票是指每张股票仅有一份表决权的股票。普通股都是单权股票。

2．多权股票

多权股票是指每张股票享有多份表决权的股票。这种股票一般是股份有限公司向特定的股东，如公司的董事会或监事会成员发行的，其目的在于保证某些股东对公司的控制权，以限制公司外部的股东对公司的控制，或限制股票的外国持有者对本国产业的控制。

温馨提示

现代公司制度中，对持有多份表决权股股票的股东的行为往往也加以限制，有的国家甚至不允许发行多份表决权股股票。

3．无权股票

无权股票是指没有表决权的股票。无权股票并不常见，一般限于优先股票，特别是累积优先股。

小资料

我国股票电子化的历程

1990 年 12 月，随着上海证券交易所和深圳证券交易所的设立，中国证券市场正式诞生。1992 年，证券交易所的股票全部实行了电子化交易，采用无纸化发行和交易的方式。除了 1992 年以前上市与非上市的公司有纸质实物股票和股金证外，以后所有上市公司发行的股票都是无纸化的。电子化股票的信息都储存在证券交易中心的计算机交易系统中，交易结果都变成了计算机里的数字。股票变成了没有票面的、看不见和摸不着的东西。

五、我国股票的常见分类

（一）按持有者身份不同分类

按持有者身份不同分类，股票可以分为国家股、法人股和个人股。国家股、法人股和个人股三者在权利和义务上基本相同。不同点是国家股投资资金来自国家，不可转让；法人股投资资金来自企事业单位，必须经中国人民银行批准后才可以转让；个人股投资资金来自个人，可以自由上市流通。

（二）按股票的上市地点和所面对的投资者不同分类

按股票的上市地点和所面对的投资者不同分类，股票可以分为 A 股、B 股、H 股、S 股和 N 股等。

1. A 股

A 股的正式名称是人民币普通股票，是指由我国境内的公司发行，供境内机构、组织或个人（不含我国台、港、澳投资者）以人民币认购和交易的普通股股票。

小链接

A 股的主要特点

1）在我国境内发行只许本国投资者以人民币认购的普通股。

2）在公司发行的流通股中占最大比重的股票，也是流通性较好的股票。但多数公司的 A 股并不是公司发行最多的股票，因为目前我国的上市公司除了发行 A 股外，多数公司还有非流通的国家股或国有法人股等。

3）A 股被认为是一种只注重盈利分配权，不注重管理权的股票。这主要是因为在股票市场上参与 A 股交易的投资者，更多地关注 A 股买卖的差价，对于其代表的其他权利缺乏关注。

2. B 股

B 股也称为人民币特种股票，是指那些在中国大陆注册、在中国大陆上市的特种股票。该种股票以人民币标明面值，但只能以外币认购和交易。

3. H 股

H 股也称为国企股，是指国有企业在我国香港（Hong Kong）上市的股票。

4. S 股

S 股是指那些主要生产或经营等核心业务在中国大陆，而企业的注册地在新加坡（Singapore）或者其他国家和地区，但是在新加坡交易所上市挂牌的企业股票。

5. N 股

N 股是指那些在中国大陆注册、在纽约（New York）上市的外资股。

温馨提示

A 股以人民币计价，以人民币结算；B 股以美元计价，以人民币结算；H 股以港元计价，以港元结算。

小故事

当索尼公司还是一家不起眼的小公司时，一些年轻的家庭主妇就购买了索尼公司的股票。几十年过去了，当初购买索尼公司股票的家庭主妇已变成老妪，同时她们也成了日本的富豪。

第二节　股票的价格

案例导入

牛顿炒股的启示

大名鼎鼎的牛顿就曾经是一个疯狂的股民。1711 年，有着英国政府背景的英国南海公司成立，并发行了最早的一批股票。当时，人人都看好南海公司，1720 年 1 月其股票价格为每股 128 英镑左右，随后很快增值，涨幅惊人。当年 4 月份，牛顿投入约 7 000 英镑购买了南海公司股票。仅仅两个月左右，竟然赚了 7 000 英镑！

刚刚卖掉股票，牛顿就后悔了。因为到了 7 月，每股价格达到了 1 000 英镑，几乎增值了 8 倍。经过“认真”的考虑，牛顿决定加大投入。然而，没过多久，南海股票一落千丈，到了 12 月份最终跌为 124 英镑左右，南海公司总资产严重缩水。

分析：

股票市场价 vh 格，除了在一定程度上反映股票价值，还反映人们对现实的认知，包括对行业前景的认知和对公司发展状况的认知。但人们不可能百分之百地把握现实，因为人的能力有限，总存在自身不可克服的认知局限性，所以人们总是对股票价格不断地重估、修正。这个过程中不断地影响着股票价格的上涨与下跌。由于股票涨跌会产生财富效应，财富效应又滋生出群体乐观与悲观的情绪，在各种情绪的干扰下，导致人们对现实的认知又被进一步改变。对股票价值又再次重估……于是两者出现互相影响的效应，使股票价格不断地波动。

股票价格曲线正好反映了人们对股票价值的评估历史，体现了人们对现实的认知不断变化修正的整个历程。股市行情变化大盘如图 2-2 所示。

图 2-2　股市行情图

你知道股票的市场价格是怎样形成的吗?

温馨提示

股票投资的目的是获取投资收益，然而收益与风险相伴，常常很难在收益与风险之间选择好平衡点。

相关知识

一、股票的价值与价格

（一）股票的价值

1. 股票的票面价值

股票的票面价值又称面值，通常是股份有限公司在其发行的股票上标明的票面金额。股票的票面价值在初次发行时有一定的参考意义。

2. 股票的账面价值

股票的账面价值又称股票净值或每股净资产，是每股股票所代表的实际资产的价值。

温馨提示

在没有优先股的条件下，每股账面价值是以公司净资产除以发行在外的普通股票的股数计算得来的。公司的净资产是公司营运的资本基础。在盈利水平相同的前提下，账面价值越高，股票的收益越高，股票就越有投资价值。因此，账面价值是股票投资价值分析的重要指标，在计算公司的净资产收益率时也有重要的作用。

3. 股票的清算价值

股票的清算价值是公司清算时每一股份所代表的实际价值。大多数公司的实际清算价值低于其账面价值。

4. 股票的内在价值

股票的内在价值即理论价值，是股票未来收益的现值，取决于股息收入和市场收益率。

温馨提示

股票的内在价值决定股票的市场价格，但市场价格又不完全等于其内在价值。受供求关系等多种因素影响的市场价格围绕着股票的内在价值上下波动。

（二）股票的价格

1. 股票的理论价格

股票代表的是持有者的股东权益。这种股东权益的直接经济利益表现为股息、红利收入。股票的理论价格就是为获得这种股息、红利收入的请求权而付出的代价，是股息资本化的表现。

小链接

从静态方面看，股息收入与利息收入具有同样的意义。投资者是把资金投资于股票还是存于银行取决于投资产品的收益率。按照等量资本获得等量收入的理论，如果股息率高于利息率，人们对股票的需求就会增加，股票价格就会上涨，从而股息率就会下降，一直降到股息率与市场利率大体一致为止。按照这种分析，可以得出股票的理论价格公式为

股票理论价格=股息红利收益/市场利率

2. 股票的市场价格

股票的市场价格即股票在股票市场上买卖的价格。由于股票市场可分为发行市场和流通市场，因此，股票的市场价格就可以分为发行价格和流通价格。

（1）股票发行价格　股票发行价格就是发行公司与证券承销商议定的价格。

确定股票发行价格有以下三种情况：

1）股票发行价格等于股票的票面价值（价格）。

2）股票发行价格以股票在流通市场上的价格为基准来确定。

3）股票发行价格在股票面值与市场流通价格之间，通常是对原有股东有偿配股时采用这种价格。

小链接

股票发行价格的确定方法

（1）议价法　它是股票发行公司与承销股票的中介机构直接协商确定股票的公开发行价格。双方协商确定发行价格的依据是股票发行公司的业务经营状况、财务状况、社会需求分析等。

采用议价法发行股票，通常以市场询价的方式来确定发行价格。它需要经过初步询价和累计投标询价两个步骤。在中小企业板块发行时，累计投标询价可以省略。

初步询价是确定一个价格区间，累计投标询价则是在价格区间的基础上选取能为大多数机构所认可的价格去发行。

通过议价法确定的股票发行价格，一般有利于承销方。因为承销方比较了解股票发行公司的情况，可以压低股票发行价格而获取更多的差价报酬。当然，股票发行公司也可以利用自身的信誉和资本实力来讨价还价，提高股票的发行价格。

（2）竞价法　它是指从事股票发行业务的各个中介机构以投标方式竞相承销股份有限公

司所发行的股票。在招标投标过程中，中标的价格即是股票的发行价格。竞价法多适用于热门股票，此方法对股份有限公司较为有利，从中可确定较高的发行价格。

（3）定价法　它的具体做法是股票发行公司自行制定发行价格，公开发行股票。运用定价法确定发行价格的股票，又可分为直接公开出售和间接公开出售。前者是由股份有限公司的代理机构直接出售，后者则是由金融机构代售。

（2）股票流通价格　股票流通价格就是股票在流通市场上的价格。股票流通价格是完全意义上的股票的市场价格，一般称为股票市价或股票行市。股票市价表现为开盘价、收盘价、最高价和最低价等形式。其中，收盘价最重要，是分析股市行情时采用的基本数据。

1）开盘价。开盘是指某种证券在证券交易所每个营业日的第一笔交易，第一笔交易的成交价即为当日开盘价，又称开市价。

温馨提示

按上海证券交易所规定，如开市后半小时内某证券无成交，则以前一天的收盘价为当日开盘价。有时某证券连续几天无成交，则由证券交易所根据客户对该证券买卖委托的价格走势提出指导价格，促使其成交后作为开盘价。首日上市买卖的证券以上市前一日柜台转让平均价或平均发行价为开盘价。

2）收盘价。收盘价又称收市价，是指某种证券在证券交易所一天交易活动结束前最后一笔交易的成交价格。如果当日没有成交，则采用最近一次的成交价格作为收盘价。因为收盘价是当日行情的标准，又是下一个交易日开盘价的依据，可据以预测未来证券市场行情。所以投资者对行情进行分析时，一般采用收盘价作为计算依据。

3）最高价。最高价是指某种证券在每个交易日从开市到收市的交易过程中所产生的最高价格。如果当日该种证券成交价格没有发生变化，最高位就是即时价。如果当日该种证券停牌，则最高价就是前收市价。如果证券市场实施了涨停板制度或涨幅限制制度，则最高价不得超过前市收盘价×（1+最大允许涨幅比率）。

4）最低价。最低价是指某种证券在每个交易日从开市到收市的交易过程中所产生的最低价格。如果当日该种证券停牌，则最低价就是前收市价。如果证券市场实施了跌停板制度或跌幅限制制度，则最低价不得超过前市收盘价×（1−最大允许跌幅比率）。

小知识

在证券报刊上，常常可以见到以月或年为时间段的开市（盘）价、最高价、最低价和收市（盘）价，这些价格都是以交易日的四种价格为基础统计出来的。例如，月开市价是指当月第一个交易日的开市价，月收市价是指当月最后一个交易日的收市价，月最高价与月最低价以此类推。又如，在某种证券价的统计中，经常会用到历史最高价和历史最低价，前者是指该种证券上市以来的最高成交价格，后者是指该种证券上市以来的最低成交价格。

3. 股票的理论价格与市场价格的联系与区别

股票的理论价格不等于股票的市场价格，两者甚至有相当大的差距。但是，股票的理论价格为预测股票市场价格的变动趋势提供了重要的依据，也是股票市场价格形成的一个基础性因素。

二、股票价格变动

（一）股票价格形成的基础

从本质上讲，形成股票价格的基础是股票的价值或其代表的所有者权益（公司资产净值）。但对于股票认购者来讲，其最初的动机是为了获取股息、红利收入。是否投资股票，取决于认购者对股票预期股利收益与当前市场利率的比较。因此，股票交易价格的形成主要取决于两个因素：①预期股利收益。②市场利率。股票价格与预期股利收益成正比，而与市场利率成反比。这只是理论上的两个因素。在现实生活中，股票价格还要随着供求关系的变化以及其他因素的变化而变化。

（二）股票价格变动的影响因素

影响股票价格的因素，如图 2-3 所示。

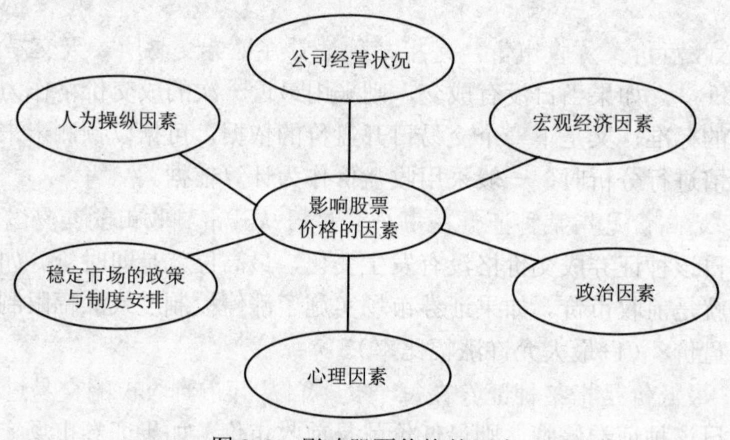

图 2-3　影响股票价格的因素

1. 公司经营状况

股份公司的经营状况是股票价格的基石。从理论上分析，公司经营状况与股票价格密切相关，公司经营状况好，股票价格上升；反之，股票价格下跌。

2. 宏观经济因素

宏观经济发展水平和状况是影响股票价格的重要因素。宏观经济影响股票价格的特点是波及范围广、干扰程度深、作用机制复杂和股价波动幅度较大。不同的经济周期、财政政策、货币政策、市场利率和汇率的变化，都会不同程度地影响股票价格。

加息对股票价格的影响

从历史上看，利率对股市会产生明显的“杠杆效应”。总体来说，利率上升，股市将下跌；利率下调，股市将上涨。加息一直被股市视为重大利空信号之一，原因是较高的利率会吸引部分资金流出股市。同时，利率的上升还将提高企业的生产成本，抑制企业投资需求及个人消费需求，从而最终影响到上市公司的业绩水平。部分市场人士指出，加息将导致股票市场的估值水平下降。加息在短期内会抑制股市上涨，从而影响投资者的持股信心。

3. 政治因素

政治因素对股票价格的影响很大，往往很难预料。当发生战争、政权更迭、国际社会政治变化、政府重大经济政策出台等情况时都会影响到股票价格。

4. 心理因素

投资者的心理变化对股票价格变动影响也很大。在大多数投资者对股市抱乐观态度时，会有意无意地夸大市场有利因素的影响，并忽视一些潜在的不利因素，从而忽视上市公司的实际业绩而纷纷买进股票，促使股票价格上涨；反之，在大多数投资者对股市前景过于悲观时，会对潜在的有利因素视而不见，而对不利因素特别敏感，甚至不顾发行公司的优良业绩而大量抛售股票，致使股票价格下跌。

5. 稳定市场的政策与制度安排

为保证证券市场的稳定，各国的证券监督机构和证券交易所会制定相应的政策措施和一定的制度安排。因突发事件而影响证券交易的正常进行时，证券交易所可以采取技术性停牌的措施；因不可抗力的突发性事件或者为维护证券交易的正常秩序，证券交易所可以决定临时停市。

6. 人为操纵因素

人为操纵往往会引起股票价格短期的剧烈波动。因大多数投资者不明真相，操纵者乘机非法牟利。人为操纵会影响股票市场的健康发展，违背公开、公平、公正的原则。一旦查明，操纵者会受到行政处罚或法律制裁。

三、股票价格指数

股票价格指数是用以反映整个股票市场上各种股票市场价格的总体水平及其变动情况的指标，可简称为股票指数。

它是由证券交易所或金融服务机构编制的表明股票行市变动的一种仅供参考的相对数。

它以“点”为单位表示大小，即将计算相对数的基期数据抽象为 100（点），来求得相对数。投资者根据指数的升降，可以判断出股票价格的变动趋势。并且为了能实时向投资者反映股市的动向，所有的股市几乎都是在股票价格变化的同时公布股票价格指数。

股票价格指数的公式为

$$股票价格指数=报告期股票价格/基期股票价格\times 100$$

小知识

股票价格跌宕起伏。对于某一种特定股票的价格变化，投资者相对容易掌握。而对于整个股市上大量股票而言，股票价格有的可能上涨，有的可能下降，因此要掌握股市总体走势情况的变化就相对困难了。为此，一些金融服务机构就利用精湛的专业知识和熟悉市场的优势，编制出股票价格指数并公开发布。投资者就可以据此检验自己的投资效果并预测股票市场的动向。同时，新闻界、公司管理层乃至政界领导等也可以将其作为参考指标，用来观察、预测社会政治、经济发展形势。

第三节 股票发行

案例导入

慈禧筹建自来水公司发行股票

慈禧也曾发行过股票。光绪年间，紫禁城的一场大火使慈禧意识到自来水的重要性。于是下令袁世凯筹建京师自来水公司，并且公开发行自来水股票。其股票样式如图 2-4 所示。

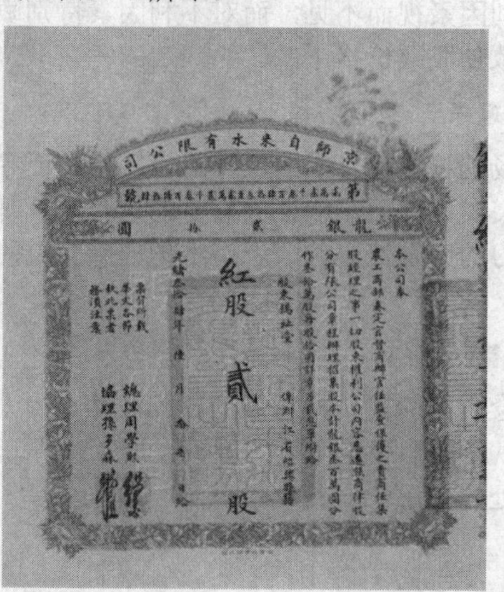
京師自來水有限公司

龍銀貳拾圓

紅股

貳

股

图 2-4　京师自来水公司股票样图

当时，由于国库空虚，创办公司又耗资巨大，所以采用了少有的集资方式——发行股票，股本总额 300 万元。由于采用了许多灵活优惠政策，如缴纳股金在先者 10 股送 1 股等，因此资金迅速到位。京师自来水公司于 1908 年即投入建设，1910 年便完工投产。

那个年代没有股票大厅，也没有股民疯狂炒股的画面，只是一些留着长辫子的人手拿一大沓股票而已。可以想象的是这一张又一张投资工具在当时民众的生活中已经占有了一席之地。

你知道公司为什么要发行股票吗？发行股票必要的程序和条件是什么？你知道怎样申购股票吗？你见过如图2-5所示的股票认购申请表吗？

图 2-5　股票认购申请表

温馨提示

一个公司如果能通过相关部门的批准发行股票就会被认为是个非常优质且很有前途的公司，会获得一定的社会地位。但最主要的是，公司发行股票是为了筹集资金用于公司扩大生产规模或者进行兼并和收购。

相关知识

一、股票发行的概念及条件

1. 股票发行的概念

股票发行是指符合条件的发行人以筹资或实施股利分配为目的，按照法定的程序，直接或间接通过中介机构向投资者、原股东发行（出售）股份或无偿提供股份、募集资金的行为和过程。

2. 新设立股份有限公司公开发行股票的条件

1）公司的生产经营符合国家产业政策。

2）公司发行的普通股只限一种，同股同权。

3）发起人认购的股本数额不少于公司拟发行的股本总额的35%。

4）在公司拟发行的股本总额中，发起人认购的部分不少于人民币3 000万元，但是国家另有规定的除外。

5）向社会公众发行的部分不少于公司拟发行的股本总额的 25%，其中公司职工认购的股本数额不得超过拟向社会公众发行的股本总额的10%；公司拟发行的股本总额超过人民币4 亿元的，证监会按照规定可酌情降低向社会公众发行部分的比例。但是，最低不少于公司拟发行的股本总额的10%。

6）发起人在近3年内没有重大违法行为。

7）符合国务院证券管理部门规定的其他条件。

3．增资发行条件

增资发行是指公司成立后，以增加公司资本或公司资本募足为目的的新股发行。根据《中华人民共和国公司法》的规定，公司发行新股需要具备以下条件：

1）前一次发行的股份已募足，并间隔1年以上。

2）公司在最近3年内连续盈利，并可向股东支付股利。

3）公司在最近3年内财务会计文件无虚假记载。

4）公司预期利润率可达同期银行存款利率。

4．配股发行条件

配股是上市公司根据公司发展的需要，依据有关规定和相应程序，旨在向原股东发行新股、进一步筹集资金的行为。按照惯例，公司配股时新股的认购权按照原有股权比例在原股东之间分配，即原股东拥有优先认购权。

小链接

配股与增发的关系

配股也是增发股票的一种。与一般增发股票不同的是，一般增发股票可以面向其他投资者，而配股面向的是本公司股东。配股并不一定是为了上市公司的再发展，而是为了增加上市公司的净资产，以便日后再次实行股权转让的时候获得较高的收益。

配股发行需要具备以下条件：

1）前一次发行的股份已经募足，募集资金使用效果良好，本次配股距前次发行间隔一个完整的会计年度以上。

2）公司上市超过 3 个完整会计年度的，最近 3 个完整会计年度的净资产收益率平均在10%以上。

3）公司在最近3年内财务会计文件无虚假记载或重大遗漏。

4）本次配股募集资金后，公司预测的净资产收益率应达到或超过同期银行存款利率水平。

5）配售的股票限于普通股，配售的对象为股权登记日登记在册的公司全体股东。

6）公司一次配股发行股份总数，不得超过该公司前一次发行并募足股份后其股份总数的30%。公司将本次配股募集资金用于国家重点建设项目、技改项目的，可不受30%比例的限制。

二、股票发行的基本原则

股份有限公司的股票发行，无论采取什么方式，都应当遵守法律所规定的股票发行原则，即遵守《中华人民共和国公司法》第一百二十七条的规定，股份的发行实行公平、公正的原则。

1. 公平原则

首先，公平原则是指发行的股票所代表权利的公平，即在同一次发行中的同一种股票应当具有同等的权利，享有同等的利益，同类股票必须同股同权、同股同利。其次，公平原则是指股票发行条件的公平，即在同次股票发行中，相同种类的股票，每股的发行条件和发行价格应当相同。无论任何人，获得相同的股票应支付相同的价款。

2. 公正原则

在股票的发行过程中，应保持公正性，不允许任何人进行内幕交易、价格操纵、价格欺诈等不正当行为。

三、股票发行的主要方式

在各国不同的政治、经济、社会条件下，金融体制和金融市场管理存在着差异，因此股票的发行方式也是多种多样的。股票发行方式主要有以下几种分类方法：

（一）按股票发行对象不同分类

按股票发行对象不同分类，股票发行可以分为公募发行和私募发行。

1. 公募发行

公募发行又称公开发行，是指事先没有特定的发行对象，向社会广大投资者公开推销股票的方式。采用这种方式，可以扩大股东的范围，分散持股，防止少数人操纵或囤积股票，有利于提高公司的社会知名度，为以后筹集更多的资金打下基础，也可以增加股票的适销性和流通性。

小知识

公募发行可以采用股份公司自己直接发售的方法，也可以支付一定的发行费用给金融中介机构代理发行。公募发行的程序比私募发行的程序更为严格。

2. 私募发行

私募发行又称不公开发行，是指发行者只对特定的发行对象推销股票的方式。私募发行的对象主要有两类：一是个人投资者，如使用发行公司产品的用户或本公司的职工等；二是机构投资者，如金融机构或与发行者有密切业务来往的关系公司等。

小知识

私募发行有确定的投资人，发行手续简单，可以节省发行时间和费用。私募发行的不足之处是投资者数量有限，流通性较差，不利于提高发行人的社会信誉。目前，我国境内上市外资股（B股）的发行几乎全部采用私募方式进行。

（二）按股票发行者推销出售股票的方式不同分类

按股票发行者推销出售股票的方式不同分类，股票发行可以分为直接发行和间接发行。

1. 直接发行

直接发行又称直接招股，是指股份公司自己承担股票发行的一切事务和发行风险，直接向认购者推销出售股票的方式。

小资料

采用直接发行方式时，要求发行者熟悉招股手续，精通招股技术并具备一定的条件。如果当认购额达不到计划招股额时，新建股份公司的发起人或现有股份公司的董事会必须自己认购出售的股票。因此，这种方式只适用于有既定发行对象或发行风险少、手续简单的股票。在一般情况下，不公开发行的股票、因公开发行有困难（如信誉低所致的市场竞争力差、承担不了大额的发行费用等）的股票或是实力雄厚且有把握实现巨额私募以节省发行费用的大股份公司股票，才采用直接发行的方式。

2. 间接发行

间接发行又称间接招股，是指发行者委托证券发行中介机构出售股票的方式。这些中介机构作为股票的推销者办理一切发行事务，承担一定的发行风险并从中提取相应的收益。股票的间接发行有以下三种方法：

（1）代销　代销又称代理招股，推销者只负责按照发行者的条件推销股票，代理招股业务，而不承担任何发行风险，在约定期满仍推销不出去的股票退还给发行者。

温馨提示

由于全部发行风险和责任都由发行者承担，证券发行中介机构只是接受委托代为推销，因此，代销手续费较低。

（2）承销　承销又称余股承购，股票发行者与证券发行中介机构签订推销合同明确规定，在约定期限内，如果中介机构实际推销的结果未能达到合同规定的发行数额，其差额部分由中介机构自己承购下来。

温馨提示

承销的特点是能够保证完成股票发行额度，一般较受发行者的欢迎。而中介机构因需承担一定的发行风险，故承销费高于代销的手续费。

（3）包销　包销又称包买招股，当发行新股票时，证券发行中介机构先用自己的资金一次性地把将要公开发行的股票全部买下，然后再根据市场行情逐渐卖出，中介机构从中赚取买卖差价。若有滞销股票，中介机构减价出售或自己持有。

温馨提示

由于发行者可以快速获得全部所筹资金，而推销者则要全部承担发行风险。因此，包销费高于代销费和承销费。

小知识

股票间接发行时究竟采用哪一种方法，发行者和推销者考虑的角度是不同的，需要双方协商确定。一般说来，发行者主要考虑自己在市场上的信誉、用款时间、发行成本和对推销者的信任程度。推销者则主要考虑所承担的风险和所能获得的收益。

（三）按股票发行价格和票面金额的关系分类

按股票发行价格和票面金额的关系分类，股票发行可以分为溢价发行、平价发行和折价发行。

1. 溢价发行

溢价发行是指发行人按高于股票面额的价格发行股票。溢价发行可使公司用较少的股份筹集到较多的资金，同时还可以降低筹资成本。采取溢价发行的股票，其发行价格由发行人与承销的证券公司协商确定。

溢价发行又可以分为时价发行和中间价发行两种方式。

（1）时价发行　时价发行也称市价发行，是指以同种或同类股票的流通价格为基准来确定股票发行价格，股票公开发行通常采用这种形式。

（2）中间价发行　中间价发行是指以介于面额和时价之间的价格来发行股票。我国股份公司对老股东配股时基本上都采用中间价发行。

温馨提示

在发达的证券市场中，当一家公司首次发行股票时，通常会根据产业相同、经营状况相似的公司股票在流通市场上的价格表现来确定自己股票的发行价格。而当一家公司增发新股时，则会按已发行股票在流通市场上的价格水平来确定发行价格。

2. 平价发行

平价发行也称等额发行或面额发行，是指发行人以股票票面金额作为发行价格。例如，某公司股票金额为1元，若采用平价发行方式，该公司发行股票时的售价也是1元。由于股票上市后的交易价格通常要高于面额，平价发行能使投资者得到交易价格高于发行价格时所产生的额外收益，因此，绝大多数投资者乐于认购。平价发行方式较为简单易行，但其主要缺陷是发行人筹集资金量较少。

温馨提示

目前，平价发行在发达的证券市场中用得很少，在证券市场不发达的国家和地区采用得较多。我国最初发行股票时，就曾采用过平价发行方式。例如，1987年深圳发展银行发行股票时，每股面额为20元，发行价也为每股20元。

3. 折价发行

折价发行是指以低于股票面额的价格出售新股，即按面额打一定折扣后发行股票，折扣的大小主要取决于发行公司的业绩和承销商的能力。例如，某种股票的面额为1元，如果发行公司与承销商之间达成的协议折扣率为5%，那么该股票的发行价格为每股0.95元。目前，西方国家的股份公司很少按折价发行股票。我国不允许折价发行股票。

（四）按投资者认购股票时是否缴纳股金来分类

按投资者认购股票时是否缴纳股金来分类，股票发行可以分为有偿增资、无偿增资和搭配增资。

1. 有偿增资

有偿增资是指认购者必须按股票的某种发行价格支付现款，才能获得股票的一种发行方式。一般公开发行的股票和私募中的股东配股、私人配股都采用有偿增资的方式，采用这种方式发行股票，可以直接从公司外部募集股本，增加股份公司的资本金。

2. 无偿增资

无偿增资是指认购者不必向股份公司缴纳现金就可获得股票的发行方式。发行对象只限于原股东。

温馨提示

采用无偿增资方式发行的股票，不能直接从公司外部募集股本，而是依靠减少股份公司的公积金或盈余公积金来增加资本金。一般只有在股票派息分红、股票分割和法定公积金或盈余公积金转作资本配股时采用无偿增资的发行方式，按比例将新股票无偿交付给原股东。其目的主要是为了股东分享收益，以增强股东信心和公司信誉或为了调整资本结构。由于无偿增资发行要受资金来源的限制，因此，不能经常采用这种方式发行股票。

3．搭配增资

搭配增资是指股份公司向原股东分摊新股时，仅让股东支付发行价格的一部分就可获得一定数额股票的方式。例如，股东认购面额为 100 元的股票，只需支付 50 元，其余部分无偿发行，由公司的公积金冲抵。这种发行方式也是对原有股东的一种优惠，只能从他们那里再征集部分股金，实现公司的增资计划。

（五）按股票发行的时间或阶段分类

按股票发行的时间或阶段分类，股票发行可以分为设立发行和新股发行。

1．设立发行

设立发行是指股份有限公司在成立过程中为了募集资本所进行的股票发行，这是股份公司的首次发行。

2．新股发行

新股发行是指股份公司成立后为了增加资本、扩大经营而进行的股票发行，这是股份公司在设立发行以后的各次发行。设立发行程序较简单，新股发行的程序则较为复杂。

（六）按新股发行是否增加公司资本分类

按新股发行是否增加公司资本分类，股票发行可以分为非增资发行和增资发行。

1．非增资发行

非增资发行是指公司基于授权资本制以及公司章程所确定资本总额的限制，于公司成立以后为募集资本而发行的股票。由于这种股票发行并未增加公司资本，因此属于非增资发行。

小链接

授权资本制是指公司设立时，须在章程中确定资本总额。但全部资本可以分期发行，发起人或股东只需认足章程中所规定的最低限额资本，公司即可成立。未发行的资本，授权董事会根据公司营业需要随时发行或募集。

2．增资发行

增资发行是指公司以增加资本为目的发行股份。增资发行股票的特殊条件：经营状况和财务状况必须良好；经有关部门许可，在上次发行 2 年后方可增资发行股票；发行公司在提出申请增资发行时，还需向有关部门和金融机构提供公司股东大会关于增资的决议以及工商注册登记营业执照。

（七）按新股发行的目的分类

按新股发行的目的分类，股票发行可以分为通常的发行和特别的发行。

1．通常的发行

通常的发行即以增资为目的所进行的新股发行。

2. 特别的发行

特别的发行不是以增资为目的，而是为了分配盈余，将公积金转为资本或将可转换公司债券变为股份所进行的新股发行。

（八）按发行新股是否仅面向原股东分类

按发行新股是否仅面向原股东分类，股票发行可以分为配股和增发。

1. 配股

配股是向原股东配售，原股东按配股价格和配股数量缴纳配股款。原股东可以按配股比例认购新发行的股票，也可以放弃认购。股东数量没有增加，总股本增加，如果原有股东全体参与配售，则持股比例没有变动。如果部分股东放弃配售，则放弃配售的股东持股比例下降，参与配售的股东持股比例上升。

2. 增发

增发是向全体社会公众发售股票。对象是全体社会公众，股东数量增加，总股本也增加，股东持股比例取决于认购新股数量。

小链接

股东配股与私人配股的区别

股东配股又称股东分摊或配股，即股份公司按股票面值向原有股东分配该公司的新股认购权。私人配股又称第三者分摊，即股份公司将新股票分售给股东以外的本公司职工、往来客户等与公司有特殊关系的第三者。

除上述分类外，还有其他各种分类。例如，国内发行和国外发行、议价发行和招标发行、有纸化发行和无纸化发行、初次发行和二次发行、网上发行和网下发行等。

温馨提示

不同种类的股票发行方式各有利弊。股份有限公司在发行股票时，可以采用其中的某一种方式，也可以采用几种方式。各公司应该从自己的实际情况出发，择优选用合适的发行方式。当前，世界各国采用最多的发行方式是公开和间接发行方式。

小链接

发行股票需要提供的文件

股份有限公司不论出于何种目的，采取何种发行方式，在发行股票前都必须向证券主管机关和有关银行或金融机构呈交申请文件，主要有：公司章程，发行股票申请书，发行股票说明书，股票承销合同，会计师事务所或审计事务所及律师事务所、公证处审核的资产报表、财务报表、经营状况的有关文件。

新组建的股份有限公司初次发行股票时除提供上述必要文件外，还需要提供的文件：①有关部门同意成立新公司的批准文件。②工商行政管理部门同意注册登记的意向证明书。③公司发起人法定认购股份的验资证明书。

原有企业改组为股份有限公司发行股票的，除提供上述必要文件外还需要提供的文件：①有关部门同意改组股份有限公司的批准文件。②原有企业资产经权威资产评估机构或会计师事务所评估出具的资产评估报告书。

四、我国新股发行申购方式的历史沿革

我国的新股发行方式经历了一个不断探索的过程。1991 年和 1992 年采用限量发售认购证方式，1993 年开始采用无限量发售认购证方式及与储蓄存款挂钩方式。此后，又采用过全额预缴款、网上竞价、网上定价、市值配售、网下向机构投资者询价配售等方式。目前，国内新股发行方式主要采用网上定价发行、市值配售和网下向机构投资者询价配售等方式。以下重点介绍几种我国新股发行方式。

（一）认购证发行

认购证发行即发行认购证发售股票，此种方式不是向投资者直接发售股票，而是向投资者先发售认购证（或认购表），然后摇号抽签，投资者凭中签的认购证再去认购股票的方法。这种方法是在股票供不应求的情况下产生的。

小故事

在我国经济体制改革初期，人们对股份制十分陌生，金融意识和投资意识也十分薄弱。因此，最初试行股份制的企业，即使企业经营业绩十分突出，股票发行也十分困难。例如，宝安公司就不得不采取行政性强制摊派的方法，规定公司的职工购买股票。随着改革的深入、股份制试点的扩大和股市交易的活跃，人们的金融投资意识逐渐增强，但是股份制试点和股票发行受到国家的严格控制，形成了股票市场对原始股或上市公司股票的需求大于供给的局面。在这种情况下，产生了发行认购证发售股票的方法。

认购证发行方法又具体分为以下两种不同的方式：

1. 限量发售认购表的方式

限量发售认购表方式的主要特点是在发售认购表之前，事先公布认购表发售的总数量，并规定每张居民身份证可购买认购表的数量。例如，1992 年 8 月，深圳在发行 13 家上市公司的股票时就采用了此种方法。当时深圳市政府预定发行认购表 500 万张，每张 100 元，每人凭身份证可以购表 10 张，中签率为 10%。

2. 无限量发售认购证的方式

这是国家经济体制改革委员会于 1993 年规定的新股发行方法。无限量发售认购证实际上是一种敞开供应、随意购买认购证的方法。这就解决了限量发行认购表所产生的供求矛盾的问题。在一定程度上体现了购买股票，人人平等。但是在社会实践中，这种无

限量发售认购证的办法也带来许多新的问题。例如，中签率低，大部分认购申请表都成为废纸，浪费严重；发行时人力、物力消耗大；认购成本高等。因此，这种方式很快便被淘汰了。

（二）与储蓄存款挂钩发行方式

与储蓄存款挂钩发行方式是指承销人在招募时，须首先于规定期限内通过银行机构向社会投资者无限量发售专项定期定额存单，根据存单发售数量、批准发行股票数量及每张中签存单可认购股份数量的多少确定中签率，通过公开摇号抽签方式决定中签者，中签者按规定办理缴款手续的新股发行方式。

凡持有中签存单者，可按照招募文件披露的证券发行价格认购定量证券，而未中签的存单将转变为单纯的银行定期存款单。这在实践中通常有两种做法：一是全额存款方式（股款全额存入），即其存单的面额等于每股股票发行价格与每张中签存单可认购股数之乘积。二是专项存单方式（存款与股款分离），即其存单面额并不与认购股款挂钩，投资者认购面额一定的存单，其目的只是为了取得存单和存单上的编号，中签者不能用存单抵缴股款和手续费，而需持中签存单到缴款地点另行缴纳股款和手续费。

温馨提示

采用与储蓄存款挂钩发行方式，其存款期不得超过 3 个月，每股费用成本不得超过 0.1 元。发行收费总额不得超过 500 万元，发行时间不超过 8 天。

与储蓄存款挂钩方式按具体做法不同可分为全额存款方式和非全额定期存单两种方式。两者在其他方面都一样，只是存款额不同。前者每张专项存单的金额等于中签后每张存单可以认购股票的全额认股款，摇号确定中签者后两个工作日内，主承销商将所募资金划入发行公司指定账户。后者每张专项存单的金额小于中签后每张存单可以认购股票的全额认股款，摇号确定中签者后，需补缴差额，缴款期满后两个工作日内，主承销商将所募资金划入发行公司指定账户。

小故事

股票专项定期定额储蓄存单是存单中的一枝奇葩，它以独特的身世见证了中国改革开放以来的股市风云，并担负了历史赋予的特殊使命。

1993 年 8 月，青岛啤酒股份有限公司和青岛海尔股份有限公司向社会公开募集 1.4 亿元股票，在全国率先使用股票专项定期定额储蓄存单和无限量认购的发行方式，并募集成功，创造了我国股票发行新方式。此办法一直延续到推出计算机申购为止。

（三）全额预缴款发行方式

全额预缴款方式包括全额预缴款、比例配售、余款即退和全额预缴款、比例配售、余款转存两种方式。

1. 全额预缴款、比例配售、余款即退方式

全额预缴款、比例配售、余款即退方式是指投资者在规定的申购时间内，将全额申购款存入主承销商在收款银行设立的专户中，申购结束后对银行专户进行冻结，在对到账资金进行验资和确定有效申购后，根据股票发行量和申购总量计算配售比例，进行股票配售，余款返还投资者的股票发行方式。该发行方式分为申购、冻结及验资配售、余款即退三个阶段。

2. 全额预缴款、比例配售、余款转存方式

全额预缴款、比例配售、余款转存方式是与储蓄存款挂钩方式和全额预缴款、比例配售、余款即退方式的结合。其在全额预缴、比例配售阶段的有关规定与全额预缴款、比例配售、余款即退方式相同，但申购余款转为存款，利息按同期银行存款利率计算。该存款为专项存款，不得提前支取，具体操作程序比照全额预缴款、比例配售、余款即退方式的有关规定执行。

（四）网上向社会公众投资者定价发行的方式

网上向社会公众投资者定价发行就是利用上海证券交易所或深圳证券交易所的交易网络，新股发行主承销商在证券交易所挂牌销售，投资者通过证券营业部交易系统申购的发行方式。

网上向社会公众投资者定价发行目前主要采取网上竞价发行、网上定价发行和网上定价市值配售三种方式。

1. 网上竞价发行

（1）网上竞价发行的含义　竞价发行在国外指的是一种由多个承销机构通过招标竞争确定证券发行价格，并在取得承销权后向投资者推销证券的发行方式，也称招标购买方式。它是国际证券界发行证券的通行做法。

在我国，网上竞价发行是指主承销商利用证券交易所的交易系统，以自己作为唯一的卖方，按照发行人确定的底价将公开发行股票的数量输入其在交易所的股票发行专户，投资者作为买方在指定时间通过交易所会员交易柜台以不低于发行底价的价格及限购数量进行竞价认购的一种发行方式。

（2）网上竞价发行的优点

1）市场性。证券市场是市场经济的产物，应遵从市场的规律。竞价发行正是将市场原则引入发行环节，通过市场竞争最终决定较为合理的发行价格。

2）连续性。由投资者竞价产生的发行价格反映了市场供求的平衡点，与二级市场上的交易价格差别较小，因而竞价发行保证了发行市场与交易市场价格的连续性，实现了发行市场与交易市场的平稳对接。

3）经济性。网上竞价发行大大减轻了发行组织工作的压力，减少了不必要的环节，为社会节省了大量的人力、物力和财力资源。

4）高效性。网上竞价发行借助交易所遍布全国各地的交易网络，因此，整个发行过程较为高效安全。

温馨提示

竞价发行的缺点是股票价格容易被机构资金操纵，从而增加了中小投资者的投资风险。特别是发行规模较小的股票，发行价格被机构资金操纵的可能性较大。

2. 网上定价发行

(1)网上定价发行的含义　网上定价发行方式是指主承销商利用证券交易所先进的计算机交易系统，由主承销商作为股票的唯一卖方，投资者在指定的时间内，按规定发行价格委托买入股票的方式进行股票认购。主承销商在上网定价发行前应在证券交易所设立股票发行专户和申购资金专户。在上网申购期内，投资者按委托买入股票的方式，以发行价格委托证券营业部申购股票。申购资金由证券交易所全部冻结（现为 3 个工作日），冻结的资金利息全部缴存到证券交易所开立的存储专户，作为证券投资者保护基金的来源之一。申购结束后，根据实际到位资金，由证券交易所主机确认有效申购数。被确认的有效申购即为买入股票；未被确认的申购即为申购失败，冻结资金返回申购者账户。网上定价发行方式的发行价格固定，目前我国广泛采用此方式。

温馨提示

网上定价发行具有新股网上竞价发行的优点，两者不同之处有两点：一是发行价格的确定方式不同。网上定价发行方式事先确定价格，而网上竞价发行方式是事先确定发行底价，由发行时竞价决定发行价。二是认购成功者的确认方式不同。定价发行按抽签决定，竞价发行按价格优先、同等价位时间优先的原则决定。

（2）网上定价发行的具体处理原则

1）当有效申购总量等于该次股票发行量时，投资者按其有效申购量认购股票。

2）当有效申购总量小于该次股票发行量时，投资者按其有效申购量认购股票后，余额部分按承销协议办理。

3）当有效申购总量大于该次股票发行量时，中签率=股票发行量÷有效申购总量。具体操作时是由证券交易所主机自动按每 1 000 股有效申购确定一个申报号，连序排号，然后通过摇号抽签，每一中签号认购 1 000 股。

(3) 新股网上定价发行具体程序　投资者应在申购委托前把申购款全额存入与办理该次发行的证券交易所联网的证券营业部指定的账户内。

第一步：申购当日（T+0 日），投资者申购，由证券交易所反馈受理。上网申购期内，投资者按委托买入股票的方式，以发行价格填写委托单。一经申报，不得撤单。投资者多次申购的，除第一次申购外均视作无效申购。

每一账户申购委托不少于 1 000 股，超过 1 000 股的必须是 1 000 股的整数倍。每一股票账户申购股票数量上限为当次社会公众股发行数量的 1/1 000。

第二步：申购日后的第一天（T+1 日），由证券交易所的登记结算机构将申购资金冻结

在申购专户中，确因银行结算制度而造成申购资金不能及时入账的，须在T+1日提供通过中国人民银行电子联行系统汇划的划款凭证，并确保T+2日上午申购资金入账。所有申购资金一律集中冻结在指定清算银行的申购专户中。

第三步：申购日后的第二天（T+2日），证券交易所的登记结算机构应配合主承销商和会计师事务所对申购资金进行验资，并由会计师事务所出具验资报告，以实际到位资金（包括按规定提供中国人民银行已划款凭证部分）作为有效申购进行连续配号。证券交易所将配号传送至各证券营业部，并通过交易网络公布中签率。

第四步：申购日后的第三天（T+3日），由主承销商负责组织摇号抽签，并于次日（T+4日）公布中签结果。证券交易所根据抽签结果进行清算交割和股东登记。

第五步：申购日后的第四天（T+4日），对未中签部分的申购款予以解冻。

3. 网上定价市值配售

市值配售方式始于2000年，是指二级市场投资者以其持有的股票或其他有价证券的市值申购新股，中签后再缴纳认购资金的一种发行方式。

网上定价市值配售就是新股在网上发行时，将发行总量中一定比例（目前规定为网上发行总量的50%）的新股向二级市场投资者配售。投资者根据其持有上市流通证券的市值和折算的申购限量，自愿申购新股。目前，我国规定市值配售只是网上定价发行的一部分，因而市值配售与网上定价发行应同时进行。

（五）网下向询价对象配售股票发行方式

网下向询价对象配售股票的发行方式也称网下定价发行方式，是指不在股票交易网内向一些机构投资者配售股票，这部分配售的股票上市日期有一个限制期限。

证监会核准发行人的发行申请后，发行人应公告招股意向书，开始进行推介和询价，发行人及其保荐人向参与累计投标询价的对象按照规定配售股票。

小知识

在无纸化条件下，我国网下配售对象通过深圳股票交易所或上海股票交易所网下发行电子平台进行申购。网上发行则通过深圳股票交易所或上海股票交易所交易系统进行。

目前，我国新股发行常采用网下向股票配售对象询价配售（简称“网下发行”）和网上向社会公众投资者定价发行（简称“网上发行”）相结合的方式。

网下发行针对的是机构投资者，机构投资者的报价高于价格区间的下限才能申购，申购中签的股票要到新股上市后三个月才可以上市流通。

网上发行针对的是社会公众投资者，在申购日按发行价申购，中签的股票在新股上市后即可交易。

机构投资者如果选择网下发行，就不得参与网上申购。

小链接

累计投标询价确定发行价格的过程

1）当投资者的有效申购总量小于或等于股票发行量时，以询价区间下限为发行价格。

2）当投资者的有效申购总量大于本次股票发行量，但超额认购倍数小于 n 倍时，以询价区间下限为发行价格。

3）当投资者的有效申购总量大于本次股票发行量，且超额认购倍数首次大于 n 倍时，发行价格的确定规则为：从申购价格最高的有效申购开始逐笔向下累计计算，直至超额认购倍数首次超过 n 倍为止，以此时的价格为本次发行价格，高于此价格（含该价格）的申购成为可以执行的有效申购。

4）当投资者的有效申购总量大于本次股票发行量，且在本次发行询价区间上限上的有效申购所形成的超额认购倍数已经超过 n 倍时，发行价格按照询价上限计算。高于此价格（含该价格）的有效申购都为可执行的有效申购。超额认购倍数（n 倍）根据公司发行公告确定。

五、公募股票的发行程序

1. 设立发行的程序

（1）订立招股章程　发起人在被准予注册登记取得独立的法人资格后订立招股章程，主要目的是供公众阅览和了解公司情况。

（2）申请　发起人向上级主管部门提交招股申请书，除了上述招股章程的内容以外，还要列出股票推销机构的名称及地点、开户银行的名称及地点、注册会计师证明等。

（3）签订委托募集合同　主管部门同意颁发许可证后，公司与证券发行中介机构签订委托募集合同，内容包括推销募集方法、发行价格、推销股数、委托手续费等。

（4）投资者认购　公司或发行中介机构用广告或书面通知等方式招股，投资者按照公司及承销机构规定的方式认购股票。

（5）股票交割　投资者在认购以后，必须在规定的日期缴纳股金，才能领取股票。同样，发行者必须在认购后的规定日期交付所卖的股票，收受股金款。这种一手缴纳股金、一手交付股票的活动被称为交割。股票在交割的次日产生效力。

股票交割

股票交割即买卖股票成交后货银兑付的过程，也就是买卖双方通过结算系统实现一手交钱、一手交货的过程。投资者在委托买进股票并成交后，必须缴纳所需款项，才能领取所买进的股票。同样，投资者在委托卖出股票并成交后，必须交付卖出的股票，才能领取应得的价款。我国禁止信用交易，投资者在买进证券时必须在资金账户上存有足够的保证金；在卖出证券时，证券账户上必须有相应的证券。我国证券市场自 1992 年开始实行无纸化制度，实物股票不再流通。投资者所持证券体现为其证券账户中的电子数据记录。因此，交割只是投资者证券账户中证券数据和资金账户中资金数据的账面增减。

（6）登记　股票交割后一定时期，公司董事会应向证券管理部门登记，为日后增发新股和上市审查作准备。其内容包括发行总额、每股金额、募集期、股金收足日期、股东名单、公司董事和监事名单等。

2. 公司增发股票的程序

1）制订新股发行计划，拟订所发行股票的种类、发行方式和价格。

2）形成董事会决议。

3）向主管部门提交发行申请书，为认购者编制增股说明书。

4）如果在现有股东之间进行分摊，则要冻结股东名簿，停止办理股票转让后的过户手续。

5）签订委托推销合同。

6）向现有股东发出通知或公告。

7）股东认购或公开发行。

8）股票交割。

9）处理零股或失权股。

10）向证券管理部门登记发行情况和结果。

小链接

IPO

IPO 全称 Initial Public Offerings（首次公开募股），是指某公司（股份有限公司或有限责任公司）首次向社会公众公开招股的发行方式。有限责任公司在首次公开募股后会成为股份有限公司。在公募发行情况下，所有合法的社会投资者都可以参加认购。

六、我国股票发行制度的演变

股票发行制度是指发行股票过程中的一系列规范化程序与要求，主要包括发行审核制度、发行定价制度以及相关的披露制度。

在国际上，股票发行制度基本上可以分为核准制和注册制两种类型。核准制较为严格，主要依靠监管机构的监管、审查来保证上市公司的质量。注册制较为宽松，主要依靠申请公司自律来保证上市公司的质量，发展较为成熟的证券市场大多采用注册制。

实施科学严谨的股票发行制度，有利于健全证券市场准入机制，正本清源，防患未然，从而保证上市公司的质量，有效地增强和恢复投资者的信心。

我国证券市场建立以来，股票发行制度结合股市自身情况逐渐与国际惯例接轨，先后实行审批制和核准制。

1990 年，我国证券市场建立。至 2000 年，我国股票发行制度一直实施的是行政审批制度。这种审批制是完全计划发行的模式。其特点：一是发行额度实行计划控制，采用“总量控制，限定数量”的原则。二是实行两级审批制，即拟发行公司在申请公开发行股票时，要征得中央企业主管部门或地方政府同意后，向所属证券管理部门提出发行股票的申请。三是股票发行与上市连续进行。经证券管理部门受理审核同意转报证监会核准发行额度后，公司还要向上海或深圳交易所上市委员会提出上市申请，经审核、复审，由证监会出具批准发行的有关文件，方可发行。

在这种审批制下，从企业的选择到发行上市的整个过程透明度不高，市场的自律功能得不到有效发挥，弊端较多，无法保证上市公司质量。

在 1999 年 7 月颁布的《中华人民共和国证券法》中，明确要求我国股票发行制度要实施核准制。从 2001 年 3 月 17 日开始，我国正式实施核准制。核准制是指发行人在发行股票时，不需要各级政府批准，只要符合《中华人民共和国证券法》和《中华人民共和国公司法》的要求即可申请发行。但是发行人要充分公开企业的真实状况，证券主管机关有权否决不符合规定条件的股票发行申请。

核准制的特点：一是在选择推介企业方面，由主承销商负责。二是在企业发行股票的规模上，由企业自行选择。三是在发行审核上，转向强制性信息披露和合规性审核，发挥股票审核委员会的独立审核功能。四是在股票发行定价上，由发行人与主承销商协商，并充分反映投资者的需求，使发行价能真正反映公司股票的内在价值并体现投资风险的影响。

回顾新股发行制度的演进过程，从审批制到核准制，这是从行政监管迈向市场的第一步。如果股票发行选择注册制，则无需审批核准，满足条件即可发行股票，投资者自主投资，机构依法监管，但目前时机尚未成熟。

第四节 股票交易

案例导入

1602 年，在荷兰联省共和国大议长奥登巴恩维尔特的主导下，联合东印度公司成立。它是第一个联合的股份公司，为了融资，他们发行股票。通过向全社会融资的方式，东印度公司成功地将分散的财富变成了自己对外扩张的资本。成千上万的国民和机构愿意把积蓄投入到这项利润丰厚同时也存在着巨大风险的商业活动中。

东印度公司成立的前十年没有向股东支付任何的利息，因为公司把资金投入到了造船、建筑房屋等长期项目中，并热衷于在亚洲建立一个贸易王国。十年后，公司才第一次给股东派发了红利。

连续十年不给股东们分红利，这样的经营方式为什么能够得到投资者的认可呢？

这是因为荷兰创立东印度公司的同时，还创造了一种新的资本流转体制。1609 年，世界历史上第一个股票交易所诞生在阿姆斯特丹。东印度公司的股东们可以随时通过股票交易所将自己手中的股票变成现金。

四百多年前的阿姆斯特丹的股票交易所中，就已经活跃着超过 1 000 名的股票经纪人。他们虽然还没有穿上红马甲，但是固定的交易席位已经出现了。这里是当时整个欧洲最活跃的资本市场。在此从事股票交易的不仅有荷兰人，还有许许多多的外国人。大量的股息收入从这个面积不超过 1 000 平方米的院子里，流入荷兰国库和普通荷兰人的腰包。仅英国国债一项，荷兰每年就可获得超过 2 500 万荷兰盾的收入，价值相当于 200 吨白银。

把握买进和卖出股票的时机对于规避股市风险的意义是什么？知道怎样把握股票买卖的时机吗？

温馨提示

股市有风险，入市须谨慎。所谓风险，一般是指遭受各种损失的可能性。股票投资的风险是指实际获得的收益低于预期收益的可能性。造成实际收益低于预期收益的原因是股息的减少和股票价格的非预期变动。

进行股票交易除了掌握股市的基本知识，还要熟悉一些财务知识，至少要能看懂上市公司的财务报表，学会简单的技术分析方法，如股价指数等。当然如果投资者了解国际、国内经济形势，熟悉企业经营、行业发展趋势，那么更有助于股票交易。

相关知识

一、股票交易方式

小知识

股票公开转让或买卖的场所通常为证券交易所。中国目前仅有两家交易所，即上海证券交易所和深圳证券交易所。

股票交易是指股票投资者之间按照市场价格对已发行上市的股票进行的买卖。

买卖股票的方法和形式称为股票交易方式，它是股票流通交易的基本环节。现代股票流通市场的买卖交易方式种类繁多，从不同的角度可以有以下四类划分方式：

1. 按买卖双方决定价格的不同分类

按买卖双方决定价格的不同分类，股票交易方式可以分为议价买卖和竞价买卖。

（1）议价买卖　议价买卖就是买方和卖方一对一地面谈，通过讨价还价达成买卖交易，一般在股票无法上市、交易量少、需要保密或为了节省佣金等情况下采用。

（2）竞价买卖　竞价买卖是指买卖双方都是由若干人组成的群体，双方公开进行双向竞争的交易，即交易不仅在买卖双方之间有出价和要价的竞争，而且在买方市场和卖方市场内部也存在着激烈的竞争，最后在买方出价最高者和卖方要价最低者之间成交。在这种双方竞争中，买方可以自由地选择卖方，卖方也可以自由地选择买方，交易比较公平，产生的价格也比较合理。竞价买卖是证券交易所中买卖股票的主要方式。

2. 按达成交易的方式不同分类

按达成交易的方式不同分类，股票交易方式可以分为直接交易和间接交易。

（1）直接交易　直接交易是买卖双方直接洽谈，股票也由买卖双方自行清算交割，在整个交易过程中不涉及任何中介的交易方式。场外交易绝大部分是直接交易。

（2）间接交易　间接交易是买卖双方不直接见面和联系，而是委托中介人进行股票买卖的交易方式。证券交易所中的经纪人制度，就是典型的间接交易。

3. 按交割期限不同分类

按交割期限不同分类，股票交易方式可以分为现货交易和期货交易。

（1）现货交易　现货交易是指股票买卖成交以后，马上办理交割清算手续，当场钱货两清。它是证券交易中最古老的交易方式，最初的证券交易都是采用这种方式进行的。

（2）期货交易　期货交易是股票成交后按合同中规定的价格、数量，将来某一特定时间再进行交割清算的交易方式。期限一般为 15～90 天。期货交易是相对于现货交易而言的。例如，买卖双方今日签订股票买卖合约而于 30 日后履约交易就是期货交易。

4. 按是否通过交易所交易分类

按是否通过交易所交易分类，股票交易方式可以分为场内交易和场外交易。

（1）场内交易　场内交易又称为交易所交易，是指所有的供求方集中在交易所进行竞价交易的交易方式。这种交易方式具有交易所向交易参与者收取保证金，同时负责清算和承担履约担保责任的特点。此外，由于每个投资者都有不同的需求，交易所事先设计出标准化的金融合同，由投资者选择与自身需求最接近的合同进行交易。所有的交易者集中在一个场所进行交易，这就增加了交易的密度，一般可以形成流动性较高的市场。期货交易和部分标准化期权合同交易都属于这种交易方式。

小知识

商务印书馆《英汉债券投资词典》对场外交易的解释：①泛指在正式交易机构之外进行的交易，如通过计算机和电话进行的交易；在正常交易时间之后，即闭市之后进行的交易。②美国证券交易所诞生前的交易行为。当时那些达不到纽约股票交易所上市标准的股票由黄牛在纽约股票交易所外的马路上交易。这便是美国证券交易所的前身。

（2）场外交易　场外交易又称为柜台交易，是指交易双方直接成为交易对手的交易方式。这种交易方式有许多种类，可以根据每个投资者的不同需求设计出不同内容的产品。同时，为了满足客户的具体要求，出售衍生产品的金融机构需要有较强的金融技术和风险管理能力。场外交易不断产生金融创新。但是，由于每个交易的清算是由交易双方相互负责进行的，交易参与者仅限于信用程度较高的客户。

小链接

股 票 上 市

股票上市是指已经发行的股票经证券交易所批准后，在交易所公开挂牌交易的法律行为，是连接股票发行和股票交易的“桥梁”。公开发行的股票不一定能够上市，但是股票上市必须要求是公开发行的股票。

股票上市应当符合如下条件：

1）股票经国务院证券监督管理机构核准已公开发行。

2）公司股本总额不少于人民币 3 000 万元。

3）公开发行的股份达到公司股份总数的 25%以上；公司股本总额超过人民币 4 亿元的，公开发行股份的比例为 10%以上。

4）公司最近3年无重大违法行为，财务会计报告无虚假记载。

温馨提示

场内市场与场外市场最大的区别在于，场内市场是有标准的合约并被监管，而场外交易往往只是交易双方私下的协定。而正是因为交易不透明，场外市场在2007～2009年金融危机中成为了众矢之的。但很多金融业人士认为场外交易还是有其存在的必要。

二、股票交易原则

股份公司发行的股票，在经有关部门批准后，就可以在股票市场（证券交易所）公开挂牌进行上市交易活动。股票要上市交易必须具备一定的条件，并按一定的原则和程序进行操作与运转。

在股票交易中，为了有效保护投资者的利益，不损害公共利益，股票在上市过程中一般要遵循如下原则：

（1）公开性原则　公开性原则是股票上市时应遵循的基本原则。它要求股票必须公开发行，而且上市公司需连续地、及时地公开公司的财务报表、经营状况及其他相关的资料与信息，使投资者能够获得足够的信息进行分析和选择，以维护投资者的利益。

（2）公正性原则　公正性原则是指参与证券交易活动的每一个人、每一个机构或部门，均须站在公正、客观的立场上反映情况，不得有隐瞒、欺诈或弄虚作假等误导他人行为。

（3）公平性原则　公平性原则是指股票上市交易中的各方，包括证券商、经纪人和投资者，在买卖交易活动中的条件和机会应该是均等的。

（4）自愿性原则　自愿性原则是指在股票交易的各种形式中，必须以自愿为前提，不得强迫、阻碍投资者买卖股票，也不能附加任何条件。

三、股票交易程序

证券在证券交易所的交易程序一般包括开户、委托买卖、竞价与成交、清算与交割、过户几个环节。

（一）开户

投资者在买卖证券之前，要到证券经纪人（证券商）处开立账户。开户之后，才有资格委托经纪人代为买卖证券。开户时要同时开设证券账户和资金账户。当甲投资者买入证券、乙投资者卖出证券成交后，证券从乙投资者的证券账户转入甲投资者的证券账户，相应的资金在扣除费用后从甲投资者的资金账户转入乙投资者的资金账户。

1. 证券账户

证券账户是证券登记机关为投资者设立的，用于准确登记投资者所持的证券种类、名称、数量及相应权益变动情况的一种账户。我国证券账户分为个人账户和法人账户两种。

温馨提示

办理证券账户是投资者走进股市的第一步。证券账户可以视为投资者进入股票交易市场的通行证，只有设立证券账户，才能进场买卖证券。

根据国家有关规定，下列人员不得开设A股证券账户：

1）证券主管机关中管理证券事务的有关人员。

2）证券交易所管理人员。

3）证券经营机构中与股票发行或交易有直接关系的人员。

4）与发行人有直接行政隶属或管理关系的机关工作人员。

5）其他与股票发行或交易有关的知情人。

6）未成年人或无行为能力的人以及没有公安机关颁发的身份证的人员。

7）由于违反证券法规，主管机关决定停止其证券交易，期限未满者。

8）其他法规规定不得拥有或参加证券交易的自然人，包括武警、现役军人等。

温馨提示

在办理上海证券交易所的股票证券账户后，如果需要办理指定交易，可指定该账户在某一证券商处进行交易。此种指定交易随时可以办理，也可随时撤销。在深圳证券交易所开设股票账户后，只能在指定的证券机构处办理委托买卖。投资者如需在其他证券经营机构处委托，必须事先办理转托管手续。

随着证券市场的发展，股票账户的功能已不限于股票，扩展至基金、股权证、无纸化国债等。

小链接

个人、法人开户必须持有效证件

自然人开立的证券账户为个人账户（也称A字账户）。开立个人账户时，投资者必须持有效的身份证件（一般为居民身份证）去证券交易所指定的证券登记机构或会员证券公司办理名册登记并开立证券账户。个人投资者在开立证券账户时，应载明登记日期和个人的姓名、性别、身份证号码、家庭地址、职业、学历、工作单位、联系电话等并签字或盖章。在允许代办的情况下，如果委托他人代办，受托人还须提供身份证。

法人开户提供的证件有：有效法人证明文件（营业执照）及其复印件、法定代表人证明书及其身份证、法人委托书及代办人身份证。

温馨提示

一般的证券账户只能进行A股、基金和证券现货交易。而要进行B股交易和债券回

购交易需另行开设账户和办理相关手续等。

证券账户全国通用，投资者可以在开通上海或深圳证券交易业务的任何一家证券营业部委托交易。

2. 资金账户

资金账户是投资者在证券公司开设的资金专用账户，用于存放投资者买入证券所需的资金或卖出证券取得的资金，记录证券交易资金的币种、余额和变动情况。资金账户类似于银行的活期存折，投资者可以随时提取存款，也可以获得活期存款的利息。

我国申请办理股东账户的程序

在任何一家证券公司办理手续，都可在上海和深圳证券交易所开设股东账户。

第一步：股民到证券公司营业部开立账户。股民去柜台索取《开户申请表》并按要求填写。填好后，将身份证、《开户申请表》以及手续费一起交给柜台承办人。承办人核查上述材料无误后，申请人便可收回自己的证件、手续费收据并领取股票账户卡。

第二步：股票账户开设后，证券公司将为每个股民开立资金账户，专门用于股票交易的资金结算。

第三步：股民开户完成后，还需要对今后自己采用的交易手段、资金存取方式进行选择，并与证券营业部签订相应的开通手续及协议。在开户的同时，可以选择委托方式，包括网上委托、电话委托、手机委托等。

只有所有手续都办理后，投资者才可以随时进行委托交易。

（二）委托买卖

投资者开立了证券账户和资金账户后，就可以在证券营业部办理委托买卖。委托买卖是指证券经纪商接受投资者委托，代理投资者买卖股票，从中收取佣金的交易行为。

小链接

股民买卖股票时向证券商下达的委托指令主要包括：①股东姓名。②资金卡号。③买入（或卖出）。④上海（或深圳）。⑤股票名称。⑥股票代码。⑦委托价格。⑧委托数量。

1. 证券委托的分类

根据投资者委托的不同内容，证券委托可以有不同的分类。

（1）按买卖证券的数量分类　按买卖证券的数量分类，证券委托可以分为整数委托和零股委托。

1）整数委托是指投资者委托经纪人买进或卖出的证券数量是以一个交易单位为起点或是一个交易单位的整数倍。一个交易单位称为“一手”。“手”的概念来源于证券交易初期的一手交钱一手交货，现已发展为标准手。例如，上海、深圳交易所规定：A股、B股的标准手是100股；基金的标准手是1 000基金单位；债券以100元面值为一张，10张即1 000元为一标准手。

2）零股委托是指委托买卖的证券数量不足一个交易单位。若以一手等于 100 股为一个交易单位，则1～99股便为零股。一般规定，只有交易额达到一个交易单位或交易单位的整数倍，才允许进交易所内交易，零股则必须由经纪人凑齐为整数股后，才能进行交易。

（2）按委托的价格分类　按委托的价格分类，证券委托可以分为市价委托和限价委托。

1）市价委托是指投资者向经纪人发出委托指令时，只规定某种证券的名称、数量，对价格不作限定，由经纪人随行就市。

2）限价委托是指由投资者发出委托指令时，提出买入或卖出某种证券的价格范围，经纪人在执行时必须按限定的最低价格或高于最低价格卖出，或按限定的最高价格或低于最高价格买进。

（3）按委托方式分类　按委托方式分类，在电子化交易方式下，证券委托可以分为柜台委托、电话委托、传真委托、自助委托、网上委托等。

1）柜台委托也称柜台递单委托，是指投资者持身份证和账户卡，在证券公司柜台填写买进或卖出委托书，交由柜台工作人员审核执行。

2）电话委托是指投资者通过电话方式表明委托意向，提出委托要求。投资者可通过普通的双音频电话，按照该系统发出的指示，借助电话机上的数字和符号键输入委托指令，以完成证券买卖的一种委托形式。

3）传真委托也称函电委托，是指投资者填写委托内容后，将委托书采用传真或函电表达委托意向，提出委托要求。采用此方式，投资者必须在证券经纪商处开设委托专户。

4）自助委托是指投资者通过证券营业部设置的专用委托计算机终端，凭证券交易磁卡和交易密码进入计算机交易系统，自行将委托内容输入计算机系统，以完成证券交易的一种委托形式。

5）网上委托是指证券经纪商的计算机交易系统与互联网连接，投资者利用任何可上网的计算机终端，通过互联网完成交易。

温馨提示

保护好自己的交易密码

除了柜台委托方式是由柜台的工作人员确认交易者的身份外，其余各种委托方式则是通过交易密码来确认交易者身份的，所以一定要保管好交易密码，以免因泄露带来不必要的损失。当确认交易者身份后，便将委托传送到交易所计算机交易的撮合主机。交易所的撮合主机对接收到的委托进行合法性检测，然后按竞价规则确定成交价，自动撮合成交，并立刻将结果传送给证券商。这样交易者就能知道委托是否已经成交。不能成交的委托，按“价格优先，时间优先”的原则排队，等候与其后进来的委托成交。当日不能成交的委托自动失效，次日用以上的方式重新委托。

（4）按委托的有效期分类　按委托的有效期分类，证券不定期委托和定期委托。

1）不定期委托也称有效委托，是指投资者发出委托指令时不规定指令的有效期限，只要不宣布撤销委托，则指令一直有效。

2）定期委托也称限时委托，是指投资者发出委托买卖指令时，对交易的时间有一定的限制。超过时限，不论买卖是否成交，委托指令自动失效。若投资者仍有买卖意向，则需重

新提出委托。我国证券交易中的有效期限分为当日有效和5日内有效两种。

小链接

查单和撤单委托

股民下达买卖股票的委托指令后，在当日不知是否成交，可以按照委托单的合同号进行查询。如果发现买卖委托没有及时成交或有一部分没有成交，想取消委托指令时，可以进行撤单委托。撤单委托要根据买卖委托单的合同操作，并缴纳一定的撤单费。

2. 证券委托的代理

经纪人在接受投资者委托后，按投资者指令进行申报竞价，然后拍板成交。

申报是指证券营业部根据委托书上载明的证券名称、买卖方向、价格，接受客户的委托，将投资者委托指令的内容传送到证券交易所进行撮合。经纪人应严格按照交易规则代理买卖。证券买卖成交后，证券公司应当制作买卖成交报告单交付客户，不得侵犯客户包括知情权在内的合法权益。

温馨提示

申报的原则

采用时间优先、客户优先的原则，注意申报的原则与竞价原则的区别。

（三）竞价与成交

1. 竞价成交的原则

证券买卖中最基本的规则是“价格优先、时间优先”。

（1）价格优先的原则　价格优先的原则表现为：价格较高买进申报优先于较低买进申报，价格较低卖出申报优先于较高卖出申报，市价买卖申报优先于限价买卖申报。

（2）时间优先的原则　时间优先的原则表现为：同价位申报，依照申报时间决定优先顺序。计算机申报竞价按计算机接受的时间顺序排列；口头申报竞价以中介经纪人听到的顺序排列；书面申报竞价则按中介经纪人接到的书面凭证顺序排列。

结合上述两个原则，成交价格的决定过程是按最高买入申报与最低卖出申报进行配对，并根据“数量优先”的原则逐一进行排除，找出对买卖双方均有利的，又能使成交量最大的合理价位，作为当前的统一成交价。若买卖双方只有市价申报而无限价申报，则采用当日最近一次成交价的价位。

小案例

有甲、乙、丙、丁四人：甲卖出价每股10.70元，时间13:35；乙卖出价每股10.40元，时间13:40；丙卖出价每股10.75元，时间13:25；丁卖出价每股10.40元，时间13:38。那么成交顺序为：丁、乙、甲、丙。

2. 竞价方式

（1）按证券交易发展过程分类　按证券交易发展的过程分类，竞价方式可以分为口头竞价、牌板竞价、书面竞价和计算机终端申报竞价。

1）口头竞价是指场内交易员在交易柜台或指定区域内大声喊出自己买入卖出的证券价格、数量直至成交。同时辅以手势，以手指变动表示不同的数字，掌心向内表示买进，掌心向外表示卖出。

2）牌板竞价是指买方的出价和卖方的要价都书写在交易牌板上，经纪人通过牌板竞价直至成交。

3）书面竞价是场内交易员将买卖要求填写在买卖登记单上交给交易所的中介人，通过中介人撮合成交。

4）计算机终端申报竞价是指证券公司交易员在计算机终端机上将买卖报价输入并传送到交易所的计算机主机，然后由计算机主机配对成交。目前，这是世界各国证券交易所采用的主要竞价方式。

（2）按成交价格的形式是否连续分类　按成交价格的形成是否连续分类，竞价方式可以分为集合竞价和连续竞价。

1）集合竞价又称“定盘”，产生开盘价。集合竞价是将数笔委托报价或一时段内的全部委托报价集中在一起，根据不高于申买价和不低于申卖价的原则产生一个成交价格，且在这个价格下成交的股票数量最大，并将这个价格作为全部成交委托的交易价格。

集合竞价的基本过程

设股票G在开盘前分别有6笔买入委托和5笔卖出委托，根据价格优先的原则，按买入价格由高至低和卖出价格由低至高的顺序将其分别排列，见表2-2。

表2-2　委托买卖价格顺序一

序　号	委托买入价/（元/股）	数量/手	序　号	委托卖出价/元	数量/手
1	3.80	2	1	3.52	5
2	3.76	6	2	3.57	1
3	3.65	4	3	3.60	2
4	3.60	7	4	3.65	6
5	3.54	6	5	3.70	6
6	3.45	3			

按不高于申买价和不低于申卖价的原则，首先可成交第一笔，即3.80元/股买入委托和3.52元/股的卖出委托，若要同时符合申买者和申卖者的意愿，其成交价格必须是在3.52元/股与3.80元/股之间，但具体价格要视以后的成交情况而定。该笔委托成交后其他委托的排序见表2-3。

表 2-3　委托买卖价格顺序二

序　　号	委托买入价/（元/股）	数量/手	序　　号	委托卖出价/（元/股）	数量/手
1			1	3.52	3
2	3.76	6	2	3.57	1
3	3.65	4	3	3.60	2
4	3.60	7	4	3.65	6
5	3.54	6	5	3.7	6
6	3.45	3			

在第一次成交中，由于卖出委托的数量多于买入委托，按交易规则，序号 1 的买入委托 2 手全部成交，序号 1 的卖出委托还剩余 3 手。

第二笔成交情况：序号 2 的买入委托价格为不高于 3.76 元/股，数量为 6 手。在卖出委托中，序号 1～3 的委托的数量正好为 6 手，其价格意愿也符合要求，正好成交。其成交价格在 3.60～3.76 元/股的范围内，成交数量为 6 手。应注意的是，第二笔成交价格的范围是在第一笔成交价格的范围之内，且区间要小一些。第二笔成交后剩下的委托情况见表 2-4。

表 2-4　委托买卖价格顺序三

序　　号	委托买入价/（元/股）	数量/手	序　　号	委托卖出价	数量/手
1			1		
2			2		
3	3.65	4	3		
4	3.60	7	4	3.65	6
5	3.54	6	5	3.70	6
6	3.45	3			

第三笔成交情况：序号 3 的买入委托的价格要求不超过 3.65 元/股，而卖出委托序号 4 的委托价格符合要求，这样序号 3 的买入委托与序号 4 的卖出委托正好配对成交，其价格为 3.65 元/股。因卖出委托数量大于买入委托，故序号 4 的卖出委托仅成交了 4 手。第三笔成交后的委托情况见表 2-5。

表 2-5　委托买卖价格顺序四

序　　号	委托买入价/（元/股）	数量/手	序　　号	委托卖出价	数量（手）
1			1		
2			2		
3			3		
4	3.60	7	4	3.65	2
5	3.54	6	5	3.70	6
6	3.45	3			

完成以上三笔委托后，因最高买入价为 3.60 元/股，而最低卖出价为 3.65 元/股，买入价与卖出价之间再没有相交部分，所以这一次的集合竞价就已完成，最后一笔的成交价就为集合竞价的平均价格。剩下的其他委托将自动进入开盘后的连续竞价。

在以上过程中，通过一次次配对，成交的价格范围逐渐缩小，而成交的数量逐渐增大，直到最后确定一个具体的成交价格，并使成交量达到最大。在最后一笔配对中，如果买入价和卖出价不相等，其成交价就取两者的平均。

在这次的集合竞价中，三笔委托共成交了 12 手，成交价格为 3.65 元/股。按照规定，所有这次成交的委托无论是买入还是卖出，其成交价都定为 3.65 元/股，交易所发布的股票 G 的开盘价就为 3.65 元/股，成交量 12 手。

当股票的申买价低而申卖价高而导致没有股票成交时，上海证券交易所就将其开盘价空缺，将连续竞价后产生的第一笔价格作为开盘价。而深圳证券交易所对此却另有规定：若最高申买价高于前一交易日的收盘价，就选取该价格为开盘价；若最低申卖价低于前一交易日的收盘价，就选取该价格为开盘价；若最低申买价不高于前一交易日的收盘价、最高申卖价不低于前一交易日的收盘价，则选取前一交易日的收盘价为今日的开盘价。

2）连续竞价又称“动盘”，是指对买卖申报逐笔连续撮合的竞价方式。是在交易所开市后由场内证券商根据场内证券交易情况的变化适时提出申报，并由证券交易所按当时的卖方最低申报价和买方最高申报价进行配对，确定对上述两方最为有利的合理价位，将其作为当时两者之间的成交价。一笔委托成交以后，交易所必须根据新的买卖申报情况再行配对，确定新的买卖成交价，直至当日收盘。连续竞价阶段的特点是每一笔买卖委托输入系统后，当即判断并进行不同处理，能成交者予以成交，不能成交者等待机会成交，部分成交者则让未能成交的部分继续等待。

温馨提示

连续竞价与集合竞价

集合竞价是将数笔委托报价或一时段内的全部委托报价集中在一起，根据不高于申买价和不低于申卖价的原则产生一个成交价格，作为全部成交委托的交易价格。

连续竞价则以“价格优先、时间优先”来排列买卖有效委托，它是在买入的最高价与卖出的最低价的委托中，以“不高于买价，不低于卖价”的原则一对一对地成交。

按照我国证券交易所的有关规定，在无撤单的情况下，委托当日有效。另外，开盘集合竞价期间未能成交的买卖申报，自动进入连续竞价。深圳证券交易所还规定，连续竞价期间未成交的买卖申报，自动进入收盘集合竞价。

小链接

连续竞价时，成交价格的确定原则：

1）最高买入申报价格与最低卖出申报价格相同，以该价格为成交价格。

2）买入申报价格高于即时揭示的最低卖出申报价格的，以即时揭示的最低卖出申报价格为成交价格（在体现了“不高于买价，不低于卖价”的同时也体现了“时间优先”原则）。

3）卖出申报价格低于即时揭示的最高买入申报价格的，以即时揭示的最高买入申报价格为成交价格（在体现了“不高于买价，不低于卖价”的同时也体现了“时间优先”原则）。

小案例

某股票即时揭示的卖出申报价格和数量及买入申报价格和数量见表 2-6。若此时该股票有一笔买入申报进入交易系统，价格为 15.37 元/股，数量为 600 股，应该如何成交呢？

表 2-6 买卖申报价格和数量

买卖方向	价格/（元/股）	数量/股
卖出申报	15.37	1 000
	15.36	800
	15.35	100
买入申报	15.34	500
	15.33	1 000
	15.32	800

案例解析：

买入申报价格高于即时揭示的最低卖出申报价格时，以即时揭示的最低卖出申报价格为成交价，此题买入申报价格为 15.37 元，即时揭示的最低卖出申报价格为 15.35 元，所以应以 15.35 元成交 100 股，以 15.36 元成交 500 股。

选一选

根据现行制度规定，连续竞价时，成交价格的确定原则包括（　　）。

A. 买入申报价格高于即时揭示的最低卖出申报价格时，以即时揭示的最低卖出申报价格为成交价

B. 卖出申报价格低于即时揭示的最高买入申报价格时，以中间价成交

C. 卖出申报价格低于即时揭示的最高买入申报价格时，以即时揭示的最高买入申报价格为成交价

D. 最高买入申报与最低卖出申报价位相同，以该价格为成交价

温馨提示

由于集合竞价是将一段时间内所有的委托一同成交，其价格不易受个别报价的影响，且能反映绝大多数交易者的买卖意愿，产生的价格比较公道和合理，且可以防止操纵股价的行为。深圳交易所以前在股票交易中均采用集合竞价的方法产生价格，其优点是每一次价格的产生基本不会受偶然因素影响，即使股民的申报价格偏离较大或错报，其成交价一般也不会偏离前一成交价太大，所以集合竞价产生的价格变动比较平滑。而连续竞价因为是一对一撮合，产生的价格波动较大，股市行情的变化也容易大起大落，特别是当股民错报委托价格时，交易系统会毫不留情地按照错报价格成交。

小链接

我国两种竞价方式的应用

目前，上海、深圳证券交易所同时采用集合竞价和连续竞价两种方式。按照规定集合竞价时未能成交的委托买卖申报，自动转入连续竞价。集合竞价结束后就是连续竞价时间直至收市。对其余交易时间的有效委托进行连续竞价处理。

上海证券交易所 9:15～9:25 为开盘集合竞价时间，9:30～11:30 和 13:00～15:00 为连续竞价时间。深圳证券交易所 9:15～9:25 为开盘集合竞价时间，14:57～15:00 为收盘集合竞价时间，9:30～11:30 和 13:00～14:57 为连续竞价时间。深圳证券交易所的收盘价是最后 3 分钟进行集合竞价产生的。

我国股票市场竞价的原则：先以“价格优先、时间优先”来排列买卖有效委托，再以“不高于买价，不低于卖价”的原则成交。

小链接

连续市场和集合市场

目前在世界所有证券或证券衍生产品市场中，成交价的决定基本上按价格的形成是否连续分为连续竞价和集合竞价，相应的交易市场分为连续市场和集合市场两种。

连续市场是指当买卖双方投资者连续委托买进或卖出证券时，只要彼此符合成交条件，交易均可在交易时段中任何时点发生，成交价格也不断依买卖供需而出现涨跌变化。世界大多数证券市场在大部分交易时间均采用连续竞价方式交易。集合市场是指买卖双方投资者间隔一段较长的时间，市场积累买卖申报后一次竞价成交。

小链接

委托单驱动市场和报价驱动市场

连续市场依形成价格的市场主导力量，区分为委托单驱动市场和报价驱动市场。

委托单驱动市场的主要特点是市场价格直接反映市场投资者的供需关系，如日本、韩国、新加坡等国家和我国的上海、深圳证券交易所、我国香港的证券市场均是委托单驱动市场。

报价驱动市场的主要特点是市场价格直接反映市场中介人的多少，如美国的纳斯达克、英国的伦敦等证券市场均是报价驱动市场。

3. *涨跌停板制度*

涨跌停板制度源于国外早期证券市场，是为了防止证券交易价格的暴涨暴跌、抑制过度投机现象，而对每只证券当天价格的涨跌幅度予以适当限制的一种交易制度，即规定交易价格在一个交易日中的最大波动幅度为前一交易日收盘价上下百分之几，超过该幅度后停止交易。

我国证券市场现行的涨跌停板制度是 1996 年 12 月 13 日发布、1996 年 12 月 26 日开始实施的。制度规定，除上市首日之外，股票（含 A 股、B 股）、基金类证券在一个交易日内的交易价格相对上一交易日收市价格的涨跌幅度不得超过 10%，超过涨跌限价的委托为无效委托。

我国的涨跌停板制度与国外的主要区别在于股票涨跌停板后不是完全停止交易，而是在涨跌停价位或涨跌停价位之内的交易仍可继续进行，直到当日收市为止。

小链接

沪深证券交易所的涨跌幅度限制

沪深证券交易所从 1996 年 12 月起施行涨跌幅度限制，即不允许股价变动超过一定的数

值。按照规定，沪深两股市中每只股票当天股价的最大涨幅（或跌幅）不能超过该股票前一个交易日收盘价的±10%，即每只股票当天股价只能在前一天收盘价的±10%之间变动，超过这个范围的买卖申报均属无效委托。+10%价格称涨停板价，为当天允许申报的最高价；−10%价格称为跌停板价，是当天允许申报的最低价。从 1998 年 4 月起，沪深两股市把 ST 股票（即特别处理股票）的涨跌停板幅度限定为±5%。上市第一个交易日的新股票不受涨跌幅度限制，从上市第二天开始执行涨跌停板制度。

4. 我国股票买卖所需缴纳的费用

（1）过户费　上海证券交易所股票买卖均收取过户费，每 1 000 股收取 1 元（最低收取 1 元），深圳证券交易所不收取过户费。

（2）证券交易印花税　按照成交金额的 1‰单边卖出时收取，证券交易印花税。

（3）交易佣金　佣金是指委托者委托买卖成交后，按实际成交金额数的一定比例向承办委托的股票商缴纳的费用。股票商不得任意或变相提高、降低佣金的收费标准，受托买卖未成交时，股票商不得向委托者收取佣金。

佣金一般向买卖双方收取的，根据交易形式不同收取数额不等的佣金。上海证券交易所规定，A 股的佣金费率为成交金额的 0.3%，最低标准为 5 元。

一般规定，买卖股票佣金费率在 0.1%～0.3%范围内，电话委托交易的佣金费率最高为 0.3%，网上委托交易的佣金费率为 0.15%或 0.2%，最低标准均为 5 元，资金或交易量较大时，则可与证券公司协商到最低 0.1%。（场外网上交易佣金费率较低，一般在 0.15%，收取多少在开户时即约定，最低标准为 5 元）。

（4）交易委托费

交易委托费是股票公司经当地有关部门批准，在投资者办理委托买卖时，向投资者收取的，主要用于通信、设备、单证制作等方面的费用。此项收费一般按委托的笔数计算，并没有统一的标准。有的证券公司收取交易委托费，每一笔委托或每刷一次交易卡都会收取，费用为 1～5 元不等。

（四）清算与交割

证券的清算与交割是一笔证券交易达成后的后续处理，是价款结算和证券交收的过程。清算和交割统称证券的结算，是证券交易中的关键一环，它关系到买卖达成后交易双方权利和义务的终结，直接影响到交易的顺利进行，是市场交易持续进行的基础和保证。证券的结算方式有逐笔结算和净额结算两种。

1. 逐笔结算

逐笔结算是指买卖双方在每一笔交易达成后对应收应付的证券和资金进行一次交收，可以通过结算机构进行，也可以由买卖双方直接进行，比较适合以大宗交易为主、成交笔数少的证券市场和交易方式。例如，CEDEL 国际清算中心就采用此方式。

2. 净额结算

净额结算是指买卖双方在约定的期限内将已达成的交易进行清算，按资金和证券的净额进行交收。该方式比较适合于投资者较为分散、交易次数频繁、每笔成交量较小的证券市场和交易方式。

净额结算通常需要经过两次结算，即首先由证券交易所的清算中心与证券公司之间进行结算，称为一级结算。然后由证券公司与投资者之间进行结算，称为二级结算。

小链接

会计日交收与滚动交收

证券结算的时间安排，在不同的证券交易所因其传统和交易方式的不同而不同。目前在交收日的安排上可分为以下两种：

1）会计日交收，是指在一个时期内发生的所有交易在交易所规定的日期交收。例如，比利时根据交易所排定日期安排交收，奥地利证券市场交易安排在次周周一交收，印度证券市场交易每周安排一次交收。

2）滚动交收，是指所有的交易安排于交易日后固定天数内完成，大多数国家的证券市场都采用此方式。有的规定在成交日后的第一个营业日交收，称其为 T+l 规则；有的规定在成交日后的第四个营业日交收，称其为 T+4 规则。

由于尽早完成交收对提高市场效率、防止发生结算风险有重要意义，因此，采用滚动交收方式并缩短交收期，最终实现 T+0 交收，是国际证券界倡导的方向。

温馨提示

交割与交收的区别与联系

在证券交易过程中，当买卖双方达成交易后，应根据证券清算的结果，在事先约定的时间内履行合约。买方需交付一定款项获得所购证券，卖方需交付一定证券获得相应价款。在这一钱货两清的过程中，证券的收付称为交割，资金的收付称为交收。

一般情况下，并不严格区分交割与交收，所以买卖双方成交后，一方需付款收到股票，另一方需交出股票收到现金，这种成交后的收缴活动统称为交割。

小链接

股票交割与交收方式

股票交割有多种方式，例如，当日交割，即买卖双方在成交日内办完交割手续；次日交割，即从成交后的下一天算起，第二个营业日正午以前办完交割手续。各国证券交易所的股票交割方式都有所不同。

交收方式也各不相同，我国目前证券结算对 A 股实行 T+l 交收，对 B 股实行 T+3 交收。

现在深沪股市股票的交易都是借助于网络和计算机系统自动完成，交易完成后的交割会自动在股票账户中体现，不用到现场去交割。

（五）过户

股票过户是投资者在证券市场上购买股票后，到该股票发行公司办理变更股东名簿记载

的活动，股票所有权发生转移。股票分为记名股票与不记名股票两种。不记名股票可以自由转让，记名股票的转让必须办理过户手续。在证券市场上流通的股票基本上都是记名股票，办理过户手续才能生效。

温馨提示

我国证券交易所的股票已实行“无纸化交易”，对于交易过户而言，结算的完成即实现了过户。所有的过户手续都由交易所的计算机自动过户系统一次完成，无须投资者另外办理过户手续。

小链接

网上交易的原理

网上交易的原理就是用网上交易软件登录资金账户进行委托，并连接到证券公司的主机，由证券公司主机将委托送达交易所的交易主机进行交易。

四、二板市场

1. 二板市场的含义

二板市场又称创业板市场，有的国家称其为自动报价市场、自动柜台交易市场、高科技板证券市场等。它是专门为中小高新技术企业或快速成长的企业而设立的证券融资市场。二板市场上市标准较低，主要是以高科技、高成长的中小企业为服务对象的证券市场。二板市场是相对主板市场而言的，主板市场主要为大中型企业融资服务。

最初，二板市场仅仅作为股票上市的预备市场而存在。新上市公司的股票首先在二板市场上市，待时机成熟后再转入主板市场交易。后来，为了扶持中小企业和风险企业的发展，二板市场逐渐由预备市场转变为中小企业和新兴公司等风险企业的专门市场。一方面，中小企业、新兴公司在经济中占有重要地位，在提供就业机会和技术创新方面发挥着重大作用。另一方面，这些公司在成长初期往往缺乏合适的融资渠道，因为公司融资风险大，银行不愿贷款，且不够上市标准。所以在此背景下，二板市场应运而生。

2. 二板市场上市条件

二板市场的上市条件可概括为：对盈利基本上没有要求；公司资产要求比较低；上市时候需要保荐人或做市商的参与；信息披露更加严格；公司管理要求比较规范。

3. 二板市场特点

1）不同的交易系统和上市规则。二板市场是与主板市场平行的另一个市场，具有与主板市场不同的交易系统和上市规则。

二板市场上市公司已发行的股票自上市之日起即可全部流通，不设涨跌停板的限制。

2）上市条件比较宽松。与主板市场相比，二板市场的上市条件比较宽松，只有较低的盈利要求或者根本没有盈利要求，对上市公司的规模要求也比较低。凡是连续经营两年以上，在最近两年内无重大违规行为的股份有限公司，均可申请上市。高新技术企业可以不受上市指标的限制，对股本金额的要求也较低。二板市场为大多数中小企业提供了融资上市的机会。

3）较大的风险较高收益。由于二板市场具有较大的风险，一般对于信息披露具有较高的要求，对于主要股东出售股票有更严格的限制，并对上市保荐人有较高的要求。

二板市场企业规模较小，抵御市场风险的能力较弱，因此后市经营风险较大。但二板市场的上市公司要求有高度集中的业务范围（即主营业务突出），有严密的业务发展计划、完整清晰的业务发展战略，较大的业务增长潜力，产品市场前景良好。例如，纳斯达克市场就涌现出一批像思科系统公司、微软公司、英特尔公司那样的世界著名的高科技公司。二板市场具有高风险、高收益的特点。

4）场外市场交易为主。由于二板市场交易不够活跃，市场基本采用场外市场交易（OTC）方式，并实行严格的保荐人或做市商制度。

5）二板市场比主板市场更有活力，对投资者的吸引力将会更大。二板市场又称为创业板市场，也有的国家称为自动报价市场、自动柜台交易市场、高科技板证券市场等。它是专门为中小高新技术企业或快速成长的企业而设立的证券市场。它以高科技、高成长的中小企业为服务对象，上市标准较低，为那些暂时不符合主板上市要求而具有高成长性的中小型企业和高科技企业开辟直接融资渠道，从而有利于进一步推动科技产业的发展。所以二板市场在新的经济形势下更有活力，对广大投资者特别是中小规模投资者更有吸引力。

小故事

股市的变迁

新生代股民如果不会手机看盘、网上下单，简直羞于告诉别人自己在炒股。

可是在老股民的记忆里，中国证券市场的早期交易都要靠手工报单。股民填好单子后，证券从业人员再把交易内容输入计算机，传给沪深证券交易所的“红马甲”，然后输入交易所计算机并成交。近20年股龄的老张说：“20世纪90年代，证券公司营业部大厅里全是人。股民炒股，要先排队花3元钱、5元钱买张委托单，填好后再交给委托柜台，人工报单。因为人多，股民经常是填好委托单，等到人工报单的时候行情已经变了，于是不得不再次撤单，重新填单。”

“那时候要报给上海证券交易所的委托单总是厚厚一摞，由上海证券交易所工作人员一笔一笔报给上海证券交易所里的‘红马甲’。最多的一天要报上千笔委托单。散户大厅里，都是股民求着柜台里的人帮忙。”现供职于中国建银投资证券有限责任公司（简称“中投证券”）常州公司的一位资深从业人员回忆说。

新中国股市起步并不算早。1990年11月26日，上海证券交易所成立。同年12月1日，深圳证券交易所成立。在经历了从无到有、从“摸着石头过河”到交易监管体制不断完善的演变之后，伴随着中国经济的高速腾飞，一个总市值位居世界第二的证券市场，受到世界的瞩目。

而今，在推行股票无纸化交易、中央结算系统后，股民无须去股票交易所靠打手势来委托“红马甲”进行交易，只要在互联网上就可以自己完成股票交易。那种站在柜台外面排队交易的现象已经退出了新生代股民们的视野。

◀◁ 本章小结

本章介绍了股票的概念、股票的性质、特征与分类，阐述了股票的价值与价格的含义以及股票价格的影响因素，介绍了股票价格指数的含义与计算方法，介绍了股票的发行与交易的方法与程序等内容。学习本章要结合实际加以理解和运用。

股票是股份有限公司发行的、表示股东按其持有的股份享有权益和承担义务的可转让凭证，有着自身的特点和性质。

股票有着自身的价值和价格，价格决定受到诸如公司的经营状况、宏观经济因素等许多方面的影响。股票价格变化无常，反映股票价格综合变化的指标是股票价格指数。

股票发行是指符合条件的发行人以筹资或实施股利分配为目的，按照法定的程序，直接或通过中介机构向投资者或原股东发行（出售）股份或无偿提供股份、募集资金的行为或过程。

股票发行是在一级市场进行的，发行是股票进入二级市场流通的前提。

股票交易是指股票投资者之间按照市场价格对已发行上市的股票所进行的买卖。股票公开转让的场所是证券交易所。中国目前仅有两家交易所，即上海证券交易所和深圳证券交易所。

第三章 债券的发行与交易

债券是国家、地方政府、上市公司或私人公司为解决资金上的短缺而发行的有价证券。债券是一种直接债权债务关系，大都可以在市场上进行买卖，并因此形成了债券市场。债券市场是发行和买卖债券的场所，是金融市场的一个重要组成部分，统一、成熟的债券市场构成了一个国家金融市场的基础。债券市场可分为一级市场和二级市场。在一级市场上，政府机关、金融机构、企业等资金需求者，为筹集资金通过招投标或承销商，将债券出售给投资者。债券可以在二级市场自由上市买卖、转让和流通。

发行债券必须按照一定的程序。债券的发行方式和承销方式是多样的，承销债券也应具备相应的条件。大多数投资者愿意以信用等级作为衡量债券全部投资风险的重要指标。不同债券的收益率也不一样。

本章主要介绍有关债券和债券市场的知识，通过“案例导入”，激发学生的学习兴趣。通过问题的设计、教师引导学生采用探究式的教学方法完成本章的学习任务：①掌握债券的基本概念。②了解债券的性质、特征及其分类。③了解债券发行的条件与程序。④认识债券发行方式与承销的方式。⑤理解债券的市场价格及收益率。⑥熟悉债券交易的内容。

通过《证券实务习题集》的练习和训练，加深对债券与债券市场知识的理解。学会分析中国债券市场特点的方法，并能进行企业债券市场供需分析，对如何促进中国债券市场发展提出建议及展望，提高专业分析能力。

第一节 债券概述

案例导入

古代中国的债券发行

周赧王是东周的第25位国王，也是最后一位国王，公元前314—公元前255年在位。一天，周赧王被六国诸侯说服，拼凑了5 000多人，要和诸侯联合攻打秦国。因为国力实在薄弱，就连这5 000人的粮饷和武器都凑不齐，只好向境内的富户借钱，给他们出具了债券，答应在周军班师之日，以战利品偿还。

后来，周军无功而返。富户们见周军回来，都手持债券跑来向周赧王讨债。

	周赧王根本没有钱偿还。于是富户们就集体闹事，从早到晚聚集在宫门外，喧哗不止。周赧王不胜其烦，只好躲到宫后的一个高台上去避债。所以，后世有人说中国第一个发行债券的是周赧王，只是他发行的债券实在没有信誉。

◀◁ 相关知识

什么是债券？它具有哪些特点？作为投资工具，它和股票有什么不同呢？债券本质上相当于债务人给债权人出具的“欠条”。

一、债券的性质和特征

1. 债券的性质

债券是政府、金融机构、工商企业等机构直接向社会公众筹措资金公开发行的，承诺按约定利率支付利息并按约定条件偿还本金的债务凭证。债券表示的是一种债权债务关系，具有法律效力。债券的基本性质有以下几个方面：

（1）债券属于有价证券　有价证券持券人有权依其所持证券记载的内容取得应有的权益。债券证明其曾经发生过的借贷行为，它表明持券人有权取得该证券拥有的特定权益。债券标有票面金额，证明持券人有权到期收回本金，按期取得一定量的利息收入，因而可以在证券市场上买卖和流通，客观上具有了交易价格。

（2）债券是一种虚拟资本　债券是证明债权债务关系的证书，在债权债务关系建立时所投入的资金已被债务人占用。因此，债券是实际运用的真实资本的证书。

（3）债券是债权债务关系的表现　债券代表的这种权利不是直接支配财产，也不以资产所有权来表示，而是一种债权债务关系。

小链接

影响债券期限和利率的主要因素

债券的期限通常是由融资方的融资结构决定的。利率的决定因素主要有以下几点：

1）债券发行价格。一般来说，发行价高于票面价格，则票面利率高于市场实际利率。

2）期限。一般来说，期限越长，利率越高。

3）市场利率。一般来说，市场利率越高，票面利率越高。

4）发行主体信用等级。发行主体信用等级越高，资信状况越好，票面利率可适当降低；反之，则票面利率须提高。

5）宏观经济形势。若宏观经济状况良好，债券发行比较顺利，利率可适当降低。若宏观经济形势较差，则发行债券比较困难，则利率须提高。

小知识

债券票面的四要素，见表 3-1。

表 3-1　债券票面的四要素

项　　目	内　　容
票面价值	债券票面载明的金额，包括面值币种、票面金额
偿还期限及方式	债券从发行之日起至偿清本息之日止的时间及偿还的方式
债券利率及付息	债券上应该载明债券的票面利率、利息的计算和支付方式
发行人名称	债券的债务主体，为债权人到期追回本金和利息提供依据

上述四个要素在发行时并不一定全部印制在票面上。例如，在很多情况下，债券发行者是以公告或条例形式向社会公布债券的期限和利率。此外，有些债券还包含有其他一些可选择的要素，如提前归还条件、购买债券的优惠条件等。

2. 债券的特征

债券作为一种重要的融资手段和金融工具，其特征如图 3-1 所示。

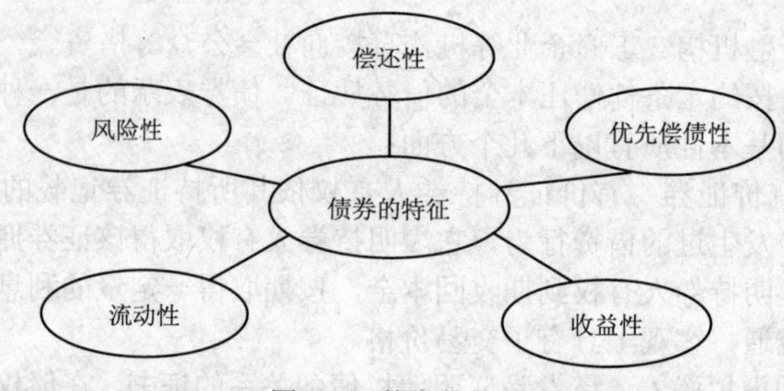

图 3-1　债券的特征

（1）偿还性　偿还性是指债券有规定的偿还期限，债务人必须按期向债权人支付利息和偿还本金。

（2）风险性　投资者所面临的风险主要包括信用风险、利率风险和通货膨胀风险等。

债券风险的种类

信用风险主要是债券的发行者不能还本付息或不能按时还本付息而带来的风险。风险程度由债券发行者的经营能力、规模大小及稳定性等因素决定。一般而言，中央政府债券的信用风险最小，地方政府债券和政府机构债券次之，再次是大型金融机构和企业债券，而中小型企业债券的风险程度最高。

利率风险是由于市场利率变动而带来的风险。当市场利率变化时，债券二级市场的价格会朝着相反的方向波动，从而给投资者带来损失。利率变动对长期债券价格的影响大于对短期债券价格的影响。

通货膨胀风险是因为通货膨胀给投资者带来的风险。它几乎会危及所有的债券，特别是对利率固定、期限较长的债券的影响巨大。当发生通货膨胀时，债券人的收入和本金都会贬值。

债券是一种安全性较高的投资工具

尽管债券面临着众多风险，但相对于股票、期货等投资工具，债券仍是一种安全性较高的投资工具。第一，在债券发行时偿还期限已经确定，因而投资者到期收回本金和利息的权利受到法律保护；第二，债券利率相对固定，不受发行后市场利率的变动影响；第三，债券市场的波动幅度较小，市场价格下跌给投资者带来的损失也较为有限。

3. 流动性

流动性即债券有较强的变现能力，也就是债券持有人可按照自己的需要和市场的实际状况，转让债券收回本息的灵活性。它主要取决于市场对转让所提供的便利程度，当债券持有人急需资金时，可以在市场上随时卖出。而且随着金融市场的进一步开放，债券的流动性将不断加强。

4. 收益性

收益性即债券能为投资者带来一定的收入。一般而言，债券的收益介于银行存款和股票之间，其收益通常包括两部分，即票面利息收益和二级市场上的价差收益。票面利息是发行者必须按期以既定的利率支付给投资者的收益，不受发行者盈利状况的限制，相对于股利而言，这是一种稳定的收益。二级市场的价格波动幅度比股票小，因此，债券的价差收益相对于股票而言也是相对稳定的。

5. 优先偿债性

债券持有者享有优先求偿权，债券的利息计入公司的经营成本，并在税前进行支付。当公司破产清算时，债券持有者对于公司剩余资产享有优先于股票持有者的索取权。

二、债券的分类

债券的分类如图 3-2 所示。

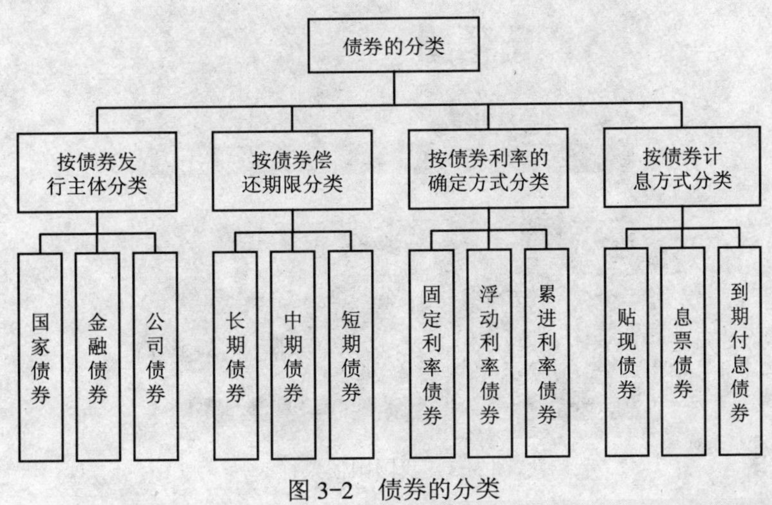

图 3-2　债券的分类

1. 按债券发行主体分类

按债券发行主体的不同分类，债券可以分为国家债券、金融债券和公司债券。

（1）国家债券　国家债券又称政府债券或公债，简称为国债，是中央政府为筹集资金而公开发行的债务凭证。国债的债务人是国家（政府），一般由中央财政承担还本付息的责任。

小链接

金边债券

早在 17 世纪，英国政府经议会批准，开始发行以税收作担保支付本息的政府公债，该公债信誉度很高。当时发行的英国政府公债带有金黄边线，因此被称为“金边债券”。在美国，经权威性资信评级机构评定为最高资信等级（AAA 级）的债券，也称为“金边债券”。后来，“金边债券”一词泛指所有中央政府发行的债券，即国债。

温馨提示

我国国债的特征

1）安全性高：投资者一般不必担心国债的信用风险，它具有中国债券市场最高的信用等级。目前，穆迪公司对我国国债的信用评级为 A2，标准普尔公司的评级为 A。

2）流动性强：一般在发行结束的次日就可以上市买卖。如果遇到利率上调或有其他更好的投资渠道时，既可质押贷款，又可在提前兑付时享受分段计息，避免银行定期存款提前支取按活期计息的缺陷，能满足投资者灵活调整资产结构的需要。

3）收益稳定：国债的付息由政府保证，投资国债的收益是比较稳定的。

4）享受免税待遇：我国个人所得税法规定，个人从国债投资中取得的利息免交个人所得税。这种优惠实质上提高了国债的收益率。我国国债票样如图 3-3 所示。

图 3-3　我国国债票样

小资料

我国的中央银行票据

2002年9月24日，为增加公开市场业务操作工具，中国人民银行将公开市场业务未到期的国债转换为中央银行票据，发行总量为1937.5亿元，包括3个月、6个月和1年期三个品种。

中央银行票据是中央银行为调节商业银行超额准备金而向商业银行发行的短期债务凭证，它由中央银行发行、商业银行持有，其直接作用是吸收商业银行部分流动性资金，是中央银行调节基础货币的一种新形式。

（2）金融债券　金融债券是指银行及非银行金融机构依照法定程序发行的并约定在一定期限内还本付息的有价证券。由于发行主体为金融机构，其信用程度高于一般公司或企业，但低于政府，因此金融债券的风险程度及利率水平低于公司债券，但高于政府债券。它属于银行等金融机构的主动负债。

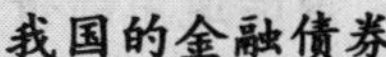

小资料

我国的金融债券

我国的金融债券是依法在中华人民共和国境内设立的金融机构法人在全国银行间债券市场发行的，按约定还本付息的有价证券。金融机构法人包括政策性银行、商业银行、企业集团财务公司及其他金融机构。我国银行间债券市场的金融债券以政策性金融债务为主体，政策性金融债券是指由政策性银行发行的债券。目前，我国政策性银行共有三家：国家开发银行、中国进出口银行、中国农业发展银行。

政策性金融债券在我国属于准主权信用债券，目前穆迪公司和标准普尔公司给予国家开发银行的信用评级与给予中国财政部的评级相同。

政策性金融债券是债券市场的重要品种，2010年，国家开发银行、中国进出口银行、中国农业发展银行在银行间债券市场发行政策性金融债券1.3万亿元，占本年债券市场累计发行债券额5.1万亿元的25%左右。其中，国家开发银行的债券发行量最大，也具有更好的市场流动性。

目前，我国债券市场对政策性银行仍给予很高的信用评价。政策性银行几乎不需要支付信用溢价，略有一些流动性溢价，总体上政策性金融债券的收益率与同期的央行票据收益相近。大多数市场主体对二者的需求大致相同。

（3）公司债券　公司债券是公司依照法定程序发行的，约定在一定期限内还本付息的有价证券。它表示发行债券的公司与债券投资者之间的债权债务关系。

与股票投资相比，公司债券能提供可预测的、稳定的收益，价格波动小，风险较低。与政府债券和金融债券相比，公司债券风险程度较高，但收益也相对较高。因此公司债券具有较适中的风险收益水平。

小资料

公司（企业）债券的主要特征

1）公司债券首先表现为一种要式有价证券。

2）公司债券是金钱证券、融资证券。

3）公司债券是流通证券，可以转让、抵押。

4）公司债券是证权证券。

5）公司债券由公司盈利偿还，风险高，收益高。

2. 按债券偿还期限分类

按债券的偿还期限不同分类，债券可以分为长期债券、中期债券和短期债券。

我国短期债券的偿还期限在1年以内，偿还期限在5年以上的为长期债券，1年以上、5年以内的为中期债券。

国际通用的债券期限划分

偿还期限在10年以上的为长期债券。偿还期限在1年以下的为短期债券。偿还期限在1年以上、10年以下（包括10年）的为中期债券。

3. 按债券利率的确定方式分类

按利率的确定方式分类，债券可以分为固定利率债券、浮动利率债券和累进利率债券。

（1）固定利率债券　固定利率债券，即在发行时确定债券的票面利率，在债券的存续期内保持不变。固定利率的债券不考虑市场变化因素，因此其筹资成本和投资收益可以事先预计，不确定性较小，但投资者仍然要承担市场利率波动带来的风险。

（2）浮动利率债券　浮动利率债券指债券的票面利率随市场利率的变动而浮动。浮动利率债券往往是中长期债券，其利率一般根据市场基准利率加一定的利差来确定。

（3）累进利率债券　累进利率债券的利率也是变动的，但不随市场利率变动，而是按投资者投资同一债券期限的长短计息。期限越长利率越高，即利率只上浮，不下浮。

4. 按债券计息方式分类

按计息方式分类，债券可以分为贴现债券、息票债券和到期付息债券。

（1）贴现债券　贴现债券指债券券面上不附有息票，发行时按规定的折扣率，以低于债券面值的价格发行，到期按面值支付本息的债券。债券的发行价格与其面值的差额即为债券的利息。

（2）息票债券　息票债券也称附息债券，即债券券面上附有息票的债券，是按照债券票面载明的利率及支付方式支付利息的债券。息票上标有利息额、支付利息的期限和债券号码等内容。持有人可从债券上剪下息票，并据此领取利息。附息国债的利息支付方式一般是在偿还期内按期付息，如每半年或一年付息一次。

（3）到期付息债券　到期付息债券在债券到期时一次性支付全部利息。此类债券的到期收益为按票面利率计算出来的到期利息收入。

此外，按债券的可流通与否，债券可以分为可流通债券和不可流通债券；按上市与否，债券可以分为上市债券和非上市债券；按记名与否，债券可以分为记名债券和不记名债券。还有特殊类型债券，如可转换债券等。

三、债券的偿还方式

债券不同于股票，债券都有一个偿还期限，即到期偿还本金的要求。债券的偿还是在债券偿还期满，债券发行人偿还本金的过程。一般来说，在债券发行时，债券发行人都应当在发债章程的偿还方式条款中对债券的偿还作出明确的规定。债券的偿还方式一般有以下几种。

1. 到期偿还、期中偿还和展期偿还

到期偿还也称满期偿还，是指按发行债券规定的还本时间一次性偿还本金的偿债方式。

期中偿还也称中途偿还，是指在债券最终到期日之前，偿还部分或全部本金的偿债方式。

展期偿还是指在债券期满后又延长原规定的还本付息日期的偿债方式。

2. 部分偿还和全额偿还

部分偿还是指从债券发行日起，经过一定限期后，按发行额的一定比例陆续偿还，到债券期满时全部还清。

全额偿还是指在债券到期之前偿还全部本金。

3. 定时偿还和随时偿还

定时偿还也称定期偿还，是指债券发行后待宽限期过后，分次在规定的日期，按一定的偿还率偿还本金。

随时偿还也称任意偿还，是指债券发行后待宽限期过后，发行人可以自由决定偿还时间，任意偿还债券的一部分或全部。

4. 抽签偿还和买入注销

抽签偿还是指在债券期满前偿还一部分债券时，通过抽签方式决定应偿还债券的号码。

买入注销是指债券发行人在债券未到期前按照市场价格从二级市场中购回自己发行的债券并注销债务。

四、债券与股票的区别

债券与股票均为有价证券，都是虚拟资本，都能募集社会资金。投资者通过投资股票和债券都可获得相应的收益。不过，债券与股票的区别还是极为明显的，主要区别见表 3-2。

表 3-2　债券与股票的区别

项　目	债　券	股　票
性质	一种债务凭证	所有权凭证
权利	无权参与企业的经营决策	拥有选举权、收益权和监督权
发行主体	多样化（国家、金融机构、企业等）	单一（股份公司）
期限	按期偿还	无偿还期（不还本，无到期日）
流动性	不同程度的流动性	较强的流动性
偿债顺序	享有优先偿债性	偿债顺序在债券之后

第二节 债券发行

案例导入

国内首只“中小企业集合债券”发行

2007年11月21日，经国务院批准，由深圳市政府和国家开发银行联合举办的“2007年深圳市小企中集合债券”发行仪式在深圳隆重举行。

深圳市好易通科技有限公司等20家经营良好、成长能力强的高新技术企业作为联合发行人，按照“统一冠名、分别负债、统一担保、集合发行”的模式发行了债券。

这是新中国成立后，国内首只由中小企业捆绑发行的债券，即中小企业集合债券的问世，为中小企业的发展和扩大规模提供了强大的资金后盾。深圳市在全国首开先河发行中小企业集合债券是一次划时代的金融创新。

什么是债券发行，你知道吗？
债券发行需要符合哪些基本条件？

◀◁ 相关知识

债券发行是发行者以借贷资金为目的，依照法定程序向投资者要约发行代表一定债权和兑付条件的债券的法律行为，是以债券形式筹措资金的行为过程。通过这一过程，发行者以最终债务人的身份将债券转移到它的最初投资者手中。

小链接

债券市场的主体与客体

债券市场是一国金融体系中不可或缺的部分。一个统一、成熟的债券市场可以为全社会的投资者和筹资者提供低风险的投融资工具。可以说，统一、成熟的债券市场构成了一个国家金融市场的基础。

1. 债券市场的主体

债券市场的主体就是参与债券市场的当事人，包括政府和政府机构、金融机构、企业和居民个人。

政府和政府机构在市场上有着双重身份，既是资金的供给者和需求者，又是重要的监管者和调节者；金融机构包括银行金融机构和非银行金融机构，在市场中是重要的中介机构，

是资金需求者和供给者之间的纽带；企业是金融市场的运行基础，是重要的资金供给者和需求者；居民个人是市场最大的资金供给者，有时也是资金的需求者。

2．债券市场的客体

债券市场的客体即交易工具，是债券市场的交易对象。目前，我国债券市场上发行的债券主要包括国债、金融债券和公司债券等。

一、债券发行的条件

债券发行的条件是指发行者发行债券筹集资金时必须考虑的有关因素。由于公司债券通常是以发行条件进行分类的，所以，确定发行条件的同时也就确定了发行债券的种类。

债券的发行者在发行前必须按照规定向债券管理部门提交申报书。政府债券的发行则须经过国家预算审查批准机关的批准。发行者在申报书中所申明的各项条款和规定，就是债券的发行条件。其主要内容包括：拟发行债券数量、发行价格、偿还期限、票面利率、利息支付方式、有无担保等。

小知识

债券发行三大基本条件

债券的发行条件决定着债券的收益性、流动性和安全性，直接影响着发行者筹资成本的高低和投资者投资收益的多少。对投资者来说，最为重要的发行条件是债券的票面利率、偿还期限和发行价格。因为它们决定着债券的投资价值，所以被称为债券发行的三大基本条件。而对发行者来说，除上述条件外，债券的发行数量也是比较重要的，因为它直接影响着筹资规模。如果发行数量过多，就会造成销售困难，甚至影响发行者的信誉以及日后债券的转让价格。

小知识

企业债券的发行条件与要求

《中华人民共和国证券法》第十六条规定，公开发行公司债券，必须符合下列条件：

1）股份有限公司的净资产额不低于人民币 3 000 万元，有限责任公司的净资产额不低于人民币 6 000 万元。

2）累计债券余额不超过公司净资产的 40%。

3）最近 3 年平均可分配利润足以支付公司债券 1 年的利息。

4）筹集的资金投向符合国家产业政策。

5）债券的利率不得超过国务院限定的利率水平。

6）符合国务院规定的其他条件。

二、债券发行的程序

发行公司债券的主要程序如图 3-4 所示。

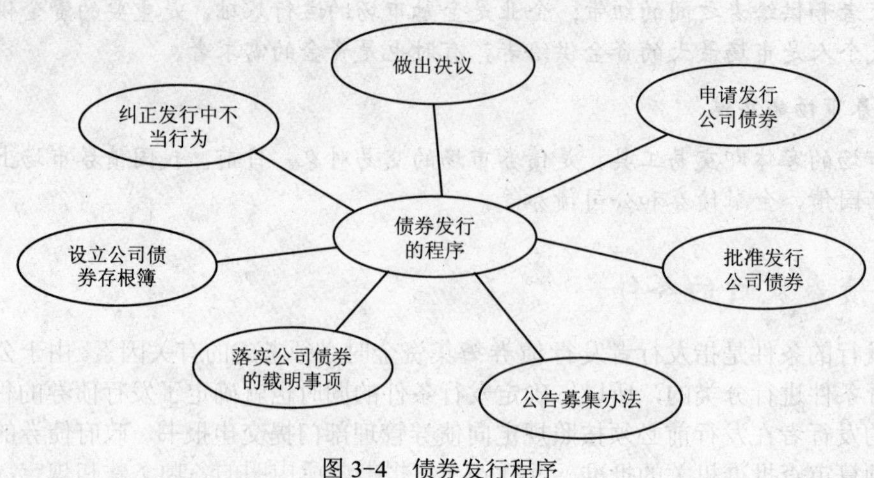

图 3-4　债券发行程序

1. 作出决议

发行企业债券是公司对外举债的重大决策事项。企业在具备了发行债券的资格和条件后，发行债券筹集资金必须先作出发行债券的决定。发行债券需要具体确定发行债券的名称、债券募集资金的用途、债券总额、债券的票面金额、债券利率的确定方式、还本付息的期限和方式、债券的发行价格、发行的起止日期等。

小知识

根据《中华人民共和国公司法》的规定，股份有限公司、有限责任公司发行公司债券，由董事会制订方案，股东会作出决议；国有独资公司发行公司债券，应由国家授权投资的机构或者国家授权的部门作出决定。

2. 申请发行公司债券

公司作出发行公司债券的决议或者决定后，依照《中华人民共和国公司法》规定的条件，向国务院授权的部门提交规定的申请文件，报请批准。所提交的申请文件，必须真实、准确、完整。向国务院授权的部门提交的申请文件包括公司登记证明、公司章程、公司债券募集办法、资产评估报告和验资报告等。未经批准，企业不得发行债券。

3. 批准发行公司债券

国务院授权的部门依照法定条件负责批准公司债券的发行，该部门应当自受理公司债券发行申请文件之日起 3 个月内作出决定；不予审批的，应当作出说明。

小链接

国家发展和改革委员会于 2008 年 1 月发布了《关于推进企业债券市场发展、简化发行核准程序有关事项的通知》(发改财金[2008]7 号，以下简称《通知》)，对企业债券发行核准程序进行改革，重新制定企业债券的发行条件，以额度审批为特征的计划管理体制宣告终结。

《通知》最为重要的举措是企业债券的发行核准程序由审批制改为核准制。在原来的计划管理模式下，国家发展和改革委员会在汇集一定数量的企业发债申请后，集中向国务院申报规模、批准额度，再审批各企业债券的发行方案，即分为先核定规模、后核准发行两个环节。《通知》将企业债券发行核准程序"合二为一"，由先核定规模、后核准发行两个环节，简化为直接核准发行一个环节，这为加快企业债券发行速度与扩大发行规模奠定了制度基础。

核准制是指债券发行人向主管机关提出债券发行申请，由主管机关按有关条件进行核准，然后发行债券的制度。核准制的核心是"实质管理原则"。

4. 公告募集办法

发行公司债券申请经批准后，应当公告债券募集办法，在募集办法中应当载明下列事项：

1）公司名称。
2）债券总额和债券的票面金额。
3）债券的利率。
4）还本付息的期限和方式。
5）债券发行的起止日期。
6）公司净资产额。
7）已发行的尚未到期的公司债券总额。
8）公司债券的承销机构。

5. 落实公司债券的载明事项

公司发行公司债券，必须在债券上载明公司名称、债券票面金额、利率、偿还期限等事项，并由董事长签名，公司盖章。

6. 设立公司债券存根簿

公司发行公司债券应当置备公司债券存根簿。发行记名公司债券的，应当在公司债券存根簿上载明下列事项：

1）债券持有人的姓名及住所。
2）债券持有人取得债券的日期及债务的编号。
3）债券总额、债券的票面金额、债券的利率、债券还本付息的期限和方式。
4）债券的发行日期。

7. 纠正发行中不当行为

国务院授权的部门对已作出的审批公司债券发行的决定，发现不符合法律、行政法规规定的，应当予以撤销；尚未发行的，停止发行；已经发行公司债券的，发行的公司应当向认购人退还所缴款并加算银行同期存款利息。

小知识

中国证券监督管理委员会令第 49 号第三章债券发行第十二条规定，申请发行公司债券，应当由公司董事会制订方案，由股东会或股东大会对下列事项作出决议：①发行债券的数量。

②向公司股东配售的安排。③债券期限。④募集资金的用途。⑤决议的有效期。⑥对董事会的授权事项。⑦其他需要明确的事项。

三、债券的发行成本与价格

1. 债券的发行成本

债券发行成本是指债券发行中的各项费用，主要包括以下内容：

（1）证券印制费　证券印制费是指证券在印刷制作过程中支出的费用，包括纸张费、设计费、制版费、油墨费、人工费等。

（2）发行手续费　发行手续费是指发行人因委托金融中介机构代理发行证券所支付的费用。决定和影响证券发行手续费高低的主要因素有发行总量、发行总金额、证券发行人的信誉等。

（3）宣传广告费　为了扩大证券发行人自身的社会影响和在商界的知名度，加深社会公众对发行公司的印象，必须进行大量的宣传、广告工作。宣传广告费因发行人的社会知名度、宣传广告的形式和范围以及证券发行量不同而不同。

（4）发行价格与票面面额的差额　发行价格是发行证券时出售给投资者所收取的价格，而票面面额则是印刷在债券票面上的金额。当发行价格低于票面面额时，发行价格低于票面面额的差额也是构成证券发行成本的一个要素。

（5）律师费　发行证券时需支付因聘请律师处理有关法律问题的费用。

（6）担保抵押费用　如果企业发行的债券为保证债券，就需要第三者以自己的财产提供担保。由于担保人承担了发行人到期如果无力归还债券时由其偿付本息的责任，所以发行债券的企业就需要根据担保额支付一定比例的担保费用。

（7）信用评级和资产重估费用　企业在发行债券时，一般都会自动向信用评级机构申请评定信用等级，以便于证券的发行。信用评级费用一般与发行额无关，通常按评定次数计算。

（8）其他发行费用　其他发行费用是指给投资者提供的其他实惠，如提供免费或优惠商品、赠送纪念品、免费旅游、有奖销售等。

2. 债券的发行价格

（1）债券的发行价格　债券的发行价格是指发行市场（一级市场）上，投资者在购买债券时实际支付的价格。

小知识

一般债券的价格可分为发行价格与市场交易价格两类。理论上，债券发行价格是债券的面值和要支付的年利息按发行当时的市场利率折现所得到的现值，是债券原始投资者购入债券时应支付的市场价格。它与债券的面值可能一致，也可能不一致。交易价格是债券在交易市场的价格。

小链接

还本付息的方式

目前通常有三种不同情况：一是按面值发行、面值收回，其间按期支付利息。二是按面值发行，按本息相加额到期一次偿还。我国目前发行债券大多数采用这种形式。三是以低于面值的价格发行，到期按面值偿还。面值与发行价之间的差额，即为债券利息。

（2）决定债券发行价格的基本因素　决定债券发行价格的基本因素如图3-5所示。

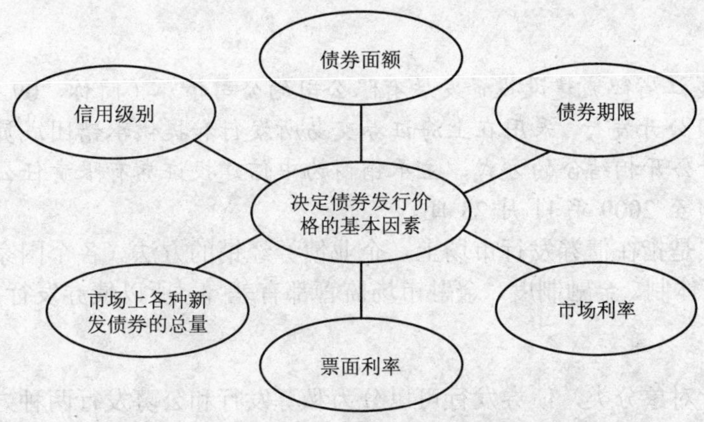

图3-5　决定债券发行价格的基本因素

1）债券面额即债券票面上标出的金额。企业可根据不同认购者的需要，使债券面值多样化。

2）票面利率可分为固定利率和浮动利率两种。一般来说，企业应综合考虑自身资信情况、公司承受能力、利率变化趋势、债券期限的长短等因素，选择利率形式并决定债券利率的高低。

3）市场利率是衡量债券票面利率高低的参照系，也是决定债券以平价发行、溢价发行或折价发行的因素。

4）债券期限越长，债权人的风险越大，其所要求的利息报酬就越高，发行价格就可能较低。

5）债券信用级别越高，相对发行价格会越高。

6）市场上各种新发债券的总量越多，某一种债券发行可能越困难，价格越低。

债券的平价发行、溢价发行和折价发行

按照债券的实际发行价格和票面价格的不同，债券的发行可分平价发行、溢价发行和折价发行。

（1）平价发行　平价发行是指债券的发行价格和票面额相等，因而发行收入的数额和将来还本数额也相等。前提是债券发行利率和市场利率相同，这在西方国家比较少见。

（2）溢价发行　溢价发行是指债券的发行价格高于票面额，以后偿还本金时仍按票面额偿还。只有在债券票面利率高于市场利率的条件下才能采用这种方式发行。

（3）折价发行　折价发行是指债券发行价格低于债券票面额，而偿还时却要按票面金额偿还本金。折价发行是因为规定的票面利率低于市场利率。

四、债券的发行方式

小案例

2009年，黑龙江省鹤城建设投资发展有限公司的公司债券（简称“09鹤城投债”）定于2009年11月17日公开发行，采用在上海证券交易所发行和提供承销团成员设置的发行网点向境内机构投资者公开相结合的方式，主承销商为中信建投证券有限责任公司，发行期限从2009年11月17日至2009年11月23日。

债券发行方式是指在债券发行市场上，企业债券经销的方法。各个国家的社会形态、经济发展水平、经济体制、金融制度、金融市场监管都有差异，所以债券发行方式也各有不同。

1. 按债券的发行对象分类

按债券的发行对象分类，债券发行可以分为私募发行和公募发行两种方式。

（1）私募发行　私募发行也称私下发行，是指面向少数特定的投资者发行债券的集资方式。一般把与债券发行者有某种关系的投资者作为发行对象，不对所有的投资者公开出售。

小知识

债券私募发行的发行对象

发行对象有两类：一类是机构投资者，如大型的金融机构或是与发行者有密切业务往来的企业等。另一类是个人投资者，如发行单位自己的职工或是使用发行单位产品的用户等。

（2）公募发行　公募发行也称公开发行，是指没有特定发行对象，向广大社会公众公开推销债券的集资方式。公募发行和私募发行这两种发行方式的主要区别见表3-3。

表3-3　公募发行、私募发行对比

项　目	公募发行	私募发行
发行成本与期限	发行成本高，期限长	发行成本低，期限较短
发行方式	一般委托中介机构间接销售	直接销售
能否上市交易	能上市自由交易、转让	不能上市公开转让
相关部门注册	需注册申请，并接受信用评级	不需要
优惠条件	发行中不需要提供优惠条件	提供优惠条件
参与经营管理	投资者一般不参与经营管理	发行者经营管理易受投资者干涉
其他	发行顺利，不易失败	能提高发行者的社会知名度

温馨提示

目前，公募发行已成为一种主要的发行方式。

2. 按是否有中介机构参与分类

按是否有中介机构参与分类，债券发行可以分为直接发行和间接发行。

（1）直接发行　直接发行是指债券发行者不委托专门的证券发行机构，直接向投资者推销债券。其特点有以下几点：

1）可以节约发行费用，集资成本较低。

2）发行数量少，适宜小额发行。

3）发行手续复杂，需要专业人士及有丰富的推销经验的代理机构。只有信誉极高的企业才采用这种方式发行债券。

（2）间接发行　间接发行是指债券发行者通过证券中介机构进行的债券发行。间接发行又可细分为代销、助销和包销三种形式。

3. 按发行条件和投资者的决定方式不同分类

按发行条件和投资者的决定方式不同分类，债券发行可以分为招标发行和非招标发行。

（1）招标发行　招标发行是指债券发行者通过招标的方式来决定债券的投资者和债券的发行条件的发行方式。具体做法是由发行者先提出发行债券的内容和销售条件，由承销商（中介机构）投标，在规定的开标日期开标，出价最高者取得总经销权。招标发行又称公募招标。

（2）非招标发行　非招标发行也称协商议价发行，是指发行者按企业需要和市场状况与承销者直接协商发行条件的发行方式。

五、债券承销方式与承销条件

债券承销是指在债券间接发行中证券中介机构代理发行人发行债券。证券中介机构在这里被称做承销商。

1. 债券承销方式

债券承销方式主要有代销、助销和全额包销等方式。

（1）债券代销　债券代销是指承销商代理发售债券，在发售期结束后将未出售的债券全部退还给发行人的承销方式。债券代销的主要特点包括以下几方面：

1）发行人与承销商之间建立的是一种委托代理关系。代销过程中，未售出债券的所有权属于发行人，承销商仅是受委托办理债券销售事务。

2）承销商作为发行人的推销者，不垫付资金，对未能售出的债券不负任何责任，债券发行的风险基本上由发行人自己承担。

3）由于承销商不承担主要风险，相对包销而言，所得手续费较少。

（2）债券助销　债券助销是指承销商自购一部分债券，代理发售一部分债券的承销方式。

债券助销又可分为定额包销和余额包销两种。定额包销是指承销商先自行认购发行人所发行的一部分债券，然后再向社会公众代理发售剩余部分的债券。余额包销是指承销商先向社会公众代理发售债券，在发售期结束时剩余的债券由其自己全部认购。

小知识

余额包销实际上是先代理发行，然后承购包销，是代销与包销相结合的承销方式。

采用债券余额包销方式，承销商要按照承销合同的规定，在约定的承销期满后对剩余的债券出资买进（余额包销），并按约定时间向发行人支付全部证券款项。或者按剩余部分的数额向发行人贷款，以保证发行人的筹资、用资计划顺利实现。余额包销的承销商要承担部分发行风险。我国的《中华人民共和国证券法》则是将余额包销归为包销方式。

（3）债券全额包销　债券全额包销是指在债券发行时，承销商以自己的资金购买计划发行的全部或部分债券，然后再向社会公众出售，承销期满时未销出部分仍由承销商自己持有的一种承销方式。

小知识

全额包销也称承购包销，是指由承销商先将债券全部认购下来，并立即向债券发行人支付全部债券款额，然后再按照市场条件转售给投资者。转售剩余部分由承销商拥有，承销商赚取的不是发行者支付的手续费，而是转让债券的差价。采用全额包销方式，承销商要承担全部发行风险，因此发行者必须付出较高的发行费用。

全额包销方式按照其承销商的不同，又可分为协议包销、银团包销和俱乐部包销。

1）协议包销是指由一个承销商包销待发行的全部债券，发行风险由该承销商独立承担，手续费也全部归该承销商。

2）银团包销是指由一个承销商牵头，若干承销商参与包销活动，以竞争的形式确定各自的包销额，并且按照其包销额来承担风险和分取手续费。

3）俱乐部包销是指由若干承销商合作包销债券，每个承销商包销的份额、所承销的风险、所获得的手续费都平均分摊。

小知识

证券包销的种类

一般证券包销分三种方式：全额包销、定额包销、余额包销。全额包销是承销商承购发行的全部证券，按合同约定支付给发行人证券的资金总额。定额包销是承销商承购发行人发行的部分证券。无论是全额包销还是定额包销，发行人与承销商之间形成的关系都是证券买卖关系。在承销过程中未售出的证券，其所有权属于承销商。余额包销，如果实际认购总额低于预定发行总额，未售出的部分由承销商负责，并按约定时间向发行人支付全部证券款项。余额包销的承销商要承担部分发行风险。

小链接

承销团承销

承销团承销也称联合承销，是指两个及两个以上的证券承销商共同接受发行人的委托

向社会公开发售某一债券的承销方式。由两个及两个以上的承销商临时组成的一个承销机构称为承销团。

承销团一般由发行人组建，承销团成员与发行人签订承销协议，通过公开招投标形式或私募形式承销发行人所发行的债券。

我国《中华人民共和国证券法》规定，向社会公开发行的证券票面总值超过人民币5 000万元的，应当由承销团承销。承销团应当由主承销与参与承销的证券公司组成。

2. 债券承销条件

一般来说，可以承担承销业务的机构有商业银行、投资银行、信托投资公司以及专业证券公司。承销商在取得承销业务时，一般要具备如下条件：

1）承销商有最大资本额，有固定营业场所及设备。

2）发售证券前，发行公司应与承销商签订承销合同，并确定承销方式、承销证券的金额、条件、发行价格、发行的起止日期以及承销费用等要素。

3）如果承销数量达到一定的金额以上，就应该组织承销团。

4）证券包销的数量限制。不同地区对承销商包销的金额有不同的限制。一般要求与承销商的净资本挂钩，相关部门规定了不得超过其流动资产减去负债后余额的倍数。

5）承销商必须向社会公众公布真实、完整的发行公司资料。如果承销商隐瞒发行公司情况，要对投资人负连带赔偿责任。

承销商在确定其承销方式时，要考虑承担的收益与风险。一般情况下，包销的风险最大，因而发行收入也高；助销的风险居中，收入也居中；而代销的风险最小，发行收入也最低。

承销商在决定使用不同的承销方式时，需要考虑以下因素。

（1）发行企业的信誉　企业信誉越高，债券销路越好，发行风险越低，可以采用包销和助销方式。否则，采用代销方式较安全。

（2）发行市场与流通市场的状况　发行市场与流通市场状况良好，可采用包销和助销方式。否则，应采用代销方式。

（3）承销商自身资金实力　如果承销商自身资金实力雄厚，包销或助销方式中未售出的债券占用资金只占其营运资金的较小比例，就可以采用包销、助销方式。否则，采用代销方式较为稳妥。

（4）债券质量因素　如果债券质量较高，市场竞争力强，发行单位知名度高，则可以采用包销和助销方式。反之，则采用代销方式较好。另外，如果债券期限较短，即使承销商收购一部分债券，也不会造成严重的资金周转困难，则可以采用包销、助销方式。反之，则宜采用代销方式。

小链接

我国关于证券公司承销中央企业与地方企业债券的条件规定

1）证券公司承销中央企业债券须经中国证监会批准，并具备以下条件：

① 已取得中国证监会颁发的《经营股票承销业务资格证书》；担任主承销商的，应取得股票主承销商资格证书。

② 具有健全的管理制度和内部控制制度。

③ 近一年内无严重的违法违规行为。

④ 中国证监会规定的其他条件。

2）证券公司承销地方企业债券须经中国证监会批准，并具备以下条件：

① 已取得中国证监会颁发的《经营股票承销业务资格证书》；担任主承销商的，应取得股票主承销商资格证书，注册资本不低于人民币5亿元，净资本不低于人民币5亿元。

② 已承销尚未到期的企业债券总金额不得高于其净资产的80%。

③ 具有健全的管理制度和内部控制制度。

④ 近一年内未出现过承销的企业债券卖不出去、挪用客户交易结算资金进行余额包销、到期不能兑付或被迫垫付兑付资金金额超过500万元的情况。

⑤ 近一年内无严重的违法违规行为。

⑥ 中国证监会规定的其他条件。

小链接

我国关于发行与承销金融债券的规定

发行金融债券时，发行人应组建承销团，承销人可在发行期内向其他投资者分销其所承销的金融债券。发行金融债券的承销人可采用协议承销、招标承销等方式。承销人应为金融机构，并须具备下列条件：

1）注册资本不低于2亿元人民币。

2）具有较强的债券分销能力。

3）具有合格的从事债券市场业务的专业人员和债券分销渠道。

4）最近两年内没有重大违法、违规行为。

5）中国人民银行要求的其他条件。

第三节　债券的市场价格及收益率

案例导入

债券交易价格与收益率

一张100元的债券，年利息收益是2元，那么它的收益率就是2%。如果投资者担心风险或者为了获取更多收益，持有这种债券的所有人就会卖出手里的这种债券。卖方多，而买方少，价格就会下跌，价格可能下降变成90元。如果现在用90元买入面值100元的债券，到期后的收益除了2元的利息，还有100–90=10元的差价，那么收益率就是（10+2）/90×100%=13.33%，即交易价格下降而收益率上升。

相关知识

债券对投资者吸引力的大小，主要体现在收益水平、时间长短和还本的可能性大小上。因此，债券投资者在进行投资时需要考虑几方面的因素：债券发行企业的信誉、债券期限、

偿还条件及付息和债券收益率等。

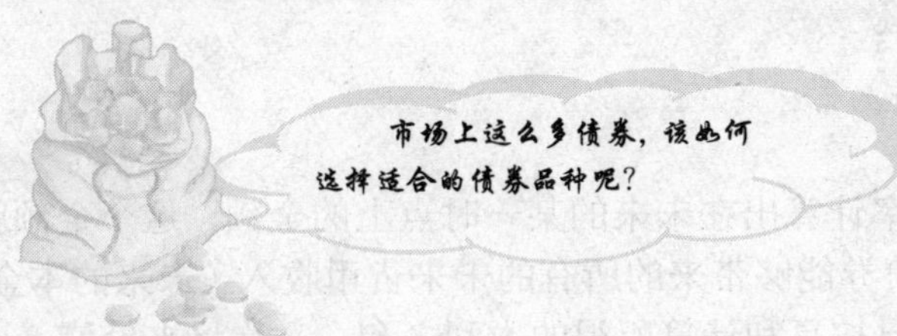

一、债券评级

债券评级是指利用科学的分析方法，对拟发行债券的资金使用的合理性和按债券契约还本付息的能力及风险程度进行的综合评价，并用简单直观的符号来表示其信用的等级。

债券的这种信用评级仅是对债券还本付息的风险程度进行的评价，对企业或公司本身及企业或公司所承担的社会责任并不给予任何评价。由于债券信用评级机构是不受政府控制并能独立于债券发行者、投资者以及中介人之外的民间机构，其评价结果被认为是中立和公正的。大多数投资者愿意以信用等级作为衡量债券投资风险的重要指标。一般认为信用等级越高，投资风险越小。

温馨提示

宁可放过暴涨的债券，也不要做无根据的交易，个人投资应理性。

美国穆迪公司及其他公司制定的具有很高权威和世界性的债券信用级别和评级标准见表 3-4。

表 3-4　债券信用级别和评级标准

穆迪公司	标准·普尔公司	菲特公司	达夫&菲利普公司	评级标准
AAA	AAA	AAA	AAA	最高级别，风险最小
AA	AA	AA	AA	极高级别，财务状况比上一级弱
A	A	A	A	较高级别，财务能力较强
BAA	BBB	BBB	BBB	适中级别，财务状况较强
BA	BB	BB	BB	有一定的风险，有投机特征
B	B	B	B	有较大风险，较高的投机性
CAA	CCC	CCC	CCC	极高的风险，高度投机性
CA	CC	CC	CC	可能违约或破产
C	C	C	C	可能违约或破产
	D	D	D	可能违约或破产

注：以上资料来自穆迪公司、标准·普尔公司、菲特公司和达夫&菲利普公司。

二、债券期值与现值

1. 债券期值

任何一种债券都可根据利率计算出在未来的某一时点上的金额，这个金额就是通常所说的本息和，也称终值或期值。债券能够带来的所有的未来货币收入（未来的本金、利息总和）便是债券期值。它是债券到期日按复利计算所得的本利之和，又称将来价值。设 E 代表票面金额，n 代表到期年数，i 代表票面年利率，D 代表到期应收本息和（即债券的期值或终值），则有

$$D=E\times(1+i)^n$$

2. 债券现值

投资人为获得这些未来货币收入而购买债券时所支付的价款便是债券现值。

小知识

债券现值就是债券最初发行时的发行价格；或债券到期前在市场上转让时，其发行价格与到期应偿付本息和（终值）之间的数值。就未到期的债券而言，债券的现值为债券转让价格的公允价值。

债券的现值通常按复利计算，故又称复利现值。已知终值 D 时，利用终值公式倒推，则有

$$E=D\div(1+i)^n$$

式中　E——现值；

　　　i——市场利率。

小知识

债券流通市场的实际成交价格始终围绕着债券的现值上下波动，是债券买卖双方相互竞争的结果。购买者尽量要以不高于债券现值的价格购买，而转让者则尽量要以不低于债券现值的价格出售。

温馨提示

债券现值与终值的差额即为持有债券期间的投资收益，持有债券时间越长，差额越大，收益也就越多。

到期收益率是指买入债券后持有至期满得到的收益（包括利息收入和投资损益）与买入债券的实际价格之比率。

三、债券收益率的计算

债券收益率是衡量债券投资收益的一个常用指标，是债券收益与其投入本金的比率，通常用年为时间单位，即年收益率。

小知识

衡量债券收益率的指标

衡量债券收益率的指标主要包括：票面收益率、当期收益率、到期收益率、持有期间收益率。

1）票面收益率也称面值收益率，就是债券券面标明的收益率。该收益率可以在债券券面直接标明，也可以在债券发行公告中说明，还可以以贴现的形式出现。

2）当期收益率也称本期收益率，是投资者每年收到的利息收入（只考虑利息，不考虑资本利得）与该债券当时的市场价格的比率。

3）到期收益率也称期满收益率或最终收益率，也就是债券投资者将债券持有至期满所得到的实际收益率，即买入债券后持有至期满得到的收益（包括利息收入和投资损益）与买入债券的实际价格之比率。

4）持有期间收益率是指债券投资者在债券发行后、偿还期满前就出售债券所得的收益率。

小链接

当期收益率的特征

1）债券价格越接近债券面值，期限越长，当期收益率就越接近到期收益率。

2）债券价格越偏离债券面值，期限越短，当期收益率就越偏离到期收益率。

但是不论当期收益率与到期收益率近似程度如何，当期收益率的变动总是与到期收益率同向变动。

决定债券收益率的主要因素有：债券的票面利率、债券期限、面值、持有时间、购买价格、出售价格。债券收益率的计算，因债券的类别和还本付息的方式不同而稍有一些差别。但最基本的债券收益率计算公式（以一次还本付息为例）为

$$债券收益率=\frac{到期本息和-发行价格}{发行价格\times 偿还期限}\times 100\%$$

用公式表示：

$$R=\frac{M(1+rN)-P}{PN}$$

式中　M——债券的面值；

r——债券的票面利率（单利）；

N——债券的期限；

R——买方的获利预期收益率；

P——发行价，其中 M 和 N 是常数。

如果不是从发行市场买入，而是从二级市场买入债券，则：

$$债券收益率=\frac{到期本息和-买入价格}{买入价格\times 剩余期限}\times 100\%$$

用公式表示：

$$R=\frac{M(1+rN)-P}{Pn}$$

式中 M——债券的面值；

r——债券的票面利率（单利）；

N——债券的期限；

R——买方的获利预期收益率；

n——待偿期；

P——买入价，其中 M 和 N 是常数。

小知识

债券持有人可能在债券偿还期内转让债券。因此，债券的收益率还可以分为债券出售者的收益率、债券购买者的收益率和债券持有期间的收益率。各自的计算公式如下

$$债券出售者的收益率=\frac{卖出价格-发行价格+持有期间的利息}{发行价格\times持有年限}\times100\%$$

$$债券购买者的收益率=\frac{到期本息和-买入价格}{买入价格\times剩余期限}\times100\%$$

$$债券持有期间的收益率=\frac{卖出价格-买入价格+持有期间的利息}{买入价格\times持有年限}\times100\%$$

小案例

1）某人于2008年1月1日以102元的价格购买了一张面值为100元、利率为10%、每年1月1日支付一次利息的2004年发行的5年期国库券，并持有至2009年1月1日到期，则：

$$债券购买者收益率=\frac{100+100\times10\%-102}{102\times1}\times100\%=7.8\%$$

$$债券出售者的收益率=\frac{102-100+100\times10\%\times4}{100\times4}\times100\%=10.5\%$$

2）某人于2003年1月1日以120元的价格购买了面值为100元、利率为10%、每年1月1日支付一次利息的2002年发行的10年期国库券一张，并持有至2008年1月1日以140元的价格卖出，则债券持有期间的收益率 $=\frac{140-120+100\times10\%\times5}{120\times5}\times100\%=11.7\%$

以上计算公式没有考虑把获得的利息进行再投资的收益。若把所获利息的再投资收益计入债券收益，据此计算出来的收益率为复利收益率。它的计算方法比较复杂，这里省略。

小知识

影响债券收益率的因素

（1）基础利率　基础利率是投资者所要求的最低利率，一般使用无风险的国债收益率作为基础利率。可针对不同期限的债券选择相应的基础利率。

（2）风险溢价 风险溢价指债券收益率与基础利率之间的利差，它反映了投资者投资于非国债的债券时面临的额外风险。影响风险溢价的因素包括以下几个方面：

1）发行人种类。不同的发行人种类代表了不同的风险与收益率，他们在各自的能力范围内履行合同。例如，工业公司、公用事业公司、金融机构、外国公司等不同的发行人发行的债券与基础利率之间存在一定的利差。这种利差有时也被称为市场板块内利差。

2）发行人的信用度。债券发行人自身的违约风险是影响债券收益率的重要因素。债券发行人的信用程度越低，投资者所要求收益率越高。反之，投资者所要求收益率则较低。

3）提前赎回等其他条款。如果债券发行条款包括了提前赎回等对债券发行人有利的条款，则投资者将要求债券的利差高于同类国债；反之，如果条款对债券投资者有利，则债券的利差可能较小。

4）税收负担。债券投资者的税收状况也将影响其税后收益率。税收负担越重，税后收益率越小。

5）债券的预期流动性。债券的交易有不同程度的流动性，流动性越大，投资者要求的收益率越低。反之，则投资者要求的收益率越高。

6）到期期限。由于债券价格的波动性与其到期期限的长短相关。期限越长，市场利率变动时其价格波动幅度越大，债券的利率风险也越大。

四、债券交易价格

1. 债券交易价格的含义

债券发行后，一部分可流通债券在流通市场（二级市场）上按不同的价格进行交易。债券交易价格是指债券在二级市场上达成交易的价格。交易价格的高低，取决于公众对该债券的评价、市场利率以及人们对通货膨胀率的预期等。一般来说，债券价格与到期收益率成反比。也就是说，债券价格越高，从二级市场上买入债券的投资者所得到的实际收益率越低。反之亦然。

实行固定票面利率的债券价格与市场利率及通货膨胀率呈反方向变化，实行保值贴补的债券除外。

小知识

债券在二级市场上转让的价格即交易价格，决定于债券的最终收益率与持有期间的收益率。人们在购买转让债券时，会要求最终收益率与持有期间的收益率不低于同期的市场利率。否则，投资者会进行别的投资选择。

最终收益率（到期收益率）=[年票面利息+（票面金额−买入价格）÷到期时间]÷买入价格×100%

对于债券转让价格的计算，其决定因素是转让者和受让者所能接受的利率水平，即投资收益率。一般来说，债券的转让价格还是取决于买方，因为往往是卖方急于将债券兑现，而买方往往容易在债券市场上购买到和当前市场利率水平相当的债券。

对于到期一次偿还本息的债券，根据二级市场上债券投资收益率的计算公式：

$$R=\frac{M(1+rN)-P}{Pn}$$

其价格计算公式为

$$P=\frac{M(1+rN)}{1+Rn}$$

其中，面值 M、票面利率 r（单利）、期限 N 和待偿期 n 都是常数，债券的转让价格取决于利率水平 R。

若为分次付息债券，因只有待偿期的利息收入，则其价格的计算公式为

$$P=\frac{M(1+rn)}{1+Rn}$$

2. 影响债券交易价格的因素

（1）待偿期　债券的待偿期愈短，债券的价格就愈接近其终值（兑换价格）$M(1+rN)$，所以债券的待偿期愈长，其价格就愈低。另外，待偿期愈长，发行债券的企业遭受的各种风险就可能愈大，所以债券的价格也就愈低。

（2）票面利率　债券的票面利率就是债券的名义利息率。债券的名义利率愈高，到期的收益就愈大，所以债券的售价也就愈高。

（3）投资者的获利预期　债券投资者的获利预期（投资收益率）是随着市场利率的变化而变化的。若市场利率提高，则投资者的获利预期也上升，债券的价格就下跌；若市场利率降低，则债券的价格就会上涨。这特征在债券发行时最为明显。

小知识

通常，债券印制完毕离发行有一段时间间隔，若此时市场利率发生变动，则债券的名义利息率就会与市场的实际利息率出现差距。此时要重新调整已印好的票面利率已不可能了。为了使债券的利率和市场的现行利率保持一致，只能将债券溢价或折价发行。

（4）企业的资信程度　发行债券企业的资信程度越高，其债券的风险就越小，因而其债券价格就高。反之，资信程度低的债券发行企业，其债券价格就低。所以，在债券市场上，对于其他条件相同的债券，国债的价格一般高于金融债券，而金融债券的价格一般又高于企业债券。

（5）供求关系　债券的市场价格还决定于资金和债券供给间的关系。在经济处于扩张阶段时，企业一般要增加设备投资。所以企业一方面因急需资金而抛出债券，另一方面又会从金融机构借款或发行公司债券，这样就会使市场的资金趋紧而债券的供给量增大，从而引起债券价格下跌。而当经济处于收缩阶段时，生产企业对资金的需求将有所下降，金融机构则会因贷款减少而出现资金剩余，从而增加对债券的投入，引起债券价格的上涨。而当中央银行、财政部门、外汇管理部门对经济进行宏观调控时也往往会引起市场货币供给量的变化，一般利率、汇率会跟随变化，从而引起债券价格的涨跌。

（6）物价波动　当物价上涨的速度较快或通货膨胀率较高时，人们一般会将资金投资于房地产、黄金、外汇等领域进行保值增值，从而引起本国货币供应不足，导致债券价格的下跌。

（7）政治因素　政治是经济的集中反映，并反作用于经济的发展。当人们认为政治形势的变化将会影响到经济发展时，例如在政府换届时，国家的经济政策和规划将会有较大的变

动，从而促使债券的持有人买卖债券，引起债券价格波动。

（8）投机因素 在债券交易中，人们总是想方设法地赚取价差，而一些实力较为雄厚的机构就会利用手中的资金或债券进行技术操作，如拉抬或打压债券价格，从而引起债券价格的变动。

小资料

我国债券市场大事记

1981年，财政部恢复发行国债，结束了长达20年的“无债时代”。

1985年，我国开始发行金融债券。

1988年，我国开始发行企业债券。

1990年12月，上海证券交易所开业，推动了国库券地区间交易的发展。

1991年，财政部组织了国债的承购包销，首次将市场机制引入国债一级市场。

1993年，国务院颁布了《企业债券管理条例》，对企业债券实行额度管理和审批制，债券市场得到规范。

1994年，三大政策性银行成为金融债券的发行主体。

1998年，国家逐步增开国债流通转让试点，标志着国债流通市场的产生。

1999年7月1日，《中华人民共和国证券法》实施。

2002年10月，中国人民银行允许非金融机构法人加入银行间债券市场。

2004年，以网络为基础在簿记系统和支付系统连接实现了债券交易的券款对付为投资者提供了平安、高效、便捷的资金交易和清算服务。

2005年，推出的数据直通式处理，实现了数据从询价到交易确认、债券交割和资金清算的直通。

2006年1月1日，修改后的证券法实施。

2007年3月，企业年金基金获准进入全国银行间债券市场。

第四节 债券交易

案例导入

喜欢垃圾债券的人——米尔肯

评级低的债券或无评级的债券即俗称的垃圾债券，在市场上流通很少，一般投资者根本不会购买。投资银行对它们也不感兴趣，因为承包后推销不掉会影响自己的名声。

然而，美国人米尔肯早在念大学的时候，就对低级债券（也称“次级债券”）感兴趣。他认为人们对低级债券偏见太多，担心过度，但实际上其发行价格相对低廉，收益率相对较高。从20世纪70年代早期开始，米尔肯在德雷塞尔银行成立了专门买卖低级债券的高收益（高风险）债券交易部。

	米尔肯有超人的记忆力和广博的市场知识。他首先对发行低级债券的公司作透彻的分析，了解有关发行公司的一切情况，判断其偿还债券本息的能力，然后评估债券的价值。谁有什么低级债券，债券发行者是哪家企业，债券何时到期，利率多少，谁愿意买，他都了如指掌。他经手买卖的低级债券年收益率达 50%。一些集团投资者先被米尔肯说服，后来更多的保险公司、退休金管理公司也觉得米尔肯的论点不无道理。随着购买低级债券的投资者增多，债券流通性不强的问题迎刃而解。凡有人想脱手低级债券，只要找米尔肯都可以卖掉。于是原来几乎没有流通市场的低级债券有了流通性。凡从米尔肯那里购买到这种低级债券的投资者都获得了巨额利润。当时华尔街其他证券公司对这种低级债券不屑一顾，所以米尔肯主管的德雷塞尔银行债券交易部本身就成了一个低级债券的交易市场。米尔肯本人在 1977 年已是华尔街公认的高收益债券市场执牛耳者。

◀◁ 相关知识

债券持有者在债券流通市场上出售或转让债券的行为称为债券交易。

一、债券的场内交易与场外交易

债券交易市场即债券流通市场，是指已发行的债券在投资者之间交易的场所，也称为二级市场、次级市场或转让市场。

根据组织形式，债券交易市场可进一步分为场内交易市场和场外交易市场，如图 3-6 所示。

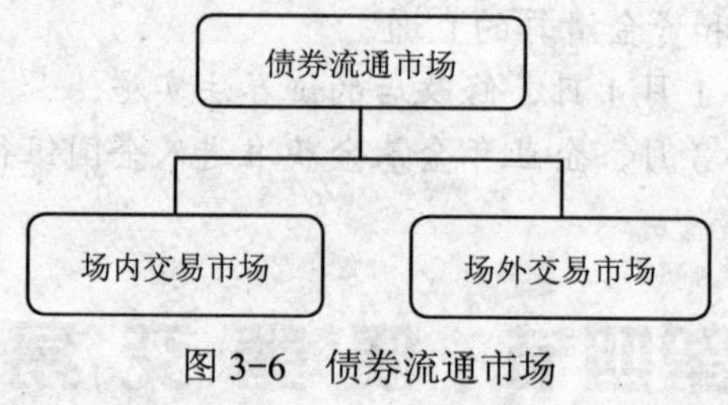

图 3-6 债券流通市场

小知识

债券交易市场的作用

1）在一定程度上决定债券的流动性。债券流通市场为债券持有人提供了一个能按市价出售债券、换取现金的场所，也为新的投资者提供进行债券投资的场所，从而增强了债券的流动性。

2）影响后续债券的发行价格。债券流通市场使长期债券的认购者解除了到期才能偿还本息的后顾之忧，放心地在债券发行市场购买债券，增大了发行市场的弹性。

3）为投资者提供实现资本增值和投资组合多元化的渠道。流通市场上有多种债券同时交易，为投资者提供了调整所持金融资产结构、分散投资风险的可能。

1. 场内交易（证券交易所交易）

场内交易（证券交易所交易）是指通过证券交易所进行的债券买卖活动。证券交易所是专门进行证券买卖的场所，如我国的上海证券交易所和深圳证券交易所。在证券交易所内买卖债券所形成的市场，就是场内交易市场。这种市场组织形式是债券流通市场较为规范的形式。它有集中的、固定的交易场所和交易时间，有严密的组织和管理规则，采用公开竞价方式进行交易，有完善的交易设备和较高的操作效率。交易所作为债券交易的组织者，本身不参加债券的买卖和价格的决定，只为债券买卖双方创造条件，提供服务，并进行监管。

证券的场内交易过程

证券交易所是具有高度组织和严格规则的交易场所。一般能在交易所上市交易的债券信用都较好。因为各类债券进入证券交易所挂牌公开交易或上市交易，首先必须经过证券上市管理部门审核、批准。

债券在证券交易所进行交易，是采用公开竞价的方式进行的，是双向买卖的。既有买者之间的竞争，也有卖者之间的竞争，还有买卖双方之间的竞争。买者以尽可能低的价格买入，卖者以尽可能高的价格卖出。在这种竞买竞卖的过程中，当某一价格为买卖双方所接受，或者说当买卖价达成一致时，就会立即成交。虽然无纸化交易的进程不断加快，交易手段和形式发生了变化，但是交易的本质内容未发生变化。

证券交易所的交易过程如图 3-7 所示。

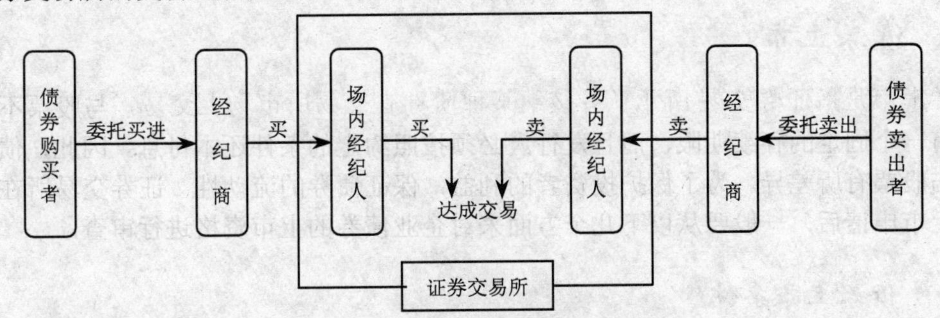

图 3-7　场内交易的交易过程图

2. 场外交易

凡是在债券交易所以外的市场中进行的交易统称为场外交易，它一般没有固定的交易场所和交易时间。债券交易主要是通过电话、传真等通信设备联成的市场网络来完成的。通过场外交易市场进行债券交易，不受最低数额限制，零星的小额交易也可以成交。债券交易价格由买卖双方协商议定，也可以是委托经纪人与证券公司议价买卖。

小知识

场外交易市场又称柜台交易或店头交易市场，是指在交易所外由证券买卖双方当面议价成交的市场。柜台市场是场外交易市场的主体。许多证券经营机构都设有专门的证券柜台，通过柜台进行债券买卖。在柜台交易市场中，证券经营机构既是交易的组织者，又是交易的参与者。

场外交易市场交易过程如图 3-8 所示。

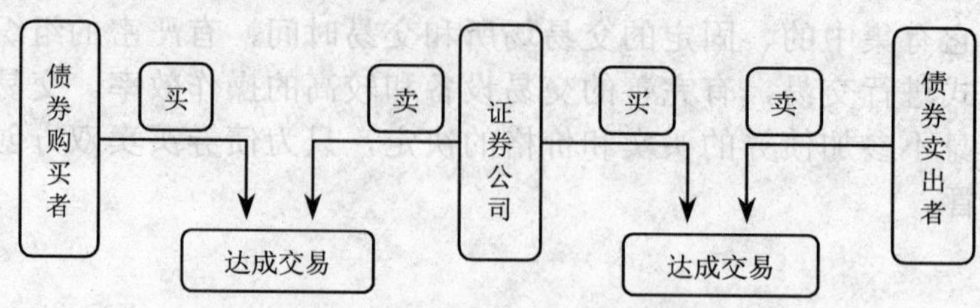

图 3-8　场外交易市场交易过程

小知识

场外交易产生的原因

之所以要有柜台交易或场外交易，是因为债券在交易所挂牌上市交易，要符合一定的条件和规定，要经过较为严格的审核，从而使得有些债券不能在交易所内进行交易。为实现这些债券买卖的流动，满足买卖双方的要求，于是就形成了场外交易。

二、债券上市

债券上市是指证券交易所承认并接纳某种债券在交易所市场上交易。与股票不同，企业债券有一个固定的存续期限，而且发行人必须按照约定的条件还本付息。因此，债券上市的条件与股票有所差异。为了保护投资者的利益，保证债券的流动性，证券交易所在接到发行人的上市申请后，一般要从以下几个方面来对企业债券的上市资格进行审查。

（一）债券上市条件

1. 债券的发行量必须达到一定的规模

如果上市债券流通量少，就会影响交易的活跃程度，而且价格也容易被人操纵。

2. 债券发行人的经营业绩必须符合一定条件

如果发行人的财务状况恶化，就会使发行人的偿债能力受到影响，从而可能发生债券到期不能兑付的情况，使投资者的利益受到损害。

3. 债券持有者的人数应该达到一定数量

如果持有者人数过少，分布范围很小，那么即使债券的发行量大，其交易量也不会太大，从而影响债券的流通。

温馨提示

相当长的时期内，我国大多数企业债券不能公开上市流通和转让，投资者只能持有至到期后由代理发行机构还本付息。这种情况导致投资需求不足，影响了企业债券的发展。

小知识

企业债券的上市条件

企业债券的上市是指企业债券发行完成后，经核准在证券交易所挂牌买卖。企业申请债券上市，应当符合一定的条件，是必须向证券交易所提交债券上市申请书、债券资信评级报告等有关文件。证券交易所对债券上市实行上市保荐人制度，债券在证券交易所上市，必须由证券交易所认可的1～2家机构推荐。企业债券上市由证券交易所核准。

以上海证券交易所颁布的《上海证券交易所企业债券上市交易规则》为例，申请上市的企业债券必须符合下列条件：

1）经国家发展和改革委员会和中国人民银行批准并公开发行。

2）债券的实际发行额在人民币1亿元以上（含1亿元）。

3）债券的信用等级不低于A级。

4）最近3年平均可分配利润足以支付发行人所有债券1年的利息。

5）累计发行在外的债券总面额不超过发行人净资产额的40%。

6）债券须有担保人担保。

7）募集的资金用于本企业的生产经营，其投向符合国家产业政策及发行审批机关批准的用途。

8）债券的期限在1年以上（含1年）。

9）债券持有人不得少于1万人。

10）债券的利率不得超过国务院限定的利率水平。

11）其他条件。

（二）债券上市程序

1）发行公司提出上市申请。

2）证券交易所初审。

3）证券管理委员会核定。

4）订立上市契约。

5）发行公司缴纳上市费用。

6）确定上市日期。

7）挂牌买卖。

在债券上市后，证券交易所一旦发现该上市债券违背基本规定，有权停止该债券上市。该债券必须在转为整顿阶段后一定时间内完全停止上市。

三、债券交易程序

1. 场内交易程序

场内交易的程序经证券交易所立法规定，一般分为五个步骤：开户、委托、成交、清算和交割、过户，如图 3-9 所示。

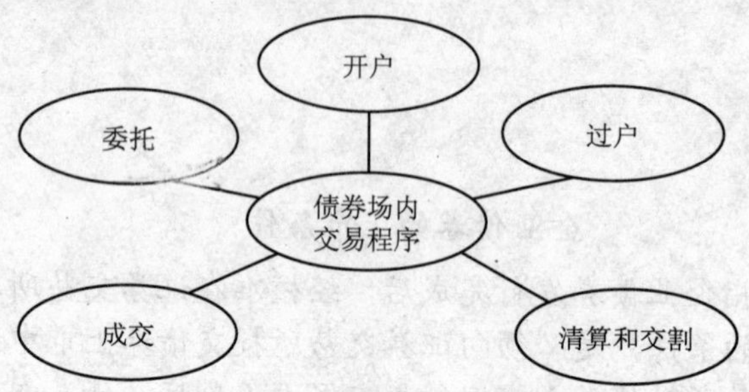

图 3-9 债券场内交易程序

（1）开户 债券投资者要进入证券交易所参与债券交易，首先必须选择一家可靠的证券经纪公司，并在该公司办理开户手续。

1）订立开户合同，应包括如下事项：

① 委托人的真实姓名、住址、年龄、职业、身份证号码等。

② 委托人与证券公司之间的权利和义务，并同时认可证券交易所营业细则和相关规定以及经纪商公认的规章作为开户合同的有效组成部分。

③ 确立开户合同的有效期限以及延长合同期限的条件和程序。

2）开立账户。在投资者与证券公司订立开户合同后，即可开立账户。

小知识

在我国上海证券交易所允许开设的账户有资金账户和证券账户。资金账户只能用来买进债券并通过该账户支付买进债券的价款，证券账户只能用来交割债券。因投资者既要进行债券的买进业务又要进行债券的卖出业务，故一般都要同时开立资金账户和证券账户。

上海证券交易所规定，投资者开立的资金账户，其中的资金要首先交存证券商，然后由证券商转存银行，其利息收入将自动转入该账户。投资者开立的证券账户，则由证券商免费代为保管。

（2）委托 投资者在证券公司开立账户以后，若要上市交易，还必须与证券公司办理证券交易委托关系。这是一般投资者进入证券交易所的必经程序，也是债券交易的必经程序。

投资者与证券公司之间委托关系确立的核心程序就是投资者向证券公司发出委托。

温馨提示

投资者发出委托必须与证券公司的办事机构联系，证券公司接到委托后就会按照投资者的委托指令，填写委托单，将投资交易债券的种类、数量、价格、开户类型、交割方式等一一载明。而且委托单必须及时送达证券公司在交易所中的驻场人员，由驻场人员负责执行委托。投资者办理委托可以采取当面委托、电话委托和网络委托等方式。

小资料

委托方式的分类

以交易性质为标准，委托方式分为买进委托与卖出委托。

以委托的有效时间为标准，委托方式分为当日有效委托与多日委托。

以价格为标准，委托方式分为随市价委托与限价委托。

以授予权利为标准，委托方式可分为全权委托、停止损失委托、停止损失和限价委托。

以委托交易量是否为成交单位的整数倍为标准，委托方式可分为整数委托与零数委托。

以交易目的为标准，委托方式可分为交易委托与撤销委托（其中以撤销委托的时机为标准，撤销委托又可分为即时成交剩余撤销委托和全部成交或撤销委托）。

（3）成交 证券公司在接受投资客户委托并填写委托说明书后，就要由其驻场人员在交易所内迅速执行委托，促使该债券成交。

小知识

债券成交的原则

债券成交的原则就是使买卖双方在价格和数量上达成一致所必须遵循的特殊原则，又称竞争原则。其主要内容是“三先”，即价格优先、时间优先、客户委托优先。

1）价格优先就是证券公司按照交易最有利于投资委托人的利益的价格买进或卖出债券。

2）时间优先就是要求在相同的价格申报时，应该于最早提出该价格的一方成交。

3）客户委托优先主要是要求证券公司在自营买卖和代理买卖之间，首先进行代理买卖。

（4）清算和交割 债券交易成立以后就必须进行券款的交付，这就是债券清算和交割。

1）债券清算是指对同一证券公司在同一交割日同一种债券的买卖价款相互抵消，确定出应当交割的债券数量和价款数额，然后按照“净额交收”原则办理债券和价款的交割。

一般在交易所当日闭市时，其清算机构便依据当日场内成交单所记载的各证券商的买进和卖出某种债券的数量和价格，计算出各证券商应收应付价款相抵后的净额以及各种债券相抵后的净额，编制成当日的清算交割表。各证券商核对后再编制该证券商当日的交割清单，并在规定的交割日办理交割手续。

2）债券交割是将债券由卖方交给买方，将价款由买方交给卖方。

小知识

债券交割的分类

在证券交易所交易的债券，按照交割日期的不同，可分为当日交割、普通日交割和约定日交割三种。例如，上海证券交易所规定，当日交割是在买卖成交当天办理券款交割手续；普通交割日是买卖成交后的第4个营业日办理券款交割手续；约定交割日是买卖成交后的15日内，买卖双方约定某一日进行券款交割。

（5）过户 债券成交并办理了交割手续后，最后一道程序是完成债券的过户。过户是指将债券的所有权从一个所有者名下转移到另一个所有者名下。基本程序包括：

1）债券原所有人履行的手续：债券原所有人在完成清算交割后，应领取并填写过户通知书，加盖印章后随同债券一起送到证券公司的过户机构。

2）债券新持有者履行的手续：债券新持有者在完成清算交割后，向证券公司索要印章卡，加盖印章后送到证券公司的过户机构。

3）证券公司履行的手续：证券公司的过户机构收到过户通知书、债券及印章卡后，加以审查。若手续齐备，则注销原债券持有者的证券账户上相同数量的该种债券，同时在其资金账户上增加与该笔交易价款相等的金额。对于债券的买方，则在其资金账户上减少价款，同时在其证券账户上增加债券的数量。

温馨提示

在无纸化交易条件下，债券过户和股票过户一样由网络系统自动完成，无需繁琐的手续。

2. 场外债券交易程序

场外交易包括自营买卖和代理买卖两种。其程序分别如下：

（1）自营买卖债券的程序　场外自营买卖债券就是由投资者个人作为债券买卖的一方，由证券公司作为债券买卖的另一方，交易价格由证券公司自己挂牌。自营买卖程序十分简单，具体包括：

1）买入者、卖出者根据证券公司的挂牌价格，填写申请单。申请单上载明债券的种类提出买入或卖出的数量。

2）证券公司按照买入者、卖出者申请的券种和数量，根据挂牌价格开出成交单。成交单的内容包括：交易日期、成交债券名称、单价、数量、总金额、票面金额、客户的姓名和地址、证券公司的名称和地址、经办人姓名、业务公章等，必要时还要登记出售者的身份证号。

3）证券公司按照成交结果，向客户交付债券或现金，完成交易。

（2）代理买卖债券程序　场外代理买卖债券就是投资者个人委托证券公司代其买卖债券，证券公司仅作为中介而不参与买卖业务。其交易价格由委托买卖双方分别挂牌，达成一致后形成。场外代理买卖的程序包括：

1）委托人填写委托书。委托书内容包括：委托人的姓名和地址、委托买卖债券的种类数量和价格、委托日期和期限等。委托卖方要交验身份证。

2）委托人将填好的委托书交给委托的证券公司。其中，买方要缴纳购买债券的金额保证金，卖方则要交出拟出售的债券，证券公司为其开临时收据。

3）证券公司负责挂牌。证券公司根据委托人的买入或卖出委托书上的基本要素，分别为买卖双方挂牌。

4）成交。如果买方、卖方均为一人，则通过双方讨价还价，促使债券成交。如果买方、卖方为多人，则根据“价格优先，时间优先”的原则，顺序办理交易。

5）证券公司填写具体的成交单。债券成交后，证券公司填写具体的成交单。内容包括成交日期、买卖双方的姓名、地址及交易机构名称、经办人姓名、业务公章等。

6）清算交割。买卖双方接到成交单后，分别交出价款和债券。证券公司收回临时收据，

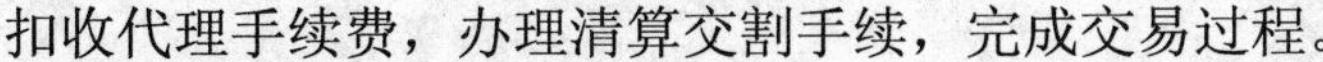

扣收代理手续费，办理清算交割手续，完成交易过程。

四、债券交易方式

1. 按债券交易性质不同分类

按债券交易性质的不同分类，债券的交易方式可以分为现货交易、回购交易和期货交易，如图 3-10 所示。目前，在深、沪证券交易所交易的债券有现货交易和回购交易。

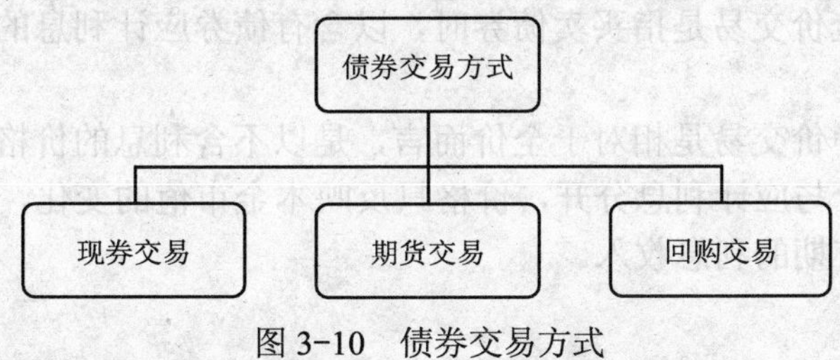

图 3-10　债券交易方式

（1）现货交易　现货交易又称现金现货交易，是债券交易中最古老的交易方式。它是债券买卖双方对债券的买卖价格均表示满意，根据商定的付款方式，在成交后立即办理交割，或在很短的时间内办理交割的一种交易方式。

例如，投资者可直接通过证券账户在深圳交易所全国各证券经营网点买卖已经上市的债券品种。

（2）回购交易　回购交易是指债券买卖双方按预先签订的协议，约定在卖出一笔债券后一段时期再以特定的价格买回这笔债券，并按协定利率付息。

温馨提示

这种有条件的债券交易形式实质上是一种短期的资金融通。这种交易对卖方来讲，实际上是卖出现货买入期货；对买方来讲，是买入现货卖出期货。

目前深、沪证券交易所均有债券回购交易，但只允许机构法人开户交易，个人投资者不能参与。

（3）期货交易　期货交易是指根据合同规定，交易双方成交以后，交割和清算按照期货合约中规定的价格在未来某一特定时间（一般为 3 个月、6 个月、9 个月、12 个月和 15 个月）进行的交易。

温馨提示

目前深、沪证券交易所均不开通债券期货交易。

2. 按债券报价方式的不同分类

按债券报价方式的不同分类，债券的交易方式可以分为全价交易和净价交易，如图 3-11

所示。

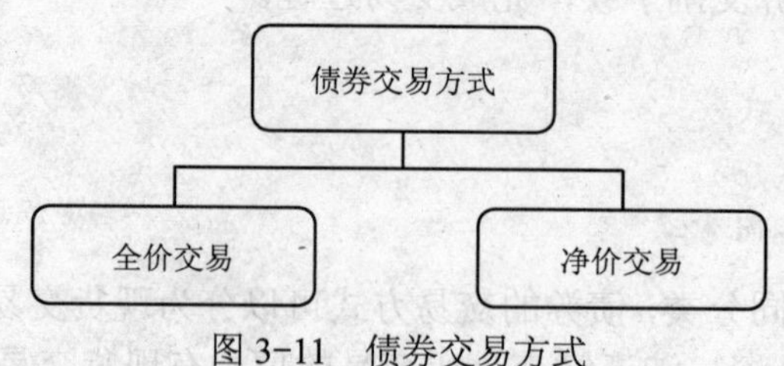

图 3-11　债券交易方式

（1）全价交易　全价交易是指买卖债券时，以含有债券应计利息的价格报价，也按该全部价格进行清算交割。

（2）净价交易　净价交易是相对于全价而言，是以不含利息的价格进行的交易。这种交易方式是将债券的报价与应计利息分开，价格只反映本金市值的变化，利息按面值利率以天计算，持有人享有持有期的利息收入。

小案例

某投资者在 2001 年 8 月 1 日以 102.20 元的价格购入一手面值 100 元、票面利率为 2.63%（浮息债券 i=2.25%+0.38%）、7 年期的附息国债 010010。那么 102.20 元中除了包含这面值为 100 元的债券本金的当日市价，还包含自 2000 年 11 月 14 日至 2001 年 8 月 1 日共 260 天 1.87 元的应计利息。

全价=102.20 元

应计利息=100×2.63%×260/360=1.87 元

净价=102.20−100×2.63%×260/360=100.33 元

在净价交易下，买卖双方都以国债的净价进行报价。而交割价仍是全价，即净价加上应计利息才是实际的交割价。例如，中国人民银行规定，中国债券净价交易系统直接实行净价报价，同时显示债券成交价格和应计利息额，并以两项之和为债券买卖价格。结算系统直接实行净价结算，以债券成交价格与应计利息额之和为债券结算交割价格。

◀◁ 本章小结

债券是政府、金融机构、工商企业等机构直接向社会公众筹集资金公开发行的，承诺按约定利率支付利息并按约定条件偿还本金的债务凭证。债券表示的是一种债权债务关系，具有法律效力。公开发行的债券可以在市场买卖，并因此形成了债券市场。债券市场是一国金融体系中不可或缺的部分。可以说，统一、成熟的债券市场构成了一个国家金融市场的基础。

企业必须按照一定的程序来发行债券，发行的方式和承销方式是多样的。债券对投资者吸引力的大小，主要体现在收益水平、时间长短和还本的可能性大小上。大多数投资者愿意以信用等级作为衡量债券全部投资风险的重要指标。债券不同，收益率也不一样。

债券交易就是债券的买卖、转让和流通，由此形成的市场就叫做债券交易市场。债券的发行市场是一级市场，债券的交易市场就是二级市场。

第四章　投资基金的发行与交易

投资基金（Investment Funds）是一种利益共享、风险共担的集合投资制度。投资基金集中投资者的资金，由基金托管人委托职业经理人员管理，专门从事证券投资活动。可以说，投资基金是对所有以投资为形式的基金的统称。

本章主要介绍有关投资基金的知识，通过"案例导入"，激发学生的学习兴趣。通过问题的设计，教师引导学生采用探究式的教学方法完成本章的学习任务：①掌握投资基金的概念。②了解投资基金的特征。③理解投资基金与其他金融工具的区别。④了解投资基金的发展历史。⑤掌握投资基金的分类。⑥认识投资基金的设立与发行。

通过《证券实务习题集》的练习和训练，加深对投资基金知识的理解。学会结合投资基金市场的现实情况，分析投资基金市场未来的发展趋势，提高专业能力。

第一节　投资基金概述

案例导入

基金的起源

基金起源于英国，由于产业革命极大地推动了英国生产力的发展，国民收入大幅增加，社会财富迅速增长，人们希望能投资海外，却苦于资金量小和缺乏国际投资经验，因此萌发集合众多投资人的资金委托专人经营和管理的想法，证券投资基金由此诞生。历史上第一只基金——"海外及殖民地政府信托基金"是1868年在英国成立的。当时该基金主要是以英国海外殖民地的公债投资为主，它的创立标志着基金开始登上历史的舞台。

1992年11月，我国国内第一家比较规范的投资基金——淄博乡镇企业投资基金（"淄博基金"）正式设立。该基金为公司型封闭式基金，募集资金1亿元人民币，并于1993年8月在上海证券交易所挂牌上市。淄博基金的设立揭开了中国投资基金业发展的序幕。并在1993年上半年引发了短暂的中国投资基金发展的热潮。2001年9月，我国第一只开放式基金——"华安创新"诞生，使我国基金业发展实现了从封闭式基金到开放式基金的历史性跨越。

温馨提示

有效的赚钱方法是让更专业的人来为自己理财。对于普通投资者来说，拿出部分资金投资于投资基金不失为一个好的投资渠道。

炒股风险有点大，那么购买基金怎么样？可是什么是投资基金呢？

◀◁ 相关知识

一、投资基金的概念

投资基金也称证券投资基金，是指由众多投资者出资、专业基金管理机构和人员管理的资金运作方式。投资基金一般由发起人设立，通过发行证券募集资金。基金的投资人不参与基金的管理和操作，只定期取得投资收益。基金管理人根据投资人的委托进行投资运作，收取管理费收入。

投资基金的投资领域可以是股票、债券，也可以是实业、期货等。我国法律规定，对一家上市公司的投资额不得超过该基金总额的10%。各国都有类似的投资额限制。这使得投资风险随着投资领域的分散而降低，所以它的风险是介于储蓄和股票两者之间的。

小链接

基 金 证 券

基金证券又称投资基金证券，是证明持有人按其所持份额享有的资产所有权、资产收益权和剩余财产分配权的有价证券。它是股票、债券及其他金融产品的某些权益组合的产物。

二、证券投资基金的特征

1. 集合理财、专业管理

基金将众多投资者的资金集中起来，委托基金管理人进行共同投资，表现出一种集合理财的特点。基金汇集众多投资者的资金，积少成多，能够发挥资金的规模优势，降低投资成本。基金由基金管理人进行投资管理和运作。基金管理人一般拥有大量的专业投资研究人员和强大的信息网络，能够更好地对证券市场进行全方位的动态跟踪与深入分析。中小投资者将资金交给基金管理人管理能够享受到专业化的投资管理服务。

2. 组合投资、分散风险

为了降低投资风险，通常一些国家的法律规定基金必须以组合投资的方式进行投资运作因而，“组合投资、分散风险”成为基金的一大特色。中小投资者由于资金量小，一般无法通过购买数量众多的股票分散投资风险。基金公司通常会购买几十种甚至上百种股票，投资者购买基金就相当于用很少的资金购买了一揽子股票。在多数情况下，某些股票下跌造成的损失可以用其他股票上涨的盈利来弥补，因此，投资者可以充分享受到组合投资、分散风险的好处。

3. 利益共享、风险共担

证券投资基金实行“利益共享、风险共担”的原则。基金投资者是基金的所有者。基金投资收益在扣除由基金承担的费用后的盈余全部归基金投资者所有，并依据各投资者所持有的基金份额比例进行分配。为基金提供服务的基金托管人、基金管理人只能按规定收取一定比例的托管费、管理费，并不参与基金收益的分配。

4. 严格监管、信息透明

为了切实保护投资者的利益，增强投资者对基金投资的信心，各国（地区）基金监管机构都对基金业实行严格的监管，对各种有损于投资者利益的行为进行严厉打击，并强制基金进行及时、准确、充分的信息披露。在这种情况下，严格监管与信息透明也就成为基金的另一个显著特点。

5. 独立托管、保障安全

基金管理人负责基金的投资操作，本身并不参与基金财产的保管，基金财产的保管由独立于基金管理人的基金托管人负责。这种相互制约、相互监督的制衡机制为投资者的利益提供了重要的保障。

小知识

世界上不同国家和地区对投资基金的称谓有所不同。证券投资基金在美国被称为“共同基金”，在英国和我国香港地区被称为“单位信托基金”，在欧洲一些国家被称为“集合投资基金”或“集合投资计划”，在日本和我国台湾地区则被称为“证券投资信托基金”。

三、证券投资基金与其他金融工具的区别

1. 基金与股票、债券的区别

1）反映的经济关系不同。股票反映的是一种所有权关系，是一种所有权凭证，投资者购买股票后就成为公司的股东。债券反映的是债权债务关系，是一种债权凭证，投资者购买债券后就成为公司的债权人。基金反映的则是一种信托关系，是一种受益凭证，投资者购买基金份额就成为基金的受益人。投资者购买基金只是委托基金管理公司从事股票、债券等的投资。

2）所筹资金的投向不同。股票和债券是直接投资工具，筹集的资金主要投向实业领域。基金是一种间接投资工具，所筹集的资金主要投向有价证券等金融工具或产品。

3）投资收益与风险大小不同。通常情况下，股票价格的波动性较大，因此，股票是一

种高风险、高收益的投资品种。债券可以给投资者带来较为确定的利息收入，波动性也比股票小，是一种低风险、低收益的投资品种。基金投资于众多股票、债券，能有效分散风险。它是一种风险相对适中、收益相对稳健的投资品种。

2. 基金与银行储蓄存款的区别

截至目前，由于开放式基金主要通过银行代销。许多投资者误认为基金是银行发行的金融产品，与银行储蓄存款没有太大区别。实际上，二者有着本质的不同，主要表现在以下几个方面：

1）性质不同。基金是一种受益凭证，基金财产独立于基金管理人。基金管理人只是受托管理投资者的资金，并不承担投资损失的风险。银行储蓄存款表现为银行的负债，是一种信用凭证。银行对存款者负有法定的保本付息责任。

2）收益与风险特性不同。基金收益具有一定的波动性，投资风险较大。银行存款利率相对固定，投资者损失本金的可能性很小，投资相对比较安全。

3）信息披露程度不同。基金管理人必须定期向投资者公布基金的投资运作情况。银行吸收存款之后，不需要向存款人披露资金的运用情况。

四、我国基金业的发展历史

我国基金业的发展可以分为三个历史阶段：20 世纪 80 年代末至 1997 年 11 月 14 日《证券投资基金管理暂行办法》（以下简称《暂行办法》）颁布之前的早期探索阶段、《暂行办法》颁布实施以后至 2004 年 6 月 1 日《中华人民共和国证券投资基金法》实施前的试点发展阶段、《中华人民共和国证券投资基金法》实施以来的快速发展阶段。

1. 早期探索阶段

始于 20 世纪 70 年代末的中国经济体制改革，在推动中国经济快速发展的同时，也引发了社会对资金的巨大需求。在这种背景下，基金作为一种筹资手段开始受到一些中国驻外金融机构的注意。1987 年，中国新技术创业投资公司（以下简称中创公司）与汇丰集团、渣打集团在我国香港地区联合设立了中国置业基金。首期筹资 3 900 万元人民币，直接投资于以珠江三角洲为中心的周边乡镇企业，并随即在我国香港联合交易所上市。这标志着中资金融机构开始正式涉足投资基金业务。其后，一批由中资金融机构与外资金融机构在境外设立的中国概念基金相继推出。在境外中国概念基金与中国证券市场发展的影响下，我国境内第一家比较规范的投资基金——淄博乡镇企业投资基金（简称“淄博基金”）于 1992 年 11 月经中国人民银行总行批准正式设立。该基金为公司型封闭式基金，募集规模 1 亿元人民币，60%投向淄博乡镇企业，40%投向上市公司，并于 1993 年 8 月在上海证券交易所挂牌上市。淄博基金的设立揭开了投资基金业务在内地发展的序幕，并在 1993 年上半年掀起了短暂的中国投资基金发展的热潮。1993 年下半年，经济过热引发了通货膨胀，政府进行了宏观调控。在这种情况下，投资基金的审批受到限制。1994 年后，我国进入经济金融治理整顿阶段。随着经济发展逐步减速，基金发展过程中的不规范问题及积累的其他问题逐渐暴露出来，多数基金的资产状况趋于恶化，在经营上步履维艰。中国基金业的发展因此陷入停滞状态。

2. 试点发展阶段

在对以往基金发展过程加以反思的基础上，经国务院批准，国务院证券管理委员会于

1997 年 11 月 14 日颁布了《证券投资基金管理暂行办法》。这是我国首次颁布的规范证券投资基金运作的行政法规，它为我国基金业的规范发展奠定了规制基础。由此，中国基金业的发展进入了规范化的试点发展阶段。

在这一阶段，为确保试点的成功，监管部门首先在基金管理公司和基金的设立上实行严格的审批制。《证券投资基金管理暂行办法》对基金管理公司的设立规定了较高的准入条件：基金管理公司的主要发起人必须是证券公司或信托投资公司，每个发起人的实收资本不少于 3 亿元人民币。较高的准入门槛和严格的审批制度尽管不利于竞争，但促进了基金的规范化运作，很大程度上确保了基金的社会公信力。

1998 年 3 月 27 日，经中国证监会批准，南方基金管理公司和国泰基金管理公司分别发起设立了两只规模均为 20 亿元的封闭式基金——基金开元和基金金泰，由此拉开了中国证券投资基金试点的序幕。在封闭式基金成功试点的基础上，2000 年 10 月 8 日中国证监会发布了《开放式证券投资基金试点办法》。2001 年 9 月，我国第一只开放式基金——华安创新诞生，实现了我国基金业从封闭式基金到开放式基金的历史性跨越。此后，开放式基金逐渐取代封闭式基金成为中国基金市场发展的趋势。

3. 快速发展阶段

2004 年 6 月 1 日，我国开始实施的《中华人民共和国证券投资基金法》为基金业的发展奠定了重要的法律基础，标志着我国基金业的发展进入了一个新的发展阶段。为了配合《中华人民共和国证券投资基金法》的实施，中国证监会相继出台了包括《证券投资基金管理公司管理办法》、《证券投资基金运作管理办法》、《证券投资基金销售管理办法》、《证券投资基金信息披露管理办法》、《证券投资基金托管管理办法》、《证券投资基金行业高级管理人员任职管理办法》等一系列法规，使我国基金监管的法律体系日趋完善。基金公司业务逐渐走向多元化，出现了一批规模较大的基金管理公司；基金行业对外开放程度不断提高；基金业市场营销和服务创新日益活跃；基金投资者队伍迅速壮大。

料

投资基金源于英国，却发展于美国。1868 年，英国组建了“海外和殖民地政府信托”组织，公开向社会和个人发售认股凭证，这就是设立的最早的投资基金。第一次世界大战以后，美国经济空前繁荣，国民收入急剧增长，国内外投资异常活跃，英国投资信托制度引入美国。1921 年 4 月，美国出现了第一个投资基金“美国国际证券信托”，该基金和英国的基金基本相同，都属于封闭式基金。1924 年 3 月 21 日，“马萨诸塞投资信托基金”在波士顿成立，被认为是第一个现代意义上的开放式投资基金。

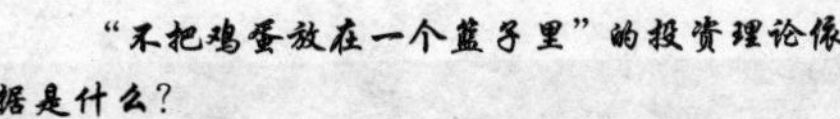

据是什么？

小故事

某家庭每月还房贷1300元，每年交保险费1.42万元。为了节省银行排队时间，该户人家以往都是每年年初一次性往银行存足约3万元，银行及保险公司按时扣款。但每年年初存往银行的约3万元只有活期利息，收益不高，因此通过网上银行购买货币市场基金，在每个还款日前的3天卖出适当金额的基金，这样既可以不必排队而做到如期还款，又可以享受到高于同期活期存款利息的收益。平时活期存款享受的是活期储蓄收益，而买入基金收益较高。

第二节 投资基金类型

案例导入

田新是广州一家公立中学的教师。2006年年底，田新工作刚满三年，已经有5万元的存款。在2007年股市一路飙升的过程中，田新身边不少朋友摇身变成了“基民”和“股民”。在这个十年难遇的大牛市中，田新也抓住机遇，将全部存款分散投到各种基金中，进行基金组合，见表4-1。其中，股票型基金投入30%，债券型基金投入10%，平衡型基金投入30%，货币市场基金投入30%。这种多种基金的组合配置，实现了风险平衡。其投资风格具有以积极投资为主的特点，投资结果充分分享了资本市场伴随中国经济快速发展而获得的收益。

表4-1 田新的投资基金组合

投资基金组合		配置比例（%）
股票型基金	南方稳健成长（202001）、泰达荷银行业精选（162204）	30
平衡型基金	上投摩根双息平衡（373010）、广发稳健增长（270002）	30
债券型基金	富国天利增长债券（100018）	10
货币市场基金	鹏华货币（A级）（160606）	30

你知道我国有哪些种类的投资基金吗？

温馨提示

随着中国证券市场的大力发展，中国的投资基金市场规模不断地扩大，投资基金种类也日益繁多。

◀◁ 相关知识

随着基金数量、品种的不断增多，对基金进行科学合理的分类具有重要意义。对基金投资者而言，基金数量越来越多，投资者需要在众多的基金中选择适合自己风险收益偏好的基金。科学合理的基金分类有助于投资者加深对各种基金的认识及对风险收益的把握，有助于投资者作出正确的投资选择。对基金管理公司而言，比较基金业绩应该在同一类别中进行才公平合理。对基金研究评价机构而言，基金的分类则是进行基金评级的基础。对监管部门而言，明确基金的类别特征有利于针对不同基金实施更有效的监管。2004 年 7 月 1 日开始施行的《证券投资基金运作管理办法》，首次将我国的基金类别分为股票基金、债券基金、混合基金、货币市场基金等基本类型。

构成基金的要素有多种，因此可以依据不同的标准对基金进行分类。

一、按运作方式不同分类

按运作方式的不同分类，基金可以分为封闭式基金和开放式基金。

1. 封闭式基金

封闭式基金是指基金份额在基金合同期限内固定不变，基金份额可以在依法设立的证券交易所交易，但基金份额持有人不得申请赎回的一种基金运作方式。

2. 开放式基金

开放式基金是指基金份额不固定，基金份额可以在基金合同约定的时间和场所进行申购或者赎回的一种基金运作方式。

3. 封闭式基金与开放式基金的区别

（1）期限不同　封闭式基金通常有固定的封闭期，而开放式基金没有固定期限，投资者可随时向基金管理人赎回。

（2）基金单位的发行规模要求不同　封闭式基金在招募说明书中列明其基金规模，而开放式基金则没有发行规模的限制。

（3）基金单位转让方式不同　封闭式基金的基金单位在封闭期限内不能要求基金公司赎回，只能在证券交易场所出售或柜台市场上出售给第三者。开放式基金的投资者则可以在首次发行结束一段时间（一般为 3 个月）后，随时向基金管理人或中介机构提出购买或赎回申请。

（4）基金单位的交易价格计算标准不同　封闭式基金的买卖价格受市场供求关系的影响，并不必然反映公司的净资产值。开放式基金的交易价格则取决于基金的每单位资产净值的大小。其卖出价格一般是基金单位资产净值加收 5%左右的首次购买费，买入价格（即赎回价）是基金券所代表的资产净值减去一定的赎回费，基本不受市场供求影响。

（5）投资策略不同　封闭式基金的基金单位数不变，资本不会减少，因此基金可进行长期投资，基金资产的投资组合能有效地在预定计划内进行。开放式基金由于基金单位可随时赎回，因此为应付投资者随时赎回兑现，基金资产不能全部用来投资，更不能把全部资本进行长线投资，必须保持基金资产的流动性，在投资组合上需保留一部分现金和可随时兑现的金融商品。

小知识

开放式基金不上市交易，一般通过银行申购和赎回，基金规模不固定，基金可随时向投资者出售，也可按照投资者要求赎回。封闭式基金有固定的存续期，期间基金规模固定，一般在证券交易场所上市交易，投资者通过二级市场买卖基金单位。封闭式基金就是在一段时间内不允许再接受新投资，直至开放。开放后，基金投资者可以决定赎回或者再申购基金份额，新投资者也可以在这个时候申购。基金是一种间接的证券投资方式。基金管理公司通过发行基金单位，集中投资者的资金，由基金托管人（即具有资格的银行）托管，由基金管理人管理和运用资金，从事股票、债券等金融工具投资，投资者共担投资风险、分享收益。

二、按法律形式的不同分类

按法律形式的不同分类，基金可以分为契约型基金和公司型基金。

1. 契约型基金

（1）契约型基金的含义　契约型基金又称单位信托基金或信托型基金，是指把投资者、管理人、托管人三者作为当事人，通过签订基金契约的形式发行受益凭证而设立的一种基金。契约型基金本身不具备公司企业或法人的身份。因此，在组织结构上，基金的持有者不具备股东的地位，但可以通过持有者大会来行使相应的权利。

（2）契约型基金的特点

1）契约型基金是依据信托契约的文件而组建的一家经理公司。在组织结构上，它不设董事会，基金经理公司自己作为委托公司设立基金，自行或另外聘请经理人代为管理基金的日常经营和操作，并指定一家证券公司或承销公司代为办理受益凭证，如基金单位持有证的发行、买卖、转让、交易、利润分配、收益及本金偿还支付。

2）受托人接受基金经理公司的委托，并且以信托人或信托公司的名义为基金注册和开立契约型基金的基金账户，该账户完全独立于基金保管公司的账户，纵使基金保管公司因经营不善而倒闭，其债权方也不能动用基金的资产。受托人的职责是负责管理、保管处置信托财产，监督基金经理人的投资工作，确保基金经理人遵守公开说明书所列明的投资规定。在单位信托基金出现问题时，信托人对投资者负责索偿责任。

2. 公司型基金

（1）公司型基金的含义　公司型基金又称为共同基金，是根据公司法组建的以盈利为目的股份有限公司，通过发行股票或受益凭证的方式来筹集资金。投资者购买了该家公司的股票，就成为该公司的股东，凭股票领取股息或红利，分享投资所获得的收益。

（2）公司型基金的特点

1）基金形态为股份公司，但又不同于一般的股份公司。其业务集中于从事证券投资信托。

2）公司型基金的资金为公司法人的资本，即股份。

3）公司型基金的结构同一般的股份公司一样，设有董事会和股东大会。基金资产由公司拥有，投资者则是这家公司的股东，也是该公司资产的所有权人。股东按其所拥有的股份多少在股东大会上行使权利。

4）依据公司章程，董事会对基金资产负有安全增值的责任。为了管理方便，共同基金往往设定基金经理人和托管人。基金经理人负责基金资产的投资管理，托管人负责对基金经理人的投资活动进行监督。托管人可以（非必须）在银行开立账户，以自己的名义注册基金资产。为了明确双方的权利和义务，共同基金公司与托管人之间有契约关系，托管人的职责列明在其与共同基金公司签订的“托管人协议”上。如果共同基金出了问题，投资者有权直接向共同基金公司索取赔偿。

小知识

不同的国家（地区）具有不同的法律环境，基金能够采用的法律形式也会有所不同。目前，我国的基金全部是契约型基金，而美国的绝大多数基金是公司型基金。组织形式的不同赋予了基金不同的法律地位，基金投资者受到的法律保护也因此有所不同。

三、按投资对象的不同分类

按投资对象的不同分类，基金可以分为股票基金、债券基金、货币市场基金和混合基金等。

1. 股票基金

股票基金是指以股票为主要投资对象的基金。股票基金历史最为悠久，也是各国（地区）广泛采用的一种基金类型。根据中国证监会对基金类别的分类标准，基金资产60%以上投资于股票的称为股票基金。

2. 债券基金

债券基金主要以债券为投资对象的基金。根据中国证监会对基金类别的分类标准，基金资产80%以上投资于债券的称为债券基金。

3. 货币市场基金

货币市场基金是以货币市场工具为投资对象的基金。根据中国证监会对基金类别的分类标准，仅投资于货币市场工具的称为货币市场基金。

4. 混合基金

混合基金是同时以股票、债券等为投资对象的基金，以期通过在不同资产类别上的投资实现收益与风险之间的平衡。根据中国证监会对基金类别的分类标准，投资于股票、债券和货币市场工具，但股票投资和债券投资的比例不符合股票基金、债券基金规定的称为混合基金。

四、按投资目标的不同分类

按投资目标的不同分类，基金可以分为成长型基金、收入型基金和平衡型基金。

1. 成长型基金

成长型基金是指以追求资本增值为基本目标，较少考虑当期收入的基金，主要以具有良好增长潜力的股票为投资对象。

2. 收入型基金

收入型基金是指以追求稳定的经常性收入为基本目标的基金，主要以大盘蓝筹股、公司债券、政府债券等稳定收益证券为投资对象。

3. 平衡型基金

平衡型基金是既注重资本增值又注重当期收入的一类基金。

温馨提示

一般而言，成长型基金的风险大、收益高；收入型基金的风险小、收益较低；平衡型基金的风险、收益介于成长型基金与收入型基金之间。根据投资目标的不同，既有以追求资本增值为基本目标的成长型基金，也有以获取稳定的经常性收入为基本目标的收入型基金以及兼具成长与收入双重目标的平衡型基金。不同的投资目标决定了基金的基本投资方向与投资策略。

五、按投资理念的不同分类

按投资理念的不同分类，基金可以分为主动型基金和被动（指数）型基金。

1. 主动型基金

主动型基金是一类力图取得超越基准组合表现的基金。基准组合可以是标准配置（按基金招募书上的基准进行标准配置，如60%～85%的股票、15%的债券等），也可以是与股票综合指数的所有成分股成交量结构比例相一致的组合。

2. 被动型基金

与主动型基金不同，被动型基金并不主动取得超越市场的业绩表现，而是试图复制指数的表现。被动型基金一般选取特定的指数作为跟踪的对象，因此通常又被称为指数型基金。指数型基金可以分为两种。一种是纯粹的指数基金，它的资产几乎全部投入所跟踪的指数的成分股中，基本上一直处于满仓状态。即使可以预期市场在未来半年将持续下跌，它也保持满仓状态，不作积极的行情判断。指数型基金的另外一种就是指数增强型基金。这种基金是在纯粹的指数化投资的基础上，根据股票市场的具体情况进行适当的调整。

六、按募集方式的不同分类

按募集（发行）方式的不同分类，基金可以分为公募基金和私募基金。

1. 公募基金

公募基金是指可以面向社会公众公开发售的一类基金。公募基金主要具有如下特征：可以面向社会公众公开发售基金份额，基金募集对象不固定；投资金额要求较低，适宜中小投资者投资；必须遵守基金法律和法规的约束，并接受监管部门的严格监管。

2. 私募基金

私募基金是只能采取非公开方式发行，它是面向特定投资者募集发售的基金。与公募基金相比，私募基金不能进行公开的发售，投资金额要求较高，投资者的资格和人数常常受到严格的限制。例如，美国相关法律要求，私募基金的投资者人数不得超过100人，每个投资者的净资产必须在100万美元以上。与公募基金必须遵守基金法律和法规的约束并要接受监管部门的严格监管相比，私募基金在运作上具有较大的灵活性，其受到的限制和约束也较少。

它既可以投资于衍生金融产品，也可以投资于汇率、商品期货等。私募基金的投资风险较高，其目标客户主要为具有较强风险承受能力的富裕阶层。

七、按基金的资金来源和用途的不同分类

按基金的资金来源和用途的不同分类，基金可以分为在岸基金和离岸基金。

1. 在岸基金

在岸基金是指在本国募集资金并投资于本国证券市场的证券投资基金。由于在岸基金的投资者、基金组织、基金管理人、基金托管人及其他当事人和基金的投资市场均在本国境内，所以基金的监管部门比较容易运用本国法律法规及相关技术手段对证券投资基金的投资运营进行监管。

2. 离岸基金

离岸基金是指一国的证券投资基金组织在其他国家发售证券投资基金份额，并将募集的资金投资于本国或第三国证券市场的证券投资基金。

八、特殊类型基金

1. 系列基金

系列基金又称为伞形基金，是指多个基金共用一个基金合同，子基金独立运作，子基金之间可以进行相互转换。我国目前共有 9 只系列基金（包括 24 只子基金）。

2. 基金中的基金

基金中的基金是指以其他证券投资基金为投资对象的基金，其投资组合由其他基金组成。我国目前尚无此类基金。

3. 保本基金

保本基金是指通过采用投资组合保险技术，保证投资者在投资到期时至少能够获得投资本金或一定回报的证券投资基金。保本基金的投资目标是在锁定下跌风险的同时争取获得高回报。目前，我国已有多只保本基金。

4. ETF

ETF（Exchange Traded Funds，交易型开放式指数基金）通常又被称为交易所交易基金，是一种在交易所上市交易的、基金份额可变的一种开放式基金。其交易手续与股票完全相同。ETF 最早产生于加拿大，但在美国发展与成熟。一般 ETF 采用被动式投资策略跟踪某一标的市场指数，因此具有指数基金的特点。

小链接

IOPV

IOPV（Indicative Optimized Portfolio Value）是 ETF 的基金份额参考净值，是按照证券交易所根据基金管理人提供的计算方法，将每日提供的申购、赎回清单按照清单内组合证券的最新成交价格计算。IOPV 值每 15 秒计算并公告一次，将其作为 ETF 基金份额净值的估计。

ETF 管理的资产是一揽子股票组合，这一组合中的股票种类与某一特定指数（如上证 50 指数）包含的成分股票相同，每只股票的数量与该指数的成分股构成比例一致。ETF 交易价格取决于它拥有的一揽子股票的价值，即“单位基金资产净值”。

小知识

ETF 是一种混合型的特殊基金。虽然在本质上仍属于开放式基金，但它克服了封闭式基金和开放式基金的缺点，集两者的优点于一身。ETF 可以跟踪某一特定指数，如上证 50 指数。与开放式基金使用现金申购、赎回不同，ETF 使用一篮子指数成分股申购赎回基金份额。在一级市场，有百万以上资金，可以先购买一篮子股票，然后用这些股票申购成 ETF。要赎回的时候就将 ETF 赎回成股票，ETF 可以在交易所上市交易。在二级市场，可以像买卖股票一样直接买卖 ETF 基金份额，手续费为 0.3%。

由于 ETF 简单易懂，市场接纳度高，自从 1993 年美国推出第一个 ETF 产品以来，ETF 在全球范围内发展迅猛。

小知识

ETF 与普通开放式基金以及封闭式基金的比较：ETF 属于开放式基金的一种特殊类型，它综合了封闭式基金和开放式基金的优点，投资者既可以在二级市场买卖 ETF 份额，又可以向基金管理公司申购或赎回 ETF 份额。由于同时存在二级市场交易和申购赎回机制，投资者可以在 ETF 二级市场交易价格与基金单位净值间进行套利交易。套利机制的存在使 ETF 避免了封闭式基金普遍存在的折价问题。

普通开放式基金是场外交易的，即投资者通过开放式基金的销售机构柜台进行申购赎回，并且申购赎回过程是基金份额与现金的交换。而封闭式基金和股票则是场内交易的，即通过交易所系统进行配对撮合交易。ETF 通过交易所系统将申购赎回交易与配对撮合交易有机地结合起来，即上证 ETF 的投资者不仅可以通过交易所系统进行配对撮合交易，而且可以通过参与券商在交易所系统内进行申购赎回交易。

普通投资者可以像交易封闭式基金或者普通股票一样，通过证券公司在交易所系统内直接买卖 50ETF。对于资金量较大（100 万份以上）的投资者，除了可以在二级市场买卖 ETF。而且可以参与上证 ETF 的申购赎回交易，不过必须通过证券公司来进行。

5. LOF

LOF（Listed Open-ended Funds，上市开放式基金）是一种既可以在场外市场进行基金份额申购赎回，又可以在交易所（场内市场）进行基金份额交易、申购或赎回的开放式基金，它是我国对证券投资基金的一种本土化创新。

小链接

LOF 与 ETF 的区别

LOF 与 ETF 虽然都具备开放式基金可申购、赎回和份额可在场内交易的特点，但是实际上两者存在本质区别。二者区别表现在：

1）ETF 本质上是指数型的开放式基金，是被动管理型基金。而 LOF 则是普通的开放式

基金增加了交易所的交易方式，它可能是指数型基金，也可能是主动管理型基金。

2）在申购和赎回时，ETF 与投资者交换的是基金份额和“一篮子”股票。而 LOF 则是与投资者交换现金。

3）在一级市场上，申购赎回时，ETF 的投资者一般是较大型的投资者，如机构投资者和规模较大的个人投资者。而 LOF 则没有限定。

4）在二级市场的净值报价上，ETF 每 15 秒钟提供一个基金净值报价。而 LOF 则是一天提供一个基金净值报价。

从拍电影到投资基金的运作

美国大片《泰坦尼克号》于 20 世纪末曾在华夏大地上刮起了一股强劲的观影旋风。那美轮美奂的豪华客轮，壮观无比的宏大场面，华丽铺陈的海上风情，巨轮沉没的惊天动地，加上男女主角缠绵悱恻的爱情故事，让我们现在回忆起来仍然唏嘘不已。但你恐怕不知道，整个拍摄制作过程长达五年之久。我们在观赏影片的时候，总会为其中特效镜头的逼真而惊叹，却忽略镜头背后导演一丝不苟追求完美的精神。

过去几年基金的收益让许多投资者分享了一场投资的华丽盛宴。而基金投资获得可观收益的背后，又何尝不是隐藏着基金经理们乃至整个基金公司投资团队严谨慎重的投资决策过程呢？

普通股民都喜欢技术分析，关注各种炒股软件。要知道，如果只要有炒股软件就能作出合理投资，那么拍电影也就只需要电脑特技了。很明显，基金经理包括基金公司整个投资团队的正确判断和决策才是基金投资获取稳健回报的关键。

基金经理们为了准确的投资判断所付出的努力，正如大片导演一样是很难为人所知的。基金经理并非像人们认为的，整天坐在计算机前面看盘、盯盘和看上一大堆的研究报告就行了。实际上，为了考证企业真正的盈利能力，基金经理们经常奔波于各个上市公司之间，出差是家常便饭。

基金投资背后的故事正如《泰坦尼克号》背后的故事一样。成功投资犹如优秀影片，每一个细节都需要一丝不苟地执行。

第三节　投资基金的设立、发行与交易

案例导入

2010 年年初，李先生购买了净值为 1.100 0 元/份的开放式基金 A20000 份，短期持有后，该基金净值上升为 1.150 0 元/份，李先生将该基金出售。假设开放式基金的赎回费率为 1.5%，申购费率为 1.0%。李先生经过短线操作后净赚了多少钱？

申购基金单位金额计算方法如下：

申购金额=申购份额×交易日基金单位净值+申购费用

	申购费用=申购份额×交易日基金单位净值×申购费率 赎回基金单位金额计算方法如下： 赎回金额=赎回份额×交易日基金单位净值−赎回费用 赎回费用=赎回份额×交易日基金单位净值×赎回费率 李先生申购开放式基金 A 的价格为 开放式基金 A 的申购费用为 20 000 份×1.100 0 元/份×1.0%=220 元。 开放式基金 A 申购金额为 20 000 份×1.1 000 元/份+220 元=22 220 元。 开放式基金 A 的赎回费用为 20 000 份×1.150 0 元/份×1.5%=345 元。 开放式基金A的赎回金额为 20 000 份×1.150 0 元/份−345 元=22 655 元。 李先生对开放式基金A的短线操作利润为 22 655 元−22 220 元=435 元。 而李先生申购、赎回基金 A 的交易费用共计 220 元+345 元=565 元。 交易费用是所获利润的 1.30 倍。 案例分析： 选择一个适合自己的基金进行长期投资，与该基金共同成长，不轻易赎回，以避免交易费用过高，这对投资者而言是一种有利的投资策略。

投资基金发起设立需要哪些程序?

温馨提示

投资基金的发起设立乃至顺利发行离不开基金当事人、基金市场服务机构、监管和自律机构等几方面的共同努力。

小故事

基金管理公司

——一种合伙投资的操作人

假设你有一笔钱想投资债券、股票等证券进行增值，但自己一无精力二无专业知识，而且钱也不算多，于是就想与其他多个人合伙出资，雇佣一个投资专家，操作大家共有的资产进行投资增值。合伙人推举出一个最懂行的人牵头与投资专家随时交涉，定期从大伙合出的资产中按一定比例提成给他，由他代为付给专家劳务费。当然，提成中的钱包括牵头人的劳务费。将这种合伙投资的规模放大 100 倍、1 000 倍就是基金。

基金管理公司就是这种合伙投资的牵头人，基金公司与其他基金投资者一样也是合伙出资人之一。它替投资者代雇投资专家（基金经理），定期公布基金的资产和收益情况。它每年要从大伙合出的资产中提取一定比例的劳务费（基金管理费）。当然基金公司的资格与活

动是证监会批准的。

为了基金资产不被基金公司挪用，中国证监会规定，基金公司和基金经理只管交易操作，基金资产全部存放在银行，建成一个专门账户，由银行管账记账（称为基金托管）。当然，银行的劳务费（基金托管费）也得从大伙合出的资产中按比例抽取，按年支付。

◀◁ 相关知识

投资基金的设立及发行包括基金的募集、基金的投资管理、基金资产的托管、基金份额的登记、基金的估值与会计核算、基金的市场营销、基金的信息披露以及其他基金运作活动在内的所有相关环节。

一、投资基金的设立

我国基金事业的发展尚属初级阶段，而基金的设立又是基金运作的第一步，因此，为了保证基金成立后能够规范正常地管理、运作，需要严格控制基金的设立，并实行严格的核准制。

1. 基金设立的程序

证券投资基金的设立包括四个主要步骤：

1）确定基金性质。按组织形态不同，基金有公司型和契约型之分；按基金可否赎回，又可分为开放型和封闭型两种。基金发起人首先应对此进行选择。

2）选择共同发起人、基金管理人与托管人，制定各项申报文件。根据有关对基金发起人资格的规定慎重选择共同发起人，签订“合作发起设立证券投资基金协议书”，选择基金保管人，制订各种文件，规定基金管理人、托管人和投资人的责、权、利关系。

3）向主管机关提交规定的报批文件。同时，积极进行人员培训工作，为基金成立作好各种准备。

4）发表基金招募说明书，发售基金。一旦招募的资金达到有关法规规定的数额或百分比，基金即告成立，否则，基金发起便宣告失败。

2. 申请设立基金应提交的文件和内容

根据《中华人民共和国证券投资基金法》及相关规定，基金发起人在申请设立基金时应当向证监会提供的文件有：

（1）申请报告　主要内容包括：基金名称、拟申请设立基金的必要性和可行性、基金类型、基金规模、存续时间、发行价格、发行对象、基金的交易或申购和赎回安排、拟委托的托管人和管理人以及重要发起人签字、盖章。

（2）发起人情况　包括发起人的基本情况、法人资格与业务资格证明文件。

（3）发起人协议　主要内容包括：拟设立基金名称、类型、规模、募集方式和存续时间；基金发起人的权利和义务，并具体说明基金未成立时各发起人的责任、义务；发起人认购基金单位的出资方式、期限以及首次认购和在存续期间持有的基金单位份额；拟聘任的基金托管人和基金管理人；发起人对主要发起人的授权等。

（4）基金契约与托管协议　基金契约就是一份“委托理财协议（合同）”，是指基金管理人、托管人、投资者为设立投资基金而订立的用以明确基金当事人各方权利与义务关系的书面法律文件。托管协议是基金公司或基金管理人与基金托管人就基金资产保管达成的协议，该协议书从法律上确定了委托方和受托方双方的责任、权利和义务，而且偏重托管人一方的责任。

（5）招募说明书　招募说明书是基金发起人按照国家有关法律、法规制定的，在向社会公众公开发售基金时，为基金投资者提供的、对基金情况进行说明的一种法律性文件。

基金招募说明书是投资人了解基金的最重要的文件之一，是投资基金前的必读文件。

（6）发起人财务报告　包括主要发起人经具有从事证券相关业务资格的会计师事务所及其注册会计师审计的最近 3 年的财务报表和审计报告，以及其他发起人实收资本的验资证明。

（7）法律意见书　具有从事证券法律业务资格的律师事务所及其律师对发起人资格、发起人协议、基金契约、托管协议、招募说明书、基金管理公司章程、拟委任的基金托管人和管理人的资格、本次发行的实质条件、发起人的重要财务状况等问题出具法律意见。

（8）募集方案　包括基金发行基本情况及发行公告。

申请设立开放式基金时，除应报送上述材料外，基金管理人还应向中国证监会报送开放式基金实施方案及相关文件。

二、投资基金的发行

（一）投资基金的发行含义

投资基金的发行是指投资基金管理公司在基金发行申请经有关部门批准之后，将基金受益凭证向个人投资者、机构投资者或向社会推销出去的经济活动。

（二）投资基金的主要发行方式

1. 按发行是否通过代理机构分类

按发行是否通过代理机构来分类，基金的发行方式可以分为自行发行和代理发行。

（1）自行发行　自行发行即基金管理公司自行发行（直接销售方式），是指投资基金的股份不通过任何专门的销售组织而直接面向投资者销售。这是最简单的发行方式。在这种销售方式中，投资基金的股份按净资产价值出售，出价与报价相同，即不收费基金。

（2）代理发行　代理发行即通过承销机构代发行（包销方式）。在这种方式下，投资基金的大部分股份是通过经纪人包销的。经纪人也就是基金的承销人。

温馨提示

我国基金的销售大部分采用的是代理发行方式。在基金的分销渠道方面，目前最新的发展是银行和保险公司参与基金的分销业务。

2. 按发行是否通过证券交易所的网络系统来分类

按发行是否通过证券交易所的网络系统来分类，基金的发行方式可以分为上网发行和网下发行。

（1）上网发行　上网发行是指基金发行公司通过与证券交易所的交易系统联网的全国各地的证券营业部，向广大的社会公众发售基金单位的发行方式。主要是封闭式基金的发行方式。

小链接

封闭式投资基金的发行期限

封闭式基金在发行时，一旦发行总额认满，不管是否到期，基金都自行进行封闭，不能再接受认购申请。根据《中华人民共和国证券投资基金法》规定，我国封闭式投资基金应当自收到核准文件之日起6个月内进行募集。基金募集期限自基金份额发售之日起计算，不得超过三个月。在发售方式上，主要有网上发售与网下发售两种方式。

小知识

（1）基金开始募集的期限　基金开始募集的期限是指基金管理人的基金募集申请经国务院证券监督管理机构核准后一段时间内必须开始募集基金。

（2）基金结束募集的期限　基金结束募集的期限是指基金开始募集后一段时间内必须停止募集。之所以规定基金结束募集的期限，主要是因为基金募集申请经核准后开始募集，并不意味着这只基金必然成立。在核准的募集申请中，包括封闭式基金的基金份额总额和开放式基金的最低募集份额总额。法律规定，基金成立的条件是基金募集期限届满，封闭式基金募集的基金份额总额达到核准规模的80%以上，开放式基金募集的基金份额总额超过核准的最低募集份额总额，并且基金份额持有人人数符合国务院证券监督管理机构的规定。基金依法成立后才能开始基金的运作，由此才可能产生收益。所以，如果不规定基金结束募集的期限，使基金无限期募集，对广大基金份额持有人不利。规定基金结束募集的期限，在该期限届满时如果基金不能依法成立，基金管理人应当依照规定返还投资人已缴纳的款项，并加计银行同期存款利息。这有利于保护投资人的利益。

（2）网下发行　网下发行是指将所要发行的基金通过分布在一定地区的银行或证券营业网点，向社会公众发售基金单位的发行方式。主要是开放式基金的发行方式。

温馨提示

开放式基金的基金份额申购、赎回和登记，由基金管理人负责办理。基金管理人可以委托经国务院证券监督管理机构认定的其他机构代为办理。

3. 按发行对象和发行范围来分类

按发行对象和发行范围来分类、基金的发行方式可以分为私募发行和公募发行。

（1）私募发行　私募发行是指基金发起人面向少数特定的投资者发行基金单位，由基金发起人私下与投资者接触，让投资者认购基金。基金发起人承担全部募集工作。

（2）公募发行　公募发行是指以公开的形式向不特定的社会公众投资者发行基金，发行的对象包括个人投资者和机构投资者，即合法的投资者都可以认购基金单位。基金认购由基金发起人委托证券机构承担，证券机构组成承销集团，通过报刊等媒体登载招募基金说明书，向公众介绍。我国目前主要采用公募方式募集基金。

三、基金的发行价格和交易价格

和股票相似，基金的价格可以分为发行价格和交易价格。

1. 发行价格

基金的发行价格是指基金发起人在初次发行基金凭证时所确定的每份基金单位的价格。基金单位的发行价格一般由两部分组成，即基金的面值和基金的发行费用。因此，基金的发行价格一般会比面值略高。根据市场状况一般有三种发行价格：

（1）溢价发行　溢价发行是指基金按高于基金面额的价格发行。

（2）平价发行　平价发行是指基金按每份基金单位的资产净值的票面价格发行。

（3）折价发行　折价发行是指基金按低于基金面额所代表的资产净值的价格发行。这种情况往往是一种吸引投资者的策略。

2. 交易价格

（1）基金交易价格的含义　基金发行之后即进入流通市场，人们在交易场所买卖基金的价格即交易价格。它往往与发行价格不同，主要受基金资产净值的影响而发生变化。

（2）基金资产净值　基金资产净值是证券投资基金净资产价值的简称，是指一个基金所拥有的资产（包括现金、股票、债券及其他有价证券、资产）于每个营业日收市后，根据市场收盘价格所计算出来的总资产价值，然后扣除基金每日的平均费用得到一个净资产总价值，最后再以这个总数除以基金发行在外的单位总数，即是每一基金单位的净资产值。由于基金所拥有的资产的价值随市场的波动而变动，所以基金资产净值也会跟着变化。基金的交易价格反映其价值，所以会随着资产净值的变化而变动。

小链接

未知价法

基金的申购和赎回一般都采取“未知价”原则，即申购和赎回以申请当日收市后的基金份额资产净值为基础，计算其买入的基金份额或卖出所获得的金额。而该基金份额资产净值于次日才公布。因此，投资者在当日交易时间买卖基金时，只知道上一日的基金份额资产净值，并不知道当日交易的确切价格。采用未知价法是为了避免投资者根据当日的证券市场情况决定是否买卖，而对其他基金持有人的利益造成不利影响。举例说明，如果开放式基金的买卖采用未知价法，即根据当日公布的前一日的基金份额资产净值来申购和赎回。那么，在当日证券市场价格上涨的情况下，基金份额净值会随之增加。由于是按当日已公布的前一日的净值计价，投资者只需付出较少的资金就可实现当日上涨后的净值。而当证券市场下跌时，投资者赎回就会避免当日净值下跌的损失。这样有可能引起套利的行为，对基金的长期投资者不利，同时也不利于基金的稳定操作和基金份额净值的稳定，所以我国开放式基金的买卖都采用未知价法，按次日公布的基金份额净值计算申购赎回的价格。

（3）封闭式基金交易价格决定　封闭式基金发行期满后一般都申请上市交易，因此它的交易价格和股票价格的表现形式是一样的，可以分为开盘价、收盘价、最高价、最低价、成交价等。由于基金也是上市交易，封闭式基金的交易价格除了受基金资产净值的影响外，还受很多因素的影响，如市场供求关系、宏观经济状况、证券市场状况、基金管理人水平以及政府有关基金的政策等。在这些因素的影响下，封闭式基金的交易价格有时会一定程度上偏离基金资产净值。

（4）开放式基金交易价格决定　开放式基金不上市交易，而是由基金管理人自行或委托证券公司开设柜台进行基金买卖，买卖开放式基金在专业术语中称为申购和赎回。开放式基金的交易价格并不随行就市，主要由基金的资产净值来决定。基金管理人每天根据基金的资产净值确定一个买入价和卖出价，当天基金的买卖都按这两个价格来进行，没有开盘价、收盘价、最高价、最低价等多种报价。其他经济因素的变动通过影响基金资产净值间接影响开放式基金的交易价格。因为基金的主要投资对象是股票、债券等有价证券，证券的价格会受各种经济因素的影响而波动，导致基金资产净值的变动，最后反映为基金交易价格的变化。

小链接

封闭式基金的上市条件

封闭式基金的基金份额，经基金管理人申请，国务院证券监督管理机构核准，可以在证券交易所上市交易。

国务院证券监督管理机构可以授权证券交易所依照法定条件和程序核准基金份额上市交易。基金份额上市交易，应当符合下列条件：

1）基金的募集符合相关法律规定。

2）基金合同期限为5年以上。

3）基金募集金额不低于2亿元人民币。

4）基金份额持有人不少于1 000人。

5）基金份额上市交易规则规定的其他条件。

四、投资基金的设立发行中的参与主体

在投资基金设立的过程中，存在许多不同的参与主体。依据所承担的职责与作用的不同，可以将基金市场的参与主体分为基金当事人、基金市场服务机构、监管机构和自律组织三大类。

1. 基金当事人

我国的证券投资基金依据基金合同设立，基金份额持有人、基金管理人与基金托管人是基金的当事人，简称基金当事人。

（1）基金份额持有人　基金份额持有人即基金投资者，是基金的出资人、基金资产的所有者和基金投资回报的受益人。按照《证券投资基金法》的规定，我国基金份额持有人享有以下权利：分享基金财产收益，参与分配清算后的剩余基金财产，依法转让或者申请赎回其持有的基金份额，按照规定要求召开基金份额持有人大会，对基金份额持有人大会审议事项行使表决权，查阅或者复制公开披露的基金信息资料，对基金管理人、基金托管人、基金销

售机构损害其合法权益的行为依法提出诉讼，基金合同约定其他权利。

（2）基金管理人　基金管理人是基金产品的募集者和管理者，其最主要职责是按照基金合同的约定，负责基金资产的投资运作，在有效控制风险的基础上为基金投资者争取最大的投资收益。基金管理人在基金运作中具有核心作用，基金产品的设计、基金份额的销售与注册登记、基金资产的管理等重要职能多半由基金管理人或基金管理人选定的其他服务机构负责。在我国，基金管理人只能由依法设立的基金管理公司担任。

小链接

投资决策委员会

投资决策委员会是基金管理公司投资决策的最高决策机构，是非常设的议事机构。在遵守国家有关法律法规、条例的前提下，投资决策委员会拥有对所管理基金的各项投资事务的最高决策权，负责决定公司所管理基金的投资计划、投资策略、投资原则、投资目标、资产分配及投资组合的总体计划。目前在我国，投资决策委员会由基金管理公司自行建立。

（3）基金托管人　基金托管人又称基金保管人，是根据法律法规的要求，在证券投资基金运作中承担资产保管、交易监督、信息披露、资金清算与会计核算等相应职责的当事人。基金托管人是基金持有人权益的代表，通常由有实力的商业银行或信托投资公司担任。基金托管人与基金管理人签订托管协议。在托管协议规定的范围内履行自己的职责并收取一定的报酬。

为了保证基金资产的安全，《中华人民共和国证券投资基金法》规定，基金资产必须由独立于基金管理人的基金托管人保管。

基金托管人的职责主要体现在基金资产保管、基金资金清算、会计复核以及对基金投资运作的监督等方面。在我国，基金托管人只能由依法设立并取得基金托管资格的商业银行担任。

基金托管人在基金的运作中具有非常重要的作用，具体体现在：

1）基金托管人的参与，使基金资产的所有权、使用权与保管权分离。基金托管人、基金管理人和基金持有人之间形成一种相互制约的关系，从而防止基金财产挪作他用，有效保障资产安全。

2）通过基金托管人对基金管理人的投资运作包括投资目标、投资范围、投资限制等进行监督，可以及时发现基金管理人是否按照有关法规要求运作。托管人对于基金管理人违法、违规行为，可以及时向监督管理部门报告。

3）通过托管人的会计核算和估值，可以及时掌握基金资产的状况，避免暗箱操作给基金资产带来的风险。

小知识

基金托管人的条件

基金托管人是依据基金运行中“管理与保管分开”的原则对基金管理人进行监督和对基金资产进行保管的机构。基金托管人与基金管理人签订托管协议，在托管协议规定的范围内履行自己的职责并收取一定的报酬。概括地说，基金托管人应该完全独立于基金管理机构。它应该是具有一定的经济实力、实收资本达到一定规模且行业信誉较高的金融机构。我国《证券投资基金法》规定，基金托管人由依法设立并取得基金托管资格的商业银行担任。

2. 基金市场服务机构

基金管理人、基金托管人既是基金的当事人，又是基金的主要服务机构。除基金管理人与基金托管人外，基金市场上还有许多面向基金提供各类服务的其他机构。这些机构主要包括：基金销售机构、注册登记机构、律师事务所、会计师事务所、基金投资咨询公司、基金评级机构等。

（1）基金销售机构　基金销售机构是受基金管理公司委托从事基金代理销售的机构。通常只有机构客户或资金规模较大的投资者才能直接通过基金管理公司进行基金份额的直接买卖。一般资金规模较小的普通投资者经过基金代销机构进行基金的申（认）购与赎回。在我国，只有中国证监会认定的机构才能从事基金的代理销售。目前，商业银行、证券公司、证券投资咨询机构、专业基金销售机构以及中国证监会规定的其他机构，均可以向中国证监会申请基金代销业务资格，从事基金的代销业务。

（2）注册登记机构　基金注册登记机构是指负责基金登记、存管、清算和交收业务的机构，其具体业务包括投资者基金账户管理，基金份额注册登记、清算，基金交易确认，红利发放，基金份额持有人名册的建立与保管等。目前，在我国承担基金份额注册登记工作的主要是基金管理公司自身和中国证券登记结算有限责任公司（简称“中国结算公司”）。

（3）律师事务所和会计师事务所　律师事务所和会计师事务所作为专业、独立的中介服务机构，为基金提供法律、会计服务。

（4）基金投资咨询公司与基金评级机构　基金投资咨询公司是向基金投资者提供基金投资咨询建议的中介机构；基金评级机构则是向投资者以及其他市场参与主体提供基金评价业务、基金资料与数据服务的机构。

3. 基金监管机构和自律组织

（1）基金监管机构　基金监管机构通过依法行使审批或核准权，依法办理基金备案，对基金管理人、基金托管人以及其他从事基金活动的中介机构进行监督管理，对违法违规行为进行查处。因此，其在基金的运作过程中起着重要的作用。

小链接

好人举手制度

为了推进我国基金业市场化、规范化和国际化的发展进程，2001 年 5 月 25 日证监会发布了《关于申请设立基金管理公司若干问题的通知》，明确规定基金管理公司的设立采用“好人举手”制度。

“好人举手”制度，顾名思义，即“你申明是好人，承诺遵纪守法，并接受监督”的制度。其出发点是通过制度创新推动基金管理公司建立自我约束机制，树立取信于市场、取信于社会的经营理念。

2001 年 12 月 6 日，公布获准筹建消息的银河基金管理公司是依据这一制度首家获准筹建的基金公司。

“好人举手”制度是一项通俗的说法，其实质是“自律承诺”，即各类证券投资机构在获得经营证券投资基金业务资格之前，必须置于社会各方的监督之下，自觉规范投资行为。

（2）基金自律组织　证券交易所是基金的自律管理机构之一。我国的证券交易所是依法设立的，不以营利为目的，为证券的集中和有组织的交易提供场所和设施，履行国家有关法律法规、规章、政策规定的职责，实行自律性管理的法人。一方面，封闭式基金、上市开放式基金和交易型开放式指数基金等需要通过证券交易所募集和交易，同时还必须遵守证券交易所的规则。另一方面，经中国证监会授权，证券交易所对基金的投资交易行为承担着重要的监控职责。

基金行业自律组织是由基金管理人、基金托管人或基金销售机构等行业组织成立的同业协会。同业协会在促进同业交流、提高从业人员素质、加强行业自律管理、促进行业规范发展等方面具有重要的作用。

小资料

截至 2010 年 4 月 9 日，我国深沪两市基金账户总数首度突破 3 200 万户。

本章小结

投资基金（也称证券投资基金）是由投资者出资、专业基金管理机构和人员管理的资金运作方式。投资基金一般由发起人设立，通过发行证券募集资金。基金的投资者不参与基金的管理和操作，只定期取得投资收益。基金管理人根据投资者的委托进行投资运作，收取管理费收入。

构成基金的要素有多种，因此可以依据不同的标准对基金进行分类。

投资基金的设立及发行包括基金的募集、基金的投资管理、基金资产的托管、基金份额的登记、基金的估值与会计核算、基金的市场营销、基金的信息披露以及其他基金运作活动在内的所有相关环节。

第五章　证券投资决策与分析

科学的证券投资分析是投资者投资成功的关键。证券投资要求投资者掌握投资分析的方法，它包括基本面分析和技术分析。基本面分析一般从宏观分析、行业分析与区域分析、上市公司分析三方面进行。

相对于基本面分析而言，技术分析更接近市场。通过技术分析指导证券买卖见效快，获得利益的周期短。技术分析包含很多理论，比较典型的有道氏理论、K 线理论、切线理论和形态理论等。

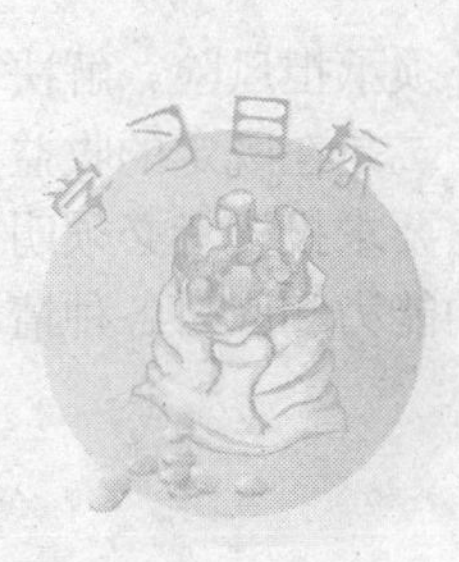

本章主要介绍有关证券投资的基本知识，通过"案例导入"，激发学生的学习兴趣，通过问题的设计教师引导学生采用探究式的教学方法完成本章的学习任务：①掌握证券投资决策的含义，理解证券投资决策的原则。②了解宏观分析的方法。③了解行业分析与区域分析的方法。④掌握对上市公司的分析方法。⑤掌握证券投资技术分析的方法。

通过《证券实务习题集》的练习，加深对证券投资决策方法的理解。学会分析世界金融危机、物价上涨等因素是如何影响证券市场的，并预测证券市场未来的发展趋势，提高专业能力。

第一节　证券投资决策

案例导入

两种投资方式的比较

皮特把自己的闲余资金分别投资在股票和债券两个市场上。星期一，他发现他持有的一只股票价格上涨到了 16 元，原因是该股票发行公司的年报显示其每股收益达到了 1 元。皮特根据市场的平均市盈率为 20 这一标准（市盈率指在一个考察期内，通常为 12 个月，股票的价格和每股收益的比例），判断该股票的价值应该在 20 元左右，因此选择了继续买进该只股票。

当天，一只剩余期限还有 5 年的固定利率债券的价格涨到了 106 元，皮特按照固定利率债券到期收益率的计算公式发现这只债券的到期收益率只有 2.7%。皮特觉得已经涨到顶了，因此选择了卖出所持有的这只债券。

评析：投资者在进行证券投资时，应掌握一些基本策略和方法，明确证券投资的目标，仔细研究和选择证券投资的品种和对象，以便降低证券投资风险，提高证券投资的收益和成功率。

◀◁ 相关知识

证券投资是指投资者（法人或自然人）购买股票、债券、基金等有价证券及其衍生品，以获取红利、利息及资本利得的投资行为和过程，是直接投资的重要形式。证券投资分析是指人们通过各种专业性分析方法，对影响证券价值或价格的各种信息进行综合分析以判断证券价值或价格及其变动的行为，是证券投资过程中不可或缺的一个重要环节。“决策”一词的意思就是为了到达一定目标，采用一定的科学方法和手段，从两个以上的方案中选择一个满意方案的分析判断过程。证券投资决策是指通过分析、比较，在若干种可供选择的证券投资方案中选定最优方案的过程。

一、证券投资决策的原则

为有效地进行投资，证券投资决策应遵循以下几条原则：

1. 收益与风险最佳组合原则

在证券投资中，收益与风险并存，是一对矛盾体。要想获得收益，就必须承担风险。解决这一矛盾有两种方法：一是在既定的风险条件下，尽可能使投资收益最优化；二是在既定的收益条件下，尽可能使风险减小到最低限度。这是投资者必须遵循的基本原则，它要求投资者必须明确自己的目标，恰当地把握自己的投资能力，不断培养自己驾驭和承受风险的能力和应付各种情况的基本素质。

2. 分散投资原则

证券投资是风险投资，它可能给投资者带来很高的收益，也可能使投资者遭受巨大的损失。为了尽量降低投资风险，投资者应将资金分散投资于各种不同的有价证券上。

温馨提示

股票投资的收益比较高，但是投资者所承担的风险也较大。风险偏好的投资者可能将较大的资金投资于股票，但是不应局限于一只股票。为了降低系统风险，投资者应选择几种股票进行投资。而风险厌恶的投资者为了降低投资风险，不会更多考虑购买股票，而是会较多地选择债券等风险较小的债券品种。

分散投资可以从两个方面着手：一是对多种证券进行投资。这样，即使其中的一种或几种证券得不到收益，而其他的证券收益好，也可以得到补偿，不至于血本无归。二是在进行多种证券投资时，应把握投资方向，将投资分为进攻性和防御性两部分进行投资。前者主要指股票，后者主要指债券。

3. 理性投资原则

投资要在审慎分析、比较的基础上进行。理性投资建立在对证券的客观认识的基础上，

经过分析比较后再进行投资。理性投资具有客观性、周密性和可控制性等特点。

证券市场由于受到各方面因素的影响而处在不断变化之中，无法准确预测行情的走势。这就要求投资者在投资时，应该冷静而慎重。不要过多地受各种传言的影响，而要对各种证券加以悉心的比较，最后决定投资的对象。

温馨提示

一些投资者当看到自己要投资的股票价格略有上涨时，就匆忙买进，结果很可能会高价购进该种股票。有时股市在一片叫好声中，往往已处于暴跌的前夜；而在股市最萧条的时候，也可能正是黎明前的黑暗，股市复苏的曙光就在眼前。因此，投资者应该随时保持冷静和理智的头脑。

4. 责任自负原则

证券投资的成败完全取于投资者自己。证券投资是伴有风险的，正是因为风险大，才有可能获得较大的收益。那种把投资成功归于自己的能力，而把投资失败归罪于他人的做法是错误的。

在进行证券投资时，可以适当借助于他人的力量，但不能完全依赖别人。投资者需要坚持独立思考、自主判断的原则。这是因为证券投资是一种自觉的、主动的行为，所有投资的盈亏都要由自己承担。所以，投资者不应轻信或完全依赖他人。

5. 剩余资金投资原则

投资必须有资金来源。资金来源主要有两种方式，一部分是自有资金，另一部分是借入资金。采取借入资金进行证券投资是不可取的，证券投资的资金必须是家庭较长时间闲置不用的剩余资金。这是因为证券投资是一种风险较大的经济活动，盈利和亏损的机会同时存在。如果把全部资金都投入证券，一旦发生亏损，就会影响到家庭收支计划，从而给正常的生活带来极大的困难。因此，妥善谨慎的做法是把全部资金合理分配，保证家庭生活的必备资金，将闲置资金用来证券投资。投资者应该在估计全部资产和个人风险承受能力的基础上，决定是否进行证券投资和如何进行证券投资。

6. 能力充实原则

每个投资者都应该不断培养证券投资能力，而投资知识和经验是提高证券投资能力的前提条件。掌握投资知识是从事投资的前提条件，没有知识的投资是盲目的投资。证券投资知识主要包括与证券有关的金融知识、法律知识、数学知识。投资者要获得证券投资知识，主要有两条渠道：一是通过向书本学习、向别人请教以获得间接经验；二是通过自己的实践以获得直接经验。投资者要不断积累经验，尤其是要准确地把握证券行情，这需要长期的经验积累。

总之，证券投资是一项非常复杂的活动。要想成为一个成功的投资者，除了掌握上述证券投资的基本特征及基本原则外，投资者还应该选择适合自己风险偏好程度的投资组合，掌握一些成功有效、随机应变的投资方法和策略。这样，才能实现投资收益最大化。

二、证券的选择

证券对投资者吸引力的大小，主要体现在该证券的收益水平、期限长短和还本的可能性大小上。投资者在进行投资时，需要考虑如下几方面的因素：发行企业的信誉、流通市场的发达程度、投资期限、证券票面利率水平、证券的偿还条件、证券的买卖时机等。

目前，我国证券市场上可以交易的证券主要有股票、债券和基金，它们有着各自的特点。充分了解其特点，不但有利于投资者快速找到自己入市的切入点，更有利于日后精确分析自己的投资分配比例，将损失降到最低。

1. 投资于债券

与股票、基金相比，债券最大的特点就是安全性。通常，它的回报率与企业绩效没有直接联系，利率较固定，收益较稳定，风险较小。因此，它是投资者刚开始投资时的最佳选择。

小知识

购买债券需注意事项

目前，我国债券根据发行人的不同可分为三类：国家债券、金融债券、公司债券。其中，由于国家债券和金融债券的发行机构分别是国家财政部和金融机构，有其信用作担保，购买时一般没有风险。而投资公司债券时，投资者需谨慎。虽然公司债券的发行要经过严格的审核，但也不乏某些公司在经济状况不佳、发展前景不明了的情况下发行债券。这样就会给投资者带来经济上的损失的隐患。为了避免损失，投资者除了多方了解公司经济状况及前景外，还可以参考信用评估机构的信用评级。一般公司债券上市前都要经过此过程（债券评级标准见第三章），投资者在对信用等级差的债券进行投资时一定要谨慎。

2. 投资于基金

“共同基金”是指受托人接受一些委托人的委托，将他们的资金汇集成基金，然后由专业人员将基金运用于投资购买股票、债券以及其他选定的证券。这样做的目的是减少风险、增加收益。因为共同基金的受委托方一般拥有较多的专业资产管理者。他们拥有多年的投资经验，并且可以挑选合适的证券去投资，通过较合理的证券组合来获取较高的平均利润。

但共同基金中也有冒险投资基金与谨慎投资基金之分，投资人在决定某种基金是否适合自己投资前，必须估计自己的风险承受能力。

3. 投资于股票

相对于债券、基金等投资手段来说，股票具有较大的风险。如果公司经营不善，那么股东不会像债券持有人那样获得固定利息。而且投资者一般都是普通老百姓，不像基金的管理者具备专业的素质和营利能力。当然，股票作为一种有效的投资手段具有较高的回报率。

4. 投资组合

（1）投资组合的含义　投资组合（Portfolio）是指由投资人或金融机构所持有的股票、债券、衍生金融产品等组成的集合。投资组合的目的在于分散风险。

温馨提示

投资组合有两个层次：第一层次是在股票、债券和现金等各类资产之间的组合，即如何在不同的资产当中进行比例分配。第二个层次是债券的组合与股票的组合，即在同一个资产等级中选择哪几个品种的债券和哪几个品种的股票以及各自的权重是多少。

投资者把资金按一定比例分别投资于不同种类的有价证券或同一种类有价证券的多个品种上，这种分散的投资方式就是投资组合。

（2）选择投资组合的原则

1）要有自己的投资理念。

2）明确目标持续性投资。

3）投资一定要有核心组合。

4）不要将同类型证券做组合。

5）投资的期望值不要过高。

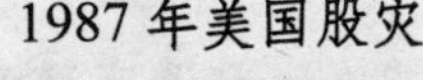

第二节　宏观分析

案例导入

1987 年美国股灾

1987 年 10 月 19 日，星期一，美国华尔街上的纽约股票市场股票暴跌，爆发了历史上最大的一次崩盘事件。道琼斯指数一天之内重挫了 508.32 点，跌幅达 22.6%，创下自 1941 年以来单日跌幅最高纪录。6.5 小时之内，纽约股指损失 5 000 亿美元，其价值相当于美国全年国民生产总值的 1/8。

“87 股灾”爆发的根本原因主要有以下几点：

其一，巨额财政赤字和贸易赤字。1986 年美国财政赤字高达 2 210 亿美元，贸易赤字高达 1 562 亿美元，均创赤字最高纪录。需要吸收外来资金以弥补国内资金的不足。为了吸引外资，必须保持较高的利率水平，这对股票市场价格有直接的影响。

其二，美国和其他西方国家的经济进入 20 世纪 80 年代以后一直处于低速增长时期，生产型投资需求不足，剩余资本大量涌入证券市场，导致金融投资猖獗，债务空前膨胀，形成难以持久的虚假繁荣的局面。此次的股市暴跌就是“泡沫经济”的反映。

◀◁ 相关知识

通过证券的宏观分析，把握证券市场的总体变动趋势，进而判断整个证券市场的投资价值，掌握宏观政策对证券市场的影响力度与方向。宏观分析一般包括国内生产总值影响分析、经济周期分析和其他经济因素分析。

一、国内生产总值影响分析

国内生产总值（GDP）是指一个国家（或地区）所有常住居民在一定时期内（一般按年统计）生产活动的最终成果。

小知识

GDP 是衡量经济状况的最佳指标

GDP（Gross Domestic Product）是按市场价格计算的国内生产总值。它是一个国家（或地区）所有常住单位在一定时期内生产活动的最终成果。国内生产总值有三种表现形态，即价值形态、收入形态和产品形态。

国内生产总值常被公认为衡量国家经济状况的最佳指标。它不但可以反映一个国家的经济表现，还可以反映一国的国力与财富。一国的 GDP 大幅增长，反映出该国经济蓬勃发展，国民收入增加，消费能力也随之增强。

上市公司行业结构与该国产业结构呈基本一致的情况下，股票平均价格变动与 GDP 变化趋势相吻合。

“绿色 GDP”的提出，是为了校正传统 GDP 的缺陷，在关注经济增长的同时，也关注环境的保护。我国政府正在制定标准，用绿色 GDP 来考核官员。

GDP 变动与证券市场波动的关系体现在以下几个方面：

1. 持续、稳定的 GDP 增长——证券市场呈上升走势

在经济持续、稳定发展的情况下，社会总需求与总供给协调增长，经济结构趋于平衡。经济增长来源于需求刺激并使得闲置的或利用率不高的资源得以更充分的利用，从而资源得到高效的配置。此时，证券市场基于上述原因呈现上升走势，主要体现在以下三个方面：

1）上市公司的利润稳步提高，效益增加。

2）投资者对经济形势具有良好的预期，投资资金供给增加。

3）国民收入的增加，使得投资者的资金增加，刺激证券投资的需求。

2. 高通胀下的 GDP 增长——失衡的经济增长将导致证券市场行情下跌

当经济处于严重失衡下的高速增长时，总需求大大超过总供给，这将会出现高的通货膨胀率。这是经济形势恶化的征兆，如不采取调控措施，必将导致未来的“滞胀”（通货膨胀与经济增长停滞并存）。这时经济中的矛盾会突出地表现出来，企业的经营环境恶化，居民的实际收入降低，如此失衡的经济增长将导致证券市场的下跌。

3. 宏观调控下的 GDP 减速增长——证券市场呈平稳渐升的态势

当国内生产总值呈失衡的高速增长时，政府可能采用宏观调控措施以维持经济的稳定增长，这样必然减缓 GDP 的增长速度。如果调控目标得以顺利实现，而 GDP 仍以适当的速度增长，说明宏观调控措施十分有效，经济中的供求矛盾逐步得以缓解。这为 GDP 进一步增长创造了有利条件，这时证券市场也将反映这种好的形势而呈现平稳渐升的态势。

4．转折性的 GDP 变动对证券市场的影响——因不同情况而有区别

当 GDP 负增长速度逐渐减缓并呈现向正增长转变的趋势时，表明恶化的经济环境逐步得到改善，证券市场走势也将由下跌转为上升。当 GDP 由低速增长转向高速增长时，经济结构得到调整，经济的"瓶颈"制约得以改善，新一轮经济高速增长已经来临，证券市场也将伴之以快速上涨之势。在 1990 年至 2003 年间，我国证券市场指数趋势与 GDP 走势基本一致，总体呈上涨趋势。

小知识

一般来说，股票价格的波动是与国民生产总值（GNP）的变化相一致的。这是因为：国民生产总值增长，表明一个国家的经济状况较好，大多数公司的经营状况较好，公司盈利状况较好，则股票价格自然会上升。反之，股票价格就回下降。因此，要重视对国民生产总值这一指标的分析。

二、经济周期分析

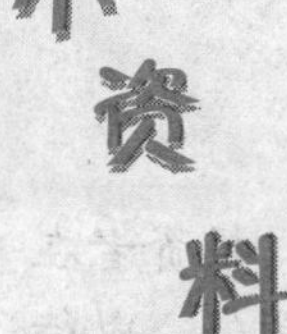

温馨提示

经济总是处在周期性运动中，股票价格伴随着经济周期变化而相应波动。但股票价格的波动超前于经济运动，股票价格波动是永恒的。证券市场综合了人们对于经济形势的预期，这种预期又必然反映到投资者的投资行为中，从而影响证券市场的价格。

经济周期是国民经济的周期性波动，以大多数经济部门的扩展或收缩为标志，分为繁荣、衰退、萧条与复苏四个阶段。其中，繁荣与萧条是两个主要阶段，衰退与复苏是两个过渡阶段。国民经济运行的驱动因素不同，每轮经济周期的内涵不同，持续的时间通常会在 2～10 年不等。在不同时期，推动经济增长的触发点不完全相同，因而经济周期对证券投资的影响也会千差万别。

小资料

以我国股票市场为例：在 1996～1998 年的上涨行情中，消费服务类中的家电行业辉煌一时，四川长虹股价上涨达到 20 倍。在 1999～2001 年的 2 年牛市中，主流热点板块是科技类股票，清华同方等主流板块的股票涨幅同样巨大。而 2006 年年初以来的主流板块则是资源、消费、金融、地产等行业，至今仍然是市场关注的焦点。

经济周期是一个连续不断的过程，表现为扩张和收缩的交替出现，对证券市场走势的影响可以从经济周期四个阶段的运行轨迹来分析。

1．萧条阶段：经济活动低于正常水平的阶段

此时，信用收缩，生产下降，效益滑坡，收入相应减少，经济低迷。在证券市场中，利空消息较多，成交量萎缩，呈现出熊市景象。当经济萧条一段时间后，人们压抑的需求开始显露，企业开始积极筹划未来时，政府为了刺激经济增长，会出台一些相应的有利于经济增长的政策。

由于存在对经济复苏的预期，一些有远见的投资者开始购买股票，股票价格缓缓回升。

2. 复苏阶段：该阶段是萧条与繁荣的过渡阶段

本阶段，经济已开始回升，公司的盈利水平提高，居民的收入增加，加上投资者的良好预期，流入股市的资金开始增多，从而推动股票价格上扬。股市的获利效应使投资者对股市的信心增强，于是更多的居民投资股市，形成股票价格上扬的良性循环。

3. 繁荣阶段：股指屡创新高，牛市与熊市的转折点

这一阶段，信用扩张，就业充分，经济蓬勃发展。在股市中，投资者信心十足，成交量剧增，股价指数屡创新高。当经济繁荣达到过热阶段时，政府为调控经济会提高利率，实行紧缩银根的政策，公司业绩会因成本上升收益减少而下降，股票价格上升动力衰减。此时股票价格所形成的峰位往往成为牛市与熊市的转折点。

4. 衰退阶段：股市进入熊市阶段

该阶段，国民生产总值开始下降，股票价格由繁荣末期的缓慢下跌变成急速下跌。由于股市的总体收益率降低甚至低于利率，投资者下调对经济的预期，纷纷撤出资金离开股市，股市将再次陷入漫长的熊市阶段。

温馨提示

经济周期影响股票价格变动，但两者的变动周期不是完全同步的。通常的情况是，不管在经济周期处于哪一阶段，股票价格变动总是比实际的经济周期变动要提早一步。在经济衰退以前，股票价格已开始下跌。在经济复苏之前，股票价格已经回升。经济周期未步入高峰阶段时，股票价格已经达到或接近最高值。经济仍处于衰退期间，股市已开始从谷底回升。这是因为股市股票价格的涨落受到投资者对经济走势变动的预期和投资者的心理反应等因素的影响。

小知识

利用经济周期进行股票投资的策略

根据经济循环周期来进行股票投资的策略是：衰退期的投资策略以保本为主，投资者在此阶段多采取持有现金（储蓄存款）和短期存款证券等形式，避免衰退期的投资损失，以待经济复苏时再适时进入股市。而在经济繁荣期，大部分公司经营状况改善、盈利增加，即使是不懂股市分析而盲目跟进的散户也能从股票投资中赚钱。

当然也有例外现象发生：经济萧条时，资金不是从股市撤出，而是流进股市，尤其在此期间，政府扩大财政支付，公司因设备过剩，不会进行新的投资，因而拥有大量的闲置货币资本。这些闲置资本流入股市导致股票交易量增加和价格上升。但此时的价格上升并非建立在上市公司业绩提高的基础上，股票交易带有一定的投机性。

投资股票除了要洞悉整个市场趋势外，还要了解不同种类的股票在不同市场中的表现。有

的股票在上涨趋势初期有优异的表现，如能源、机械、电子设备等类的股票；有的股票却能在下跌趋势的末期发挥较强的抗跌能力，如公用事业股、消费弹性较小的日用消费品部门的股票。总之，投资者还应该考虑各类股票本身的特性，以便在不同的市场行情下作出合理选择。

三、其他经济因素分析

经济增长和经济周期变动对证券市场影响深远，前文已经对此作出阐述。以下分析其他经济因素对证券市场的影响。

1. 就业状况对证券市场的影响

个人投资者是证券市场资金供给的基础，宏观就业状况影响个人收入，进而影响证券市场资金供给，资金供给的充裕会使得证券市场繁荣和股票价格上涨。

经济稳定增长导致失业率下降，社会趋向于充分就业，那么国民收入有所提高，国民对未来经济充满信心，社会游资增加，引起证券价格的上涨。

经济衰退引起全社会的普遍失业率提高，国民收入降低，国民对经济预期下降，引起证券价格下跌。这里所说的失业是指周期性失业。经济处于衰退或萧条时，总需求下降引起社会生产规模减小，进而导致周期性失业，国民收入下降，投资证券需求减少，证券市场萧条。然而，并非所有类型的失业都会造成证券市场的大幅波动。例如，自愿性失业和非自愿性失业中的摩擦失业、结构性失业、技术性失业对证券市场的影响程度较轻。

小链接

按照失业产生的原因，失业可以分为：自愿性失业、非自愿性失业、隐蔽性失业。非自愿性失业又可以分为以下几种类型。

1）周期性失业是指由于经济周期性衰退或萎缩而形成的失业。

2）摩擦性失业是指由于求职的劳动者与需要提供的岗位之间存在着时间滞差而形成的失业。这是竞争性劳动力市场的一种自然特征，也是一种正常的现象。

3）技术性失业是指由于使用新机器设备和材料、新的生产工艺和新的生产管理方式，导致社会局部生产率提高节省劳动力而形成的失业。

4）结构性失业是指由于产业结构变化以及生产规模的变化，使劳动力结构不能适应新变化而产生的失业。

2. 物价水平对证券市场的影响

物价水平的变动必然会引起股票价格的波动。价格总水平持续普遍的上涨表现为通货膨胀，价格总水平持续普遍的下跌表现为通货紧缩。

（1）温和、稳定的通货膨胀　温和、稳定的通货膨胀一般对经济的推动作用大于其产生的危害。证券市场也会随之而繁荣。在适度的通货膨胀状态下，证券市场比其他金融市场能够更好地规避通货膨胀风险。

（2）恶性通货膨胀　恶性通货膨胀对经济产生很大危害，居民收入降低，企业利润下降，也导致证券价格下跌。

（3）通货紧缩　短暂的、温和的通货紧缩，在没有影响社会总供求的状况下，表现为货币购买力单方面的提高。公众收入相对提高会促进证券市场的交易，但经过一段时期后，企业利润的下降和失业率的提高，又会引起证券价格的下跌。严重的通货紧缩会引起证券市场的萧条和证券价格的下跌。

3. 国际收支对证券市场的影响

国际收支反映一国在一定时期所有的对外经济交往。长期的国际收支顺差和逆差都不利于一个国家经济的发展。外汇储备的盲目增多是资源的浪费。在经济健康稳定发展下的均衡的国际收支状况，会使得股票市场呈现平稳的上升态势。

第三节 行业分析与区域分析

案例导入	股神巴菲特开始青睐科技行业
	2011 年 11 月 14 日，股神巴菲特在公开媒体上表示，他所执掌的伯克希尔·哈撒韦公司最近累计购买了 107 亿美元的 IBM 公司股票，持有 IBM 公司 5.5%的股份，成为该公司第二大股东。 从投资的行业配置来看，巴菲特三季度继续重仓金融和消费品行业，两个行业就占组合的 66%。买入 IBM 公司股票后科技行业占 17%，其他行业占 17%。 巴菲特一向远离科技股，他曾说过他看不懂科技股，他的投资偏好和风格是价值投资，专买那些非周期性的百姓日常生活离不开的公司的股票。例如，可口可乐、吉利剃须刀、耐克球鞋、银行股等。巴菲特斥巨资投资科技股 IBM 是他投资战略的一大转变。那么，他为什么要投资科技股呢？ 没有不变的市场，没有不变的投资策略。巴菲特与时俱进地瞄准新兴科技产业的巨大发展空间。历史表明，科技的进步往往是推动经济走出危机的强大动力。例如，1998 年金融危机以后 IT 产业的发展带动了美国经济的繁荣，1998 年 10 月到 2000 年 3 月美国的科技创业板纳斯达克指数从 1 500 点上升到 5 000 点，不到一年半的时间涨了 3 倍多，但是巴菲特却错过了那次机会。 选择股票时越仔细越认真地分析了解上市公司及其行业，犯错误的可能性就越小，选择到好公司、好股票的可能性就越大。

◀◁ 相关知识

投资者在分析宏观因素后，还要对不同的行业进行分析和判断，不能将资金投资到那些快要没落和淘汰的“夕阳”行业，而应该把资金投向处于高速发展或即将成长的行业之中。行业分析旨在界定行业本身所处的发展阶段及其在国民经济中的地位，同时对不同的行业进行横向比较，为最终确定投资对象提供准确的行业背景。

一、行业分析

行业一般是指按生产同类产品、具有相同工艺过程或提供同类劳动服务划分的经济活动类别，如饮食行业、服装行业、机械行业等。

行业分析是指根据经济学原理，综合应用统计学、计量经济学等分析工具对行业经济的运行状况、产品生产、销售、消费、技术、行业竞争力、市场竞争格局、行业政策等行业要素进行深入的分析，从而发现行业运行的内在经济规律，进而预测未来行业发展的趋势。

温馨提示

行业分析是上市公司分析的前提，是连接宏观经济分析和上市公司分析的桥梁。分析的目的是挖掘最具投资潜力的行业，进而选出最具投资价值的上市公司。

（一）行业分析的主要内容

行业分析的主要内容如图 5-1 所示。

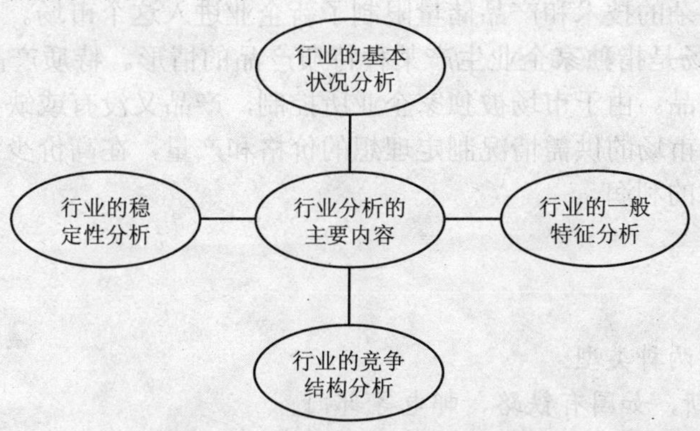

图 5-1　行业分析的主要内容

1．行业的基本状况分析

行业的基本状况分析包括：各行业概述、行业发展的历史回顾、行业发展的现状与格局分析、行业发展趋势分析、行业的市场容量、销售增长率现状及趋势预测、行业的毛利率、净资产收益率现状及发展趋势预测等。

2．行业的一般特征分析

行业的一般特征分析通常从行业的市场类型、行业的经济周期、行业的生命周期三方面进行。

（1）行业的市场类型　根据行业中企业数量、价格的制定和产品差别等因素，基本上可以将行业划分为完全竞争、垄断竞争、寡头垄断和完全垄断四种类型。

1）完全竞争市场是指许多企业生产同质产品的市场情形。

小知识

完全竞争市场主要特征

在完全竞争市场上，生产者众多，各种生产资料可以完全流动。产品不论是有形或无形的，都是同质的、无差别的。没有一个企业能够影响产品的价格，企业永远是价格的接受者而不是价格的制定者。企业的盈利基本上由市场对产品的需求来决定。生产者和消费者对市场情况非常了解，并可自由进入或退出这个市场。

完全竞争是一个理论性上的假设，其根本特点在于企业的产品无差异，所有的企业都无法控制产品的市场价格。在现实经济中，完全竞争市场是少见的，初级产品的市场类型较相似于完全竞争。

2）垄断竞争市场是指许多生产者生产同种但不同质产品的市场情形。其特点是：生产者众多，各种生产资料可以流动。生产的产品同种但不同质，即产品之间存在差异性。产品的差异性是指各种产品之间存在着实际或想象上的差异，它是垄断竞争与完全竞争的主要区别。由于产品存在差异性，生产者可以树立自己产品的信誉，从而对其产品的价格有一定的控制能力。

3）寡头垄断市场是指相对少量的生产者在某种产品的生产中占据很大市场份额的情形。在这个市场上，通常存在着一个或少数几个起领导作用的企业，其他企业随这些企业定价与经营方式的变化而相应地进行调整。资本密集型、技术密集型产品市场，如钢铁、汽车等市场，以及少数储量集中的矿产品的市场，如石油市场，属于这种类型。因为生产这些产品所必需的巨额资金、复杂的技术和产品储量限制了新企业进入这个市场。

4）完全垄断市场是指独家企业生产某种特质产品的情形。特质产品是指那些没有或缺少相近的替代品的产品。由于市场被独家企业所控制，产品又没有或缺少合适的替代品，因此，垄断者能够根据市场的供需情况制定理想的价格和产量，在高价少销和低价多销之间进行选择，以获取最大的利润。

小知识

完全垄断可分为两种类型：

1）政府完全垄断，如国有铁路、邮电等部门。

2）私人完全垄断，如根据政府授予的特许专营或根据专利生产的独家经营，以及由于资本雄厚、技术先进而建立的排他性的私人垄断经营。

各种类型市场的主要特征比较见表 5-1。

表 5-1　各种类型市场的主要特征比较表

特　征	完全竞争	垄断竞争	寡头竞争	完全垄断
厂商数量	很多	较多	很少	一个
产品差异情况	同质 无差异	同种产品在质量、包装、牌号或销售条件方面的差异	同质或略有差异	独特产品
价格控制能力	没有	较小	较小	相当大
生产要素的流动	自由流动	流动性较大	较小	没有
典型行业	初级产品市场	轻工业产品、制成品的市场	技术密集型、资本密集型产品（钢铁、汽车等）以及少量储备集中的矿产品，如石油等市场	国有铁路、邮电、公用事业（发电厂、煤气公司、自来水公司等）和某些资本、技术高度密集型或稀有金属矿产开采等行业

（2）行业的经济周期　根据行业自身发展与国民经济总体周期变动之间关联的密切程

度，行业可被分为增长型行业、周期型行业和防守型行业三类。

1）增长型行业：增长型行业的运动状态与经济活动总水平的周期及其振幅无关，这些行业主要依靠技术的进步、新产品的推出及更优质的服务实现增长。

2）周期型行业：周期型行业的运动状态直接与经济周期相关。当经济处于上升时期，这些产业会随其扩张；当经济衰退时，这些产业也相应跌落。

3）防守型行业：防守型行业的产品需求相对稳定，不受经济周期的影响。正是因为这个原因，对其投资便属于收入投资，而非资本利得投资。

按经济周期分类行业的特点比较见表 5-2。

表 5-2　按经济周期分类行业的特点比较

比较项目	与经济周期关系	产生原因	典型行业
增长型行业	与周期无关	依靠技术进步、新产品推出、更优质的服务	计算机、复印机
周期型行业	直接与周期相关	需求收入弹性较高	消费品、耐用品制造
防守型行业	不受经济周期处于衰退阶段的影响	产品需求相对稳定	食品业、公用事业

（3）行业的生命周期　每个行业都有自身的生命周期，一个典型的生命周期包含四个发展阶段：初创期、成长期、成熟期、衰退期。在行业发展初期，增长率很快，到了扩张期则增长速度放慢，在成熟期则出现停滞和衰退的现象。行业生命周期模型如图 5-2 所示。

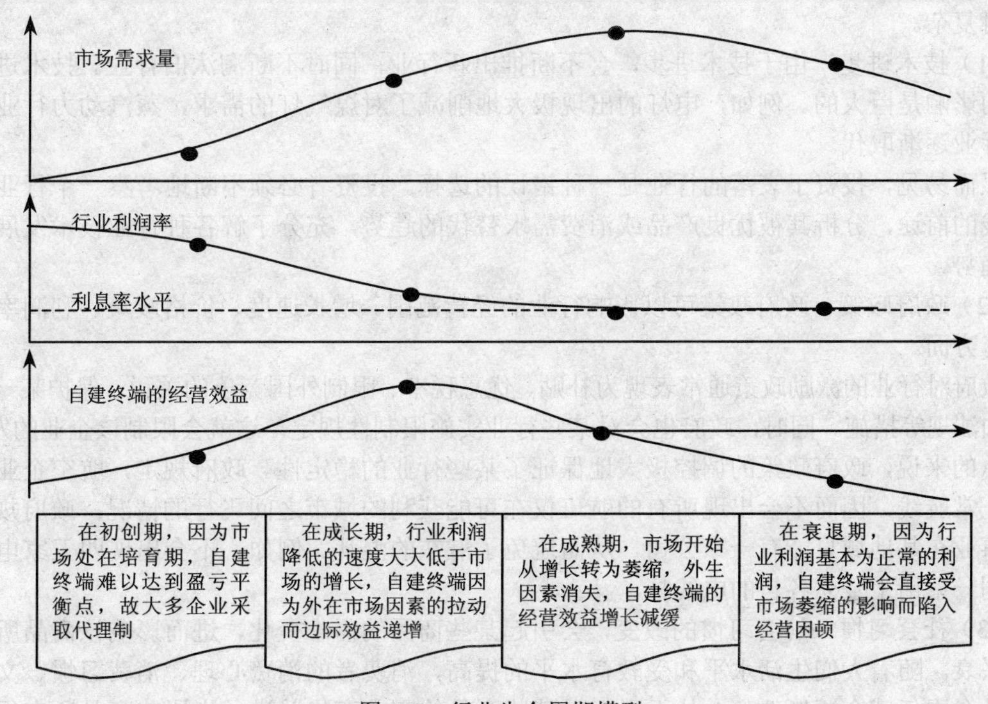

图 5-2　行业生命周期模型

行业各个生命周期特征见表 5-3。

表 5-3 行业各个生命周期特征

因素＼时期	初创（导入）期	成长（扩张）期	成熟（稳定）期	衰退期
公司数量	少	增加	减少	少
利润	逐步提高	增加	下降	亏损
风险	高	高	降低	低
股票价格	变动大	不断上升	开始下降	较低
代表行业	遗传（生物）工程	计算机行业	航空、服务业	铁路、钢铁

温馨提示

投资者应选择处于成长期和稳定期的行业，这些行业有较大的发展潜力，基础逐渐稳定，盈利逐年增加，股息红利相应提高，有望得到丰厚而稳定的收益。投资者一般应避免投资初创期的行业，因为这些行业的发展前景尚难预料，投资风险较大。同样，也不应选择处于衰退期的行业。

3. 行业的稳定性分析

上述行业生命周期四个阶段的说明只是一个总体状况的描述，这并不适用于所有行业的情况。行业的实际生命周期由于受技术进步、政府政策以及社会习惯等许多因素的影响而变得相对复杂。

（1）技术进步　由于技术进步，会不断推出新行业，同时不断淘汰旧行业。技术进步对行业的影响是巨大的。例如，电灯的出现极大地削减了对煤气灯的需求，蒸汽动力行业则被电力行业逐渐取代。

显而易见，投资于衰落的行业是一种错误的选择。投资者必须不断地考察一个行业产品生产线的前途，分析其被优良产品或消费需求替代的趋势，充分了解各种行业技术发展的状况和趋势。

（2）政府政策　政府政策可以影响行业的经营范围、增长速度、价格政策、利润率及其他许多方面。

政府对行业的激励政策通常表现为补贴、优惠税率、限制外国竞争的关税、保护某一行业的附加法规等措施。同时，政府也会对某些行业实施限制性规定，这就会限制该企业的发展。

总的来说，政府政策的调控极大地保证了某些行业的稳定性。政府规定，航空企业有各自的正常航线，因而不会出现所有的航班仅在可能获利的城市之间飞行的情况；政府规定，公用事业在某地域只能有一家公司，从而避免了潜在的混乱。例如，不会出现四五家电力公司在同一条街上竖立各自的电线杆。

（3）社会习惯　社会习惯的改变，会引起某些商品的需求变化，进而影响该商品所在行业的兴衰。随着人们生活水平和受教育水平的提高，消费者的消费心理、消费习惯、文明程度和社会责任感会逐渐改变，从而引起对某些商品的需求变化并进一步影响商品所在行业的兴衰。一些不再适应社会需要的行业会逐渐衰退，而新兴行业会产生萌芽。

（4）产业组织创新　产业组织创新是推动产业形成和持续发展的重要力量。产业组织的

创新过程中，强调产品的价格必须在市场中形成，实行集中与规模、产业化经营以及强调创品牌的竞争策略等。

产业组织的创新需要先进的科学技术的应用。因为，实行产业化对产品的品种、品质等都有严格的标准和要求，这就需要品种优良化、管理科学化、生产标准化，所以原先的那种简单的生产技术和劳动技能无法满足新的需要。先进的科学技术促进了产业组织创新，而产业组织创新为延长行业生命周期提供了有效的方法。行业虽然可以依靠产业组织创新来延长行业生命周期，但不能违背行业在市场上的兴衰活动规律。

4. 行业的竞争结构分析

行业的竞争结构是指行业内企业的数量、规模和市场份额的分布。

（1）行业竞争结构分析模型　20 世纪 80 年代，哈佛大学教授迈克尔 · 波特（Michael E. porter）提出了一种结构化的环境分析方法，也称为“五因素模型”，它是最主要的行业竞争能力分析方法。竞争结构分析模型如图 5-3 所示。

根据迈克尔 · 波特的观点，在一个行业中存在着五种基本的竞争力量，即潜在的加入者、替代品、购买者、供应商以及行业中现有竞争者间的抗衡。

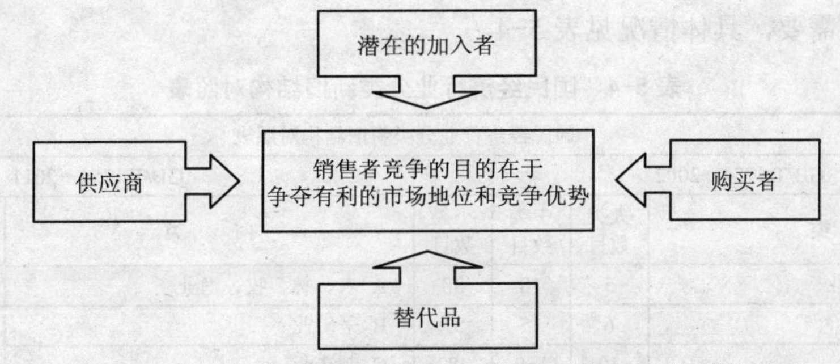

图 5-3　竞争结构分析模型

波特认为，潜在进入者的威胁、替代品的威胁、购买者讨价还价的能力、供应商讨价还价的能力以及现有竞争者之间竞争的状况及其综合强度决定着行业的竞争激烈程度及资本向本行业的流入程度，从而决定着行业保持高收益的能力和获利的最终潜力。

行业的竞争结构分析的目的是识别行业的各细分市场的变化情况，以揭示出在变化中所蕴含的机会与威胁。分析内容主要包括：各产品的容量及结构变化、各地区的容量及结构变化、各消费群的容量及结构变化。

（2）行业吸引力　行业吸引力是企业进行行业比较、选择的价值标准，所以也称为行业价值。行业吸引力取决于行业的发展潜力等因素，也取决于行业的平均盈利水平，同时还取决于行业的竞争结构。

行业吸引分析是在行业特征分析和主要机会、威胁分析的基础上，找出关键性的行业影响因素。行业吸引力取决于外部环境因素，影响因素包括：市场规模、市场增长率、利润率、市场竞争强度、技术要求、周期性、规模经济、资金需求、环境影响、社会政治与法律因素等。从中选择出几个关键的因素，然后根据每个关键因素相对重要程度定出各自的权数，再对每个因素按其对企业某项业务的经营的有利程度逐个评级，其中：非常有利为 5，有利为 4，无利害为 3，不利为 2，非常不利为 1。最后用加权平均计算得出行业吸引力值。

（二）行业的分类方法

行业的分类方法主要有以下几种：

1. 道琼斯分类法

道琼斯分类法通常将大多数股票分为三类，即工业、运输业和公用事业，然后选取有代表性的股票。此分类法是证券指数统计中最常用的分类法之一。

2. 标准行业分类法

标准行业分类法把国民经济划分为以下 10 个门类：农业、畜牧狩猎业、林业和渔业；采矿业及土石采掘业；制造业；电、煤气和水；建筑业；批发和零售业、饮食和旅馆业；运输、仓储和邮电通信业；金融、保险、房地产和工商服务业；政府、社会和个人服务业；其他。

3. 我国国民经济行业分类

《国民经济行业分类》（GB/T 4754—2011）于 2011 年 11 月 1 日实施。新版标准主要有以下几个特点：一是重点突出对服务业的分类。二是对农、林、牧、渔服务业有较大调整。三是划分更准确，归类更科学。新版标准在衔接紧密、接轨国际的基础上，更能适应我国的国情与行业分类需要，具体情况见表 5-4。

表 5-4 国民经济行业分类新旧结构对照表

国民经济行业分类新旧结构对照表							
GB/T 4754—2002				GB/T 4754—2011			
门　类	大类数目	中类数目	小类数目	门　类	大类数目	中类数目	小类数目
A 农、林、牧、渔业	5	18	38	A 农、林、牧、渔业	5	23	60
B 采矿业	6	15	33	B 采矿业	7	19	37
C 制造业	30	169	482	C 制造业	31	175	532
D 电力、燃气及水的生产和供应业	3	7	10	D 电力、热力、燃气及水生产和供应业	3	7	12
E 建筑业	4	7	11	E 建筑业	4	14	21
F 交通运输、仓储和邮政业	9	24	37	F 批发和零售业	2	18	113
G 信息传输、计算机服务和软件业	3	10	14	G 交通运输、仓储和邮政业	8	20	40
H 批发和零售业	2	18	93	H 住宿和餐饮业	2	7	12
I 住宿和餐饮业	2	7	7	I 信息传输、软件和信息技术服务业	3	12	17
J 金融业	4	16	16	J 金融业	4	21	29
K 房地产业	1	4	4	K 房地产业	1	5	5
L 租赁和商务服务业	2	11	27	L 租赁和商务服务业	2	11	39
M 科学研究、技术服务和地质勘查业	4	19	23	M 科学研究和技术服务业	3	17	31
N 水利、环境和公共设施管理业	3	8	18	N 水利、环境和公共设施管理业	3	12	21
O 居民服务和其他服务业	2	12	16	O 居民服务、修理和其他服务业	3	15	23
P 教育	1	5	13	P 教育	1	6	17
Q 卫生、社会保障和社会福利业	3	11	17	Q 卫生和社会工作	2	10	23
R 文化、体育和娱乐业	5	22	29	R 文化、体育和娱乐业	5	25	36
S 公共管理和社会组织	5	12	24	S 公共管理、社会保障和社会组织	6	14	25
T 国际组织	1	1	1	T 国际组织	1	1	1
（合计）20	95	396	913	（合计）20	96	432	1 094

4. 我国上市公司行业分类

我国上市公司行业分类的标准是按照摩根斯坦利和标准普尔公司联合发布的全球行业分类标准（GICS），参照证监会《上市公司行业分类指引》对相关行业进行分类。上市公司行业划分根据上市公司年报每年调整一次。

依据我国上市公司行业分类指引办法，将上市公司共分成13个较大的门类：A、农、林、牧、渔业；B、采掘业；C、制造业；D、电力、煤气及水的生产和供应业；E、建筑业；F、交通运输、仓储业；G、信息技术业；H、批发和零售贸易；I、金融、保险业；J、房地产业；K、社会服务业；L、传播与文化产业；M、综合类。

5. 沪市上市公司行业分类

（1）上证指数分类法　上海证券市场为编制新的沪市成分指数，将全部上市公司分为五类，即工业、商业、地产业、公用事业和综合类，并分别计算和公布各分类股价指数。

（2）深证指数分类法　深圳证券市场将在深圳证券交易所上市的全部公司分成六类，即工业、商业、金融业、地产业、公用事业和综合类，同时计算和公布各分类股价指数。

需要注意的是，我国的两个证券交易所为编制股价指数而对产业进行的分类是不完全的，这与我国证券市场发展状况有关。我国上市公司数量少，不能涵盖所有行业，例如，农业方面的上市公司就较为少见，没有单独列示。但为了编制股价指数，从目前的情况来看，这些分类是适当的。

小知识

行业投资的选择

选择的目标：投资者应当选择增长型行业以及处于成长期或成熟期的行业进行投资。

选择的方法：行业增长比较分析，确定该行业是否属于周期型行业；比较该行业的年增长率与国民生产总值、国内生产总值的年增长率；计算各观察年份该行业销售额在国民生产总值中所占的比重；进行行业未来增长率预测。

二、区域分析

区域分析主要分析区域经济因素对证券价格的影响。由于经济区域发展的不平衡，处于不同区域的产业发展速度和基本特点都会有所不同。投资者在选择上市公司进行证券投资时有必要考虑到这一因素对于投资收益的影响。

温馨提示

我国东、中、西部的经济发展极不平衡，有历史的原因，也有地理的、经济的原因。因此，在我国分析区域经济的影响具有重要意义。

1. 经济区域格局特点

纵观证券市场的发展历程，在区域性方面呈现两个主要特点：一是在利用资本市场发展区域经济方面，各地的做法不同，力度也不一样；二是各区域上市公司的数目存在着较大差异，上市公司业绩的平均水平也参差不齐。

小链接

我国国内资金的流向一直存在从北向南和从西向东的趋势。国内的大部分资金都集中在以上海为中心的东部地区和以深圳为中心的南部地区。国际资本的流向也不例外，上千亿美元的国际资本大多集中在上海和广东地区。资本流向对证券市场有着十分重要的影响。

2. 区域板块的含义

股票板块是指一些股票组成的群体，这些股票因为有某一共同特征而被人为地归类在一起。而这一特征往往被股市庄家用来进行炒作。这些特征有的是地理上的，如“江苏板块”、“浦东板块”；有的是业绩上的，如“绩优板块”；有的是上市公司经营行为方面的，如“购并板块”；还有的是行业分类方面的，如“钢铁板块”、“科技板块”、“金融板块”、“房地产板块”等。

按地理特征划分股票板块称为区域板块。

小链接

板块的炒作效应

有很多板块是作为题材炒作而推向市场的。1995年年末，股市推出了所谓的“权证与转配概念股板块”。当时有关报刊连篇累牍地发表文章分析和宣传各个所谓权证与转配概念股。在这些文章的背后，深市炒手大炒权证，市场上一批盲目跟风者也热闹地追捧。结果是等到除权和权证上市，股价一路跌将下来，跟风者只好自认倒霉。

3. 地区板块分析

按上市公司的地理位置进行划分的地区板块分析，确实具有一定价值。以上海证券市场为例。把沪市所有上市公司按省市分类就得到了各省市的股票板块，取几个比较重要的板块来分析其市场风险和业绩，并进行比较，对投资决策有一定的参考意义。地区板块以上市公司所处的不同区域进行区分，并将处于同一区域的上市公司进行归总。例如，深圳本地股板块、上海浦东板块、山东板块、西部概念板块等。区域板块的形成的原因是各地区经济发展状况不一样、政府部门对上市公司的态度及具体政策有差别以及有时市场主力刻意营造等。因此，在一定时期某一地区上市公司的走势会显示出很强的联动性。

第四节　对上市公司的分析

案例导入

中国股市“第一案”的真相

海南民源现代农业发展股份有限公司，在海南经营热带种植业、养殖业、农副产品工业、自然资源综合开发、科技研究、第三产业的开发、房地产开发经营、交通运输等。琼民源A股1993年在深圳上市，公司一直业绩不佳。在1995年公布的年度报表中，琼民源每股收益不足0.001元，当年年度报表公布日（1996年4月30日）的股价仅为3.65元。1997年1月22日，琼民源公司率先公布1996年年度报表，却赫然显示：海南民源现代农业发展股份有限公

	司 1996 年实现利润 5.7 亿余元，净利润 485 291 650 元，每股收益达到 0.867 元。净利润比 1995 年同比增长 1 290.68 倍，资本公积金增加 6.57 亿元。面对众人期盼的龙头公司如此的骄人业绩，市场无不震撼，年度报表公布当天琼民源股票价格便涨到 26 元以上。从 1996 年 7 月 1 日起，琼民源的股票价格以 4.45 元起步，在短短几个月翻了数倍，琼民源成了创造 1996 年中国股市神话中的一匹“大黑马”。 [真相]：相关部门对琼民源进行了近 1 年的调查发现，琼民源 1996 年年度报表所称实现的 5.71 亿元利润中有 5.4 亿元是虚构的，新增的 6.57 亿元资本公积则全是琼民源在未取得土地使用权、未经国家有关部门批准立项和确认的情况下，对投资项目进行资产评估，进而用评估虚增资本公积金数额调整有关账目而编造出来的。

◀◁ 相关知识

公司股票价格的变化，除了受宏观经济形势和公司所处行业的发展趋势影响之外，还受到公司自身相关因素的影响。通过对公司因素的分析，投资者可以更直接地进行投资分析和决策。最直接最主要的因素有公司竞争能力、公司盈利能力、公司管理水平和财务状况几个方面。

一、公司竞争能力分析

公司在本行业中的竞争地位是公司基本素质分析的首要内容。市场经济的规律就是优胜劣汰，在本行业中无竞争优势的企业，注定要逐渐萎缩及至淘汰。只有确立了竞争优势，并且不断地通过技术的更新和管理的完善来保持这种竞争优势的企业才有长期存在并发展壮大的机会，也只有这样的企业才有长期投资价值。

1. 公司行业地位分析

从各个方面分析公司是否是行业市场的领导者。在一个行业中，上市公司在行业中的地位，将决定公司的竞争能力的强弱。如果某公司为该行业的领头羊，其产品在市场上占主导地位，其他同行业的企业都无法与其抗衡，则该公司的竞争能力就较强，在行业中有较强的号召力。因而，该公司的股票价格将相对稳定或稳步上扬。决定公司行业地位的主要因素如图 5-4 所示。

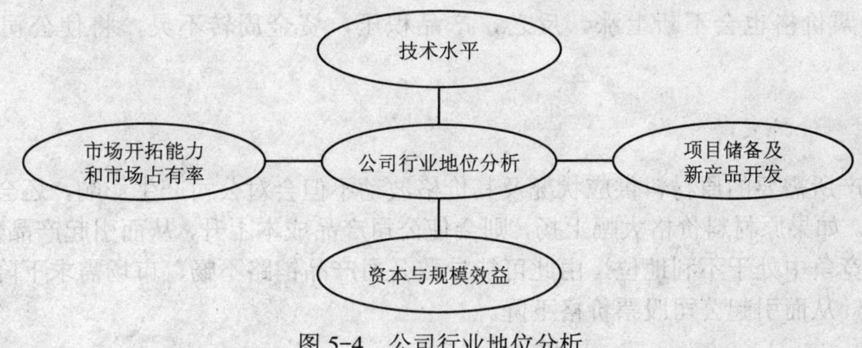

图 5-4　公司行业地位分析

（1）技术水平　决定公司竞争地位的首要因素是公司的技术水平。对公司技术水平高低的评价可以分为技术硬件部分和软件部分两类。

技术硬件部分包括：机械设备，单机或成套设备等。软件部分包括：生产工艺技术、工业产权、专利设备制造技术、经营管理技术、生产规模等。另外，企业如果拥有较多的高级工程师和专业技术人员等，那么企业就能生产质优价廉、适销对路的产品，企业就会有很强的竞争能力。

（2）市场开拓能力和市场占有率　公司的市场占有率是利润之源。效益好并能长期存在的公司市场占有率（即市场份额）必然是长期稳定并呈增长趋势的。不断地开拓进取，挖掘现有市场潜力并不断进军新的市场是提高市场占有率的主要手段。

（3）资本与规模效益　有些行业（如汽车、钢铁、造船）是资本密集型行业。这些行业往往是以“高投入、大产出”为基本特征的。由资本的集中程度而决定的规模效益是决定公司收益、前景的基本因素。

小案例

以中国的汽车工业为例。中国汽车工业三巨头——中国第一汽车集团公司、中国第二汽车集团公司、上海大众汽车有限公司迄今仍未达到国际上公认的规模经济产量。而在深、沪两地交易所挂牌的其他汽车生产企业在规模上又逊一筹。另外，全国还有许多年产量不到千辆的汽车厂，其前景更是不容乐观。因而，在进行长期投资时，这些身处资本密集型行业，但又无法形成规模效益的厂家，一般是不在考虑范围之内的。

（4）项目储备及新产品开发　在科学技术发展日新月异的今天，只有不断进行产品更新、技术改造的企业才能长期立于不败之地。如果一个企业在新产品开发上停滞不前，相对于其他前进的企业，就是后退了。许多“百年老字号”企业的倒闭事实都告诉人们这个道理。

2. 公司产品的市场需求分析

公司与同行业其他公司相比，其规模大小、成长快慢都与其产品的市场需求强弱有关。产品的成本优势、技术优势、质量优势，会使公司产品的市场占有率提高，引起公司的经营效益上升，从而使公司股票价格上涨。

如某公司产品价格和质量在市场上都占优势，在市场上拥有较好的信誉，深受消费者的喜欢，则市场需求旺盛，产品供不应求。这样又会促使公司规模不断扩大、迅速成长，公司股票价格也会不断上涨。反之，产品积压，资金周转不灵，将使公司股票价格下降。

3. 原材料价格变动

公司生产所需要的原材料供应状况及其价格波动不但会对公司产生影响，还会使股票价格发生变化。如果原材料价格大幅上扬，则会使公司产品成本上升，从而引起产品价格上涨，公司在市场竞争中处于不利地位，由此可能导致公司产品销路不畅、市场需求下降，造成公司效益下降，从而引起公司股票价格下降。

SWOT 分析法

SWOT 分析方法是一种企业内部分析方法，即根据企业自身的既定内在条件进行分析，找出企业的优势、劣势及核心竞争力，从而将公司的战略与公司内部资源、外部环境有机结合。S 代表 Strength（优势），W 代表 Weakness（弱势），O 代表 Opportunity（机会），T 代表 Threat（威胁）。其中，S、W 是内部因素，O、T 是外部因素。按照企业竞争战略的完整概念，战略应是一个企业“能够做的”（即组织的强项和弱项）和“可能做的”（即环境的机会和威胁）之间的有机组合。

SWOT 分析法的意义：帮助投资者清晰地把握全局，分析自己在资源方面的优势与劣势，把握环境提供的机会，防范可能存在的风险与威胁，对成功投资有非常重要的意义。

二、公司盈利能力分析

公司盈利能力是公司获取利润的能力，这是投资者最关心和重视的一个分析项目。因为公司盈利能力是公司组织生产活动、销售活动和财务管理水平高低的综合体现。这里分析的公司盈利能力只涉及公司正常的营业状况下的获利情况。

1. 主营业务净利率

主营业务净利率=净利润/主营业务收入×100%

该指标反映主营业务收入的收益水平，表示公司在增加主营业务收入额的同时，必须相应获得更多的净利润，才能使主营业务净利率保持不变或有所提高。

2. 销售净利率

销售净利率是指净利润与销售收入的比率，其计算公式为

销售净利率=（净利润/销售收入）×100%

该指标反映每一元销售收入带来的净利润，表示销售收入的收益水平。从销售净利率的指标关系看，净利润与销售净利率成正比关系，而销售收入与销售净利率成反比关系。公司在增加销售收入的同时，必须相应地获得更多的净利润，才能使销售净利率保持不变或有所提高。通过分析销售净利率的升降变动，可以促使公司在扩大销售的同时，注意改进经营管理，提高盈利水平。

从这个指标看，公司销售净利润越高越好还是越低越好呢？

3. 每股收益

每股收益是衡量公司每份普通股所能获得的纯收益的一个指标。

每股收益=（税后利润−特别股股利）/发行在外的普通股加权平均数×100%

该指标是表示一家上市公司盈利能力高低的重要指标，该指标越高越好。

4. 市盈率

市盈率是指股票每股市价与每股收益的比率，计算公式为

市盈率=每股市价/每股收益×100%

小知识

市盈率可用来估计公司股票的投资报酬和风险，是市场对公司的共同期望指标。一般说来，市盈率越高，表明市场对公司的未来越看好。在市价确定的情况下，每股收益越高，市盈率越低，投资风险越小；反之亦然。在每股收益确定的情况下，市价越高，市盈率越高，风险越大；反之亦然。通常认为正常的市盈率的范围为5～20倍。

温馨提示

使用市盈率指标时应注意的问题

1）该指标不能用于不同行业公司的比较，成长性好的新兴行业的市盈率普遍较高，传统行业的市盈率普遍较低，这并不说明后者股票没有投资价值。

2）每股收益很小或亏损时，由于市价不至于降为零，公司市盈率会很高，如此情形下的高市盈率不能说明任何问题。

3）市盈率高低受市价的影响，而影响市价变动的因素很多，如投机炒作等。因此，观察市盈率的长期趋势很重要。

5. 每股股利

每股股利是公司股利总额与公司流通股数的比值，计算公式为

每股股利=股利总额/流通股数

小知识

每股股利反映的是每一普通股获取股利的大小，每股股利越大，则公司股本获利能力就越强。

影响上市公司每股股利发放的因素，除了上市公司获利能力大小以外，还取决于公司的股利发放政策。如果公司为了今后的扩大再生产，可以多留盈余公积金，则当前的每股股利必然减少。反之，则当前的每股股利会增加。

6. 每股净资产

每股净资产即公司每一股普通股票所代表的公司的净资产额，一般也称为每股净值，在

理论上提供了股票的最低价值。投资分析时只能有限地使用该指标，其既不反映净资产的变现价值，也不反映净资产的产出能力。每股净资产的计算公式为

每股净资产=（资产总额−负债总额）/普通股股数
=净资产额/普通股股数
=股东权益/普通股股数

由于公司净资产属于股东全体所有，因此也称为股东权益，另外还可以计算调整后的每股净资产，更能可靠地反映公司每股净资产的真实情况。

三、公司管理水平分析

对一个投资者来说，一个行业前景的好坏，可以判断出这个行业中企业的发展空间。发展前景良好的行业中，公司要能快速发展，也得依靠公司的管理团队以及他们对公司发展的决策与管理。上市公司的经营管理水平在某种程度上会引起股票价格的波动。经营管理较好的上市公司，投资者较愿意投资，因而这种公司的股票受到投资者青睐和追捧。

1. 公司管理人员的素质及能力分析

公司管理人员应掌握与该企业相关的技术知识和现代化管理理论知识，具备实际的管理经验和较强的组织指挥能力，具有廉政工作的作风。

上市公司管理人员的素质和管理才能对于公司的发展是非常重要的。投资者也会以此为依据，评价公司的成长性。

温馨提示

如果公司高层管理人员综合素质不高或高层管理人员经常变更，则说明公司的经营管理能力不强，公司的经营方针、经营策略和发展战略等都将难以实现。如果公司经常变动，经营不稳定，那么该公司具有相当大的投资风险，投资者投资信心不足，从而导致公司股票价格下降。

2. 公司内部调控机构效率分析

企业内部应当建立严格的管理制度，共同遵守办事程序和行为准则。

温馨提示

可以根据企业的具体经济目标，判断企业内部各项规章制度是否切实可行、各员工是否遵守，各部门是否都有自己的办事程序，分工是否明确，权利是否享受，义务是否履行，员工是否都熟悉自己的业务，员工技术水平和文化素质是否高，等等。据此即可对该企业内部调控机构作出总体评价。

3. 公司社会形象分析

公司给社会大众的整体形象的好坏，无疑对其股票价格有很大的影响。公司形象一般包括社会责任形象、产品市场形象、公司未来发展形象等。

在现代社会中，公司不仅是一个经济单位，而且也是社会的一个构成单位。公司必须在社会发展中担负起应有的社会责任，在公众中树立良好的公司形象。同时，要在市场建立优良的产品形象，使消费者对公司所生产的产品放心，以便在竞争中占领更多的市场份额。

另外，公司的生产经营环境、公司所倡导的员工精神面貌、公司文化氛围以及公司的经营方针和未来发展战略等都会给公司树立独特的企业形象。良好的公司形象有助于公司在激烈的竞争中不断发展。

四、公司财务状况分析

公司财务状况分析就是运用适当的方法，对公司的财务报表及其有关资料中的数据进行分析，从而对公司经营现状作出评价，进而预测公司未来的发展前景。

（一）财务状况分析的主要依据

公司财务分析的主要依据是上市公司定期公布的财务报表，即资产负债表、损益表、现金流量表和所有者权益变动表，财务分析中所需要的主要数据大多来源于资产负债表和损益表。

1. 资产负债表

资产负债表是反映企业在某一特定日期财务状况的静态会计报表，它根据“资产=负债+所有者权益”的会计恒等式编制而成，反映公司的资产、负债和股东权益之间的平衡关系。该表分成左右两栏，左侧一栏为公司各项资产，一般包括流动资产、长期投资、固定资产和无形资产、其他资产四大类，反映公司现存的或其他公司占有的财产。右侧一栏列示负债和股东权益，其中负债包括流动负债和长期负债，反映公司应支付的各种债务；股东权益包括公司的实收资本和历年留存利润，反映以公司资产支付全部负债后的公司净资产。

2. 利润表

利润表是反映企业一定期间生产经营成果的动态会计报表，表明企业运用所拥有的资产进行获利的能力。投资者一般最关注的是公司的获利能力以及公司股利的分配政策，这些主要通过公司的利润表及其附表反映。

利润表分为两大部分：第一部分反映的是公司在某一会计期间所取得的利润大小及其构成情况。第二部分反映的是公司利润分配情况及其留存中分配利润的结余情况。

3. 现金流量表

现金流量表是反映公司在某一会计年度内经营活动、筹资活动、投资活动对现金流量所产生影响的报表。它主要是向报表使用者展示公司获取现金或现金等价物的能力，预测公司未来的现金流量。

4. 所有者权益变动表

所有者权益变动表是反映企业在一定会计期间内，所有者权益构成及增减变化情况的报表。

（二）公司财务分析的方法

证券投资中所进行的财务分析主要使用传统的财务分析方法，一般有比较分析法和比率分析法两种。

1. 比较分析法

比较分析法常用于同行业之间、公司不同时期之间各项财务指标的对比分析。

1）对比同行业之间的财务指标，可以分析公司在行业中的地位，通过对比可以了解目标公司在各项指标上的优劣势。沪市纸业上市公司某年指标对比见表 5-5。

表 5-5　某年沪市纸业上市公司对比表

公司名称	主营收入/万元	净利润/万元	净资产收益率（%）
青山纸业	51 107	10 268	0.06
漯河银鸽	24 617	5 895	13.24
江西纸业	25 997	3 783	10.38
宜宾纸业	28 668	2 148	10.64
大理纸业	10 042	1 605	11.36

2）公司不同时期各项财务指标的对比分析有横向比较分析和纵向分析比较。

① 横向比较分析是指对公司连续数期的财务报表上各项的不同数据进行对比分析，它可以分为绝对数分析和相对数分析。绝对数比较分析见表 5-6，以基期为基础，评价当期财务状况并作出趋势分析。

表 5-6　公司经营业绩绝对数横向比较表　　（单位：万元）

项目＼年份	2006 年	2007 年	2008 年
主营业务收入	44 270	38 900	41 310
主营业务利润	8 090	5 000	3 710
利润总额	8 110	5 020	3 690
净利润	5 430	3 570	2 480

相对数比较分析见表 5-7，是在基准期基础上进行环比分析。

表 5-7　公司经营业绩相对数横向比较分析表

项目＼年份	2006 年/万元	2007 年（%）	2008 年（%）
主营业务收入	100	−12.13	6.20
主营业务利润	100	−38.20	−25.80
利润总额	100	−38.10	−26.49
净利润	100	−37.94	−26.41

可以发现，公司主营业务经历了萎缩后再次扩张，但是利润指标并没有随着主营业务增加而回升，因此，相对数分析更能发现当期财务指标的变化程度和变动趋势。

② 纵向比较分析是指在各项财务数据中，把一个基本数据作基数，其他各个数据与此相比较，以此来分析各种项目与基本项目之间的比率关系，进而评价公司的财务状况及其变动趋势。公司经营业绩纵向比较见表 5-8，就此表进一步分析可以得知，公司利润指标占主营

业务收入的比率从2006年到2008年逐年递减，销售利润下滑的幅度达到50%。

表5-8　公司经营业绩纵向比较表　（单位：万元）

项目 \ 年份	2006年	2007年	2008年
主营业务收入	100	100	100
主营业务利润	18.27	12.85	9.10
利润总额	18.32	12.91	8.93
净利润	15.27	8.66	6.00

2．比率分析法

比率分析法是用比率反映财务报表不同项目之间的相互关系。这种方法易于计算，是投资者进行公司价值分析必须掌握的工具，常用的比率可以归纳为以下五类：

（1）变现能力分析　变现能力指公司产生现金的能力，取决于可以近期转变为现金的流动资产的多少，是衡量公司短期偿债能力的重要指标。主要包括流动比率、速动比率和保守速动比率三种。

1）流动比率。

流动比率=流动资产/流动负债

一般认为，生产型公司合理的最低流动比率是2。影响流动比率的主要因素：营业周期、流动资产中的应收账款数额、存货的周转速度。

2）速动比率（酸性测试比率）。

速动比率=（流动资产−存货）/流动负债

通常认为正常的速动比率为1。影响速动比率可信度的重要因素：应收账款的变现能力。

3）保守速动比率（超速动比率）。

保守速动比率=（现金+短期证券+应收账款净额）/流动负债

小知识

增强公司变现能力的因素：①可动用的银行贷款指标。②准备很快变现的长期资产。③偿债能力的声誉。

减弱公司变现能力的因素：①未作记录的或有负债。②担保责任引起的负债。

小链接

或有负债

公司有可能发生的债务，如售出产品可能发生的质量事故赔偿、尚未解决的税额争议可能出现的不利后果、诉讼案件和经济纠纷案可能败诉并需赔偿等。按我国《企业会计准则》和《企业会计制度》规定，只有预计很可能发生损失并且金额能够可靠计量的或有负债，才可在报表中予以反映，否则只需作为报表附注予以披露。

（2）营运能力分析　营运能力是指公司的经营运行能力，即公司经营管理中利用资金运营的能力或企业运用各项资产以赚取利润的能力，主要表现为资产管理及资产利用的效率。企业营运能力的财务分析比率有：存货周转率、应收账款周转率、营业周期、流动资产周转率、总资产周转率等。

小知识

营业周期、存货周转率、应收账款周转率、流动资产周转率和总资产周转率一般称为资产管理比率。营运能力一般通过公司资产管理比率来衡量。

1）存货周转率（存货周转次数）和存货周转天数。

存货周转率=主营业务成本/平均存货

存货周转天数=360 天/存货周转率

2）应收账款周转率和应收账款周转天数（应收账款回收期或平均收现期）。

应收账款周转率=主营业务收入/平均应收账款

应收账款周转天数=360 天/应收账款周转率

小知识

影响应收账款周转率的因素

1）季节性经营。

2）大量使用分期付款结算方式。

3）大量使用现金结算的销售。

4）年末销售的大幅度增加或下降。

3）流动资产周转率。

流动资产周转率=主营业务收入/平均流动资产

4）总资产周转率。

总资产周转率=主营业务收入/平均资产总额

（3）长期偿债能力分析　长期偿债能力指公司偿付到期长期债务的能力，通常以反映债务与资产、净资产的关系的负债比率来衡量。

1）资产负债率（举债经营比率）。

资产负债率=负债总额/资产总额

小知识

资产负债率对于不同主体的含义

1）债权人：希望债务比例越低越好，公司偿债有保证，风险较小。

2）股东：在全部资本利润率高于借款利息率时，负债比例越大越好，否则相反。

3）经营者：在进行较高资产负债率的借入资本决策时，必须充分估计可能增加的风险，在收益和风险之间权衡利害得失，作出正确决策。

2）产权比率（债务股权比率）。

产权比率=负债总额/股东权益×100%

温馨提示

产权比率高的财务结构是高风险、高报酬的；产权比率低的财务结构是低风险、低报酬的。资产负债率与产权比率具有相同的经济意义，两个指标可以相互补充。

3）有形资产净值债务率。

有形资产净值债务率=负债总额/（股东权益−无形资产净值）

有形资产净值债务率指标的实质是产权比率指标的延伸，它更谨慎、保守地反映了公司清算时债权人投入的资本受到股东权益的保障程度。

从长期偿债能力来讲，有形资产净值债务率越低越好。

4）已获利息倍数（利息保障倍数）。

已获利息倍数=息税前利润/利息费用

只要已获利息倍数足够大，公司就有充足的能力偿付利息，否则相反。

5）长期债务与营运资金比率。

长期债务与营运资金比率=长期负债/（流动资产−流动负债）

一般情况下，长期债务不应超过营运资金。

小知识

影响长期偿债能力的其他因素

1）长期租赁。当企业急需某种设备或厂房而又缺乏足够的资金时，可以通过租赁的方式解决。财产租赁的形式包括融资租赁和经营租赁。融资租赁形成的负债大多会反映于资产负债表中，而经营租赁则没有反映于资产负债表中。当企业的经营租赁量比较大、期限比较长或具有经常性时，就形成了一种长期性筹资。这种长期性筹资到期时必须支付租金，会对企业的偿债能力产生影响。因此，如果企业经常发生经营租赁业务，应考虑租赁费用对偿债能力的影响。融资租赁实际上等于变相地分期付款购买固定资产。

2）担保责任。证券分析师应根据有关资料判断担保责任带来的潜在长期负债问题。

3）或有项目方式。

(4) 投资收益分析

1）每股收益。

每股收益=净利润/发行在外的年末普通股总数

公司发行了不可转换优先股时，则：

每股收益=（净利润−优先股股利）/（年末股份总数−年末优先股股数）

扣除优先股股利后计算出的每股收益又称每股盈余。每股收益反映普通股的获利水平。

温馨提示

使用每股收益指标分析投资收益时需要注意的问题

1）每股收益不反映股票所含有的风险。

2）不同股票的每一股在经济上不等量，所含的净资产和市价不同，即换取每股收益的投入量不同，限制了公司间每股收益的比较。

3）每股收益多，不一定意味着分红多，还需要看公司的股利分配政策。

2）股利支付率。

股利支付率=每股股利/每股收益×100%

股利支付率反映公司股利分配政策和支付股利的能力。

3）股票获利率。

股票获利率=普通股每股股利/普通股每股市价

股票获利率主要应用于非上市公司的少数股权上。

温馨提示

由于普通股的获利包括两部分：一是股利收入。二是股票本身市价上升而导致的利得。因此，计算股票获利率时分子应采用该两部分之和。

股票获利率=（普通股每股股利+每股市场利得）÷普通股每股市价×100%

4）市净率。

市净率=每股市价/每股净资产

该指标表明股票价格以每股净资产的若干倍流通转让，用来评价股票价格相对于每股净资产是否被高估。市净率越小，说明股票的投资价值越高，股票价格的泡沫就越小；反之，则投资价值越低。

（5）现金流量分析

1）现金流量比率。用来显示公司偿还即将到期的债务能力的一种动态指标，计算公式为

现金流量比率=经营活动所产生的净现金流量/流动负债

现金流量比率越高，表明公司现金比较充足，短期偿债能力较强。反之，比率越低，表明公司现金比较紧张，短期偿债能力较差。

温馨提示

现金流量比率与现金比率是有区别的，现金比率是公司的货币资金和短期证券与流动负债的比率，反映的是一定时点上的公司偿债能力的高低，所以现金比率是存量比率关系。而现金流量比率是经营活动所产生的净现金流量和流动负债的比率，反映的是一定时期的公司偿债能力的高低，所以现金比率是流量和存量的比率关系。

2）每股现金流量。是公司经营活动所产生的净现金流量减去优先股股利与流通在外的普通股股数的比率。其计算公式为

每股现金流量=（经营活动所产生的净现金流量−优先股）/流通在外的普通股股数

小知识

一般而言，从短期来看，每股现金流量比每股收益更能显示从事资本性支出及支付股利的能力。每股现金流量通常比每股收益要高，这是因为公司正常经营活动所产生的净现金流量还会包括一些从利润中扣除出去但又不影响现金流出的费用调整项目，如折旧费等。但每股现金流量也有可能等于每股收益。

一家公司的每股现金流量越高，说明这家公司的每股普通股在一个会计年度内所赚的现金流量越多。反之，则表示每股普通股所赚的现金流量越少。虽然每股现金流量在短期内比

每股收益更能显示公司在资本性支出和支付股利方面的能力，但每股现金流量决不能用来代替每股收益作为公司盈利能力的主要指标的作用。

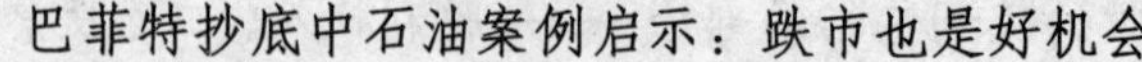

第五节　证券投资技术分析

案例导入

巴菲特抄底中石油案例启示：跌市也是好机会

巴菲特认为，要用好的价格买到好的公司股票，需要极大的耐心和长时间的等待。为了等待一个好的买入时机，巴菲特可以等待几年甚至几十年的时间。

时机是投资者经营股票财产的关键。若不能在正确的时机作出正确的抉择，那么，后果就是财产面临损失。要想成功，必须在买入时机上采取果断而理智的行动。

2004 年春夏之际，当股民悲观、沮丧的时候，中国股市“门前冷落鞍马稀”，巴菲特适时来到香港股市。在 5 元左右的价位建仓，连续买进中国石油 H 股。至 2005 年 10 月底，当中国石油 H 股跌至最低时，巴菲特的股价成本为每股 1.7 港元左右。2008 年年底，当中国石油 A 股在上海证券交易所公开上市，每股价格达 48.16 元时，沪市大盘指数也突破了 6 000 点。此时，巴菲特以每股 13.47 港元的价格分 7 次及时抛空自己手中的股票，获利 277 亿港币。跌市，给巴菲特极大的机遇，也给了我们极大的启迪。

面对股市上各种各样的信息，你怎样判断信息的可靠性？你理解如图 5-5 所示的情景吗？

图 5-5　理智投资

◀◁ 相关知识

证券投资技术分析是利用某些历史资料来判断整个股市或某一股票变动的方向和程度的分析方法，历史资料主要包括成交价格和成交量。这种分析法认为，所有影响证券的有关

各因素都能归结在证券的交易量和它的价格水平上。技术分析的依据是：市场行为包容消化一切，价格以趋势方式演变，历史会重演。

一、证券投资技术分析的原理

（一）技术分析的含义

技术分析是对证券市场的市场行为所作的分析。其特点是通过对市场过去和现在的行为，应用数学和逻辑上的方法，归纳总结出典型的行为，从而预测证券市场未来的变化趋势。市场行为包括价格的高低、价格的变化、发生这些变化所伴随的成交量以及完成这些变化所经过的时间。技术分析是建立在合理的假设之上的。

（二）技术分析的基本假设

技术分析法是 19 世纪末由美国著名的证券分析专家爱德华和约翰·墨菲提出来的，其所有的分析方法都建立在以下理论假设基础之上的。

1. “市场行为包容消化一切”

“市场行为包容消化一切”是进行技术分析的基础。这是因为不管外在的、内在的、基础的、政策的和心理的因素以及其他影响股票价格的所有因素，都已经在市场的行为中得到了反映。这个假设有一定的合理性。任何一个因素对市场的影响最终都体现在价格的变动上。例如，如果某一消息一公布，股票价格同以前一样没有大的变动，说明这个消息不是影响股票市场的因素。如果看到，股票价格向上跳空开盘，成交量急剧增加，则可能出现利多的消息。反之，股票价格向下跳空开盘，成交量大增，则可能出台利空消息。这些消息在股票市场行为中得到了反映。

2. “价格以趋势方式演变”

“价格以趋势方式演变”这一假设是进行技术分析最根本、最核心的因素。这个假设认为价格的变动是按一定规律进行的，价格有保持原来方向的惯性，没有理由改变这一既定的运动方向。正是由于这一假设，技术分析师们试图找出股票价格变动的规律，并对市场的趋势进行预测。

小知识

“追随趋势”被认为是最佳的投资策略。如果价格一直是持续上涨（下跌），那么，今后的价格也会按这一方向继续上涨（下跌），没有理由改变既定的运动方向。当价格的变动遵循一定规律，就能运用技术分析工具找到这些规律，对今后的投资活动进行有效的指导。

3. “历史会重演”

“历史会重演”假设是从统计和人的心理因素方面考虑的。市场中进行具体买卖的是人，是由人决定最终的操作行为。人不是机器，必然要受到人类心理学中某些规律的制约。一个人在某一情况下得到某种结果，那么，下一次碰到相同或相似的情况，这个人就认为会得到相同的结果。证券市场也一样，在某种情况下按一种方法进行操作取得成功，那么以后遇到相同或相似的情况，人们就会按同一方法进行操作。如果前一次失败了，后面这一次就不会按前一次的方法操作。证券市场的某个市场行为给投资者留下的阴影或快乐是会长期存在的。在进行技术分析时，一旦遇到与过去某一时期相同或相似的情况，应该与过去的结果比较。

（三）技术分析的理论基础——道氏理论

小知识

道氏理论的形成过程

道氏理论是技术分析的基础，许多技术分析方法的基本思想都来源于道氏理论。该理论的创始人是美国道•琼斯公司的创办人查尔斯•亨利•道（Charles H. Dow）。为了反映市场总体趋势，他创立了著名的道琼斯平均指数，该指数的取名源于该公司的两位创始人查尔斯•道和爱德华•琼斯。查尔斯•亨利•道在《华尔街日报》上发表的有关证券市场的文章，经后人整理后成为我们今天看到的道氏理论。

1. 道氏理论的主要原理

1）道氏理论认为收盘价是最重要的价格，并利用收盘价计算平均价格指数。目前，世界上所有的证券交易所计算价格指数的方法大同小异，都源于道氏理论。

2）市场波动具有某种趋势。道氏理论认为，价格的波动尽管表现形式不同，但是最终都可以分为三种趋势：主要趋势（Primary Trend）、次要趋势（Secondary Trend）、短暂趋势（Near Term Trend）。

主要趋势是那些持续 1 年或 1 年以上的趋势，看起来像大潮。次要趋势是那些持续 3 周～3 个月的趋势，看起来像波浪，是对主要趋势的调整。短暂趋势持续时间不超过 3 周，看起来像波纹，其波动幅度更小。

小知识

主要趋势表现为上升状态时的三个阶段

第一阶段为累积阶段。该阶段中，股票价格处于横向盘整时期（盘整也称“股票价格整理”，盘整是指股票价格在一段时间内波动幅度小，无明显的上涨或下降趋势，股票价格呈牛皮整理。该阶段是股票价格经过一段时期急速的上涨或下跌后，遇到阻力或支撑，开始小幅度地上下变动，其幅度大约在 15%左右。后市股市趋势不易把握，是投资者最迷惑的时候）。在这一阶段，聪明的投资者在得到信息并进行分析的基础上开始买入股票。

第二个阶段为上涨阶段。在这一阶段，更多的投资者在分析财经信息的基础上，开始参与股市。尽管趋势是上升的，但也存在股票价格回落和修正。

第三阶段为市场价格达到顶峰后出现的又一累积期。在这一阶段，市场信息变得更加明朗，市场活动更为频繁。第三阶段结束的标志是股票价格呈下降趋势，并又回到累积期。

3）趋势必须得到交易量的确认，即交易量在确定趋势中的作用。在确定趋势时，交易量是重要的附加信息，交易量应在主要趋势的方向上放大。

小知识

主要下跌趋势的三个阶段

空头市场也称为主要下跌趋势，分为以下三个阶段：

第一阶段是"出货"期。它真正的形成是在前一个多头市场的最后一个阶段。在这个阶段，有远见的投资人觉察到企业的盈余到达了不正常的高点，而开始加快出货的步伐。此时成交量仍然很高。虽然在弹升时有逐渐减少的倾向，大众仍热衷于交易。但是，开始感觉到预期的获利已逐渐消逝。

第二个阶段是恐慌时期，想要买进的人开始退缩，而想要卖出的人则急着脱手。价格下跌的趋势突然加速到几乎是垂直的程度，此时成交量的比例差距达到最大。在恐慌时期结束以后，通常会有一段相当长的次级反弹或者横向的变动。

接着，第三阶段来临了。它是由那些缺乏信心者的卖出所构成的。在第三阶段，下跌趋势并没有加速。"没有投资价值的低价股"可能在第一或第二阶段就跌掉了前面多头市场所涨升的部分。业绩较为优良的股票持续下跌。在过程上，空头市场最后阶段的下跌集中了这些业绩优良的股票。空头市场在坏消息频传的情况下结束。最坏的情况已经被预期到了，在股票价格上已经实现了。通常，在坏消息完全出尽之前，空头市场已经过去了。

4）市场价格指数可以解释和反映市场的大部分行为。

2. 道氏理论的应用及应注意的问题

道氏理论不是用来判断应该买卖哪只股票的，而是用来判断股市行情的长期走势的，对于预测每日每时都在发生的小波动则显得有些无力，甚至对次要趋势的预测作用也不大。

道氏理论存在另外的某些缺陷，如它的可操作性较差。近 30 年来，出现了很多新的技术，大部分是道氏理论的延伸，这在一定程度上弥补了道氏理论的不足。

（四）技术分析的四维空间：价、量、时、空

1. 价和量是市场行为最基本的表现

市场行为最基本的表现就是成交价和成交量。过去和现在的成交价和成交量涵盖了过去和现在的市场行为。在某一时点上的价和量反映的是买卖双方在这一时点上共同的市场行为，是双方的短期均衡点。随着时间的变化，均衡点会发生变化，这就是价量关系的变化。

一般来说，买卖双方对价格的认同程度通过成交量的大小得到确认，认同程度大，成交量大；认同程度小，成交量小。一般表现为：价增量增、价增量减、价跌量增、价跌量减、价格窄幅波动、量窄幅波动。

2. 时间和空间是市场潜在能量的表现

时间在进行行情判断时有着很重要的作用，是针对价格波动的时间跨度进行研究的理论。一方面，一个已经形成的趋势在短时间内不会发生根本改变。另一方面，一个形成了的趋势又不可能永远不变，经过一定时间又会有新的趋势出现。空间在某种意义上讲，可以认为是价格的一方面。它是指价格波动能够达到从空间上考虑的限度。

技术分析实质上就是通过分析价格与成交量的时空关系，对价格未来的变动趋势进行预测。

3. 成交量与价格趋势的一般关系

成交量是价格的先行指标，价格是虚的，成交量是实的。

4. 时间、空间与价格趋势的一般关系

一般来说，时间长、波动大的过程，对今后价格趋势的影响和预测作用也大；时间短、波动空间小的过程，对今后价格趋势的影响和预测作用也小。

二、技术分析方法的分类

技术分析方法是通过对价、量历史资料基础上运用统计、数学计算、绘制图表等主要手段来判断市场的未来走向。一般来说，可以将技术分析方法分为：指标类、K线类、形态类、切线类、波浪等五类。

1. 指标类

考虑市场行为的各个方面，建立一个数学模型，给出数学上的计算公式，得到一个体现证券市场的某个方面内在实质的数字，这个数字叫指标值。

指标值的具体数值和相互间关系，直接反映证券市场所处的状态，为人们的操作行为提供指导方向。目前，证券市场上的各种技术指标数不胜数。例如，相对强弱指标（RSI）、随机指标（KD）、趋向指标（DMI）、平滑异同移动平均线（MACD）、能量潮（OBV）、心理线（PSY）、乖离率（BIAS）、威廉指数（WMS）等。

小链接

WMS

WMS即威廉指数，是通过一定时期内的股价波动比率研判市场的超买超卖情况的指标。

WMS的计算公式是：n日WMS=（Hn−Ct）/（Hn−Ln）×100。Ct为当天的收盘价；Hn和Ln是最近n日内（包括当天）出现的最高价和最低价。WMS指标表示的含义是当天的收盘价在过去的一段日子的全部价格范围内所处的相对位置。如果WMS的值比较大，则当天的价格处在相对较低的位置，要注意反弹；如果WMS的值比较小，则当天的价格处在相对较高的位置，要注意回落；WMS取值居中，在50左右，则价格上下的可能性都有。

WMS值的波动区间在0～100。当WMS趋近80或低于80，说明股市处于超卖状态，有可能见低反弹；当WMS趋近20或低于20，说明股市处于超买状态，有可能见顶下跌。50是WMS的中轴线，当WMS刚刚向上超出50或趋近50时，表示股市看涨；当WMS刚刚向下低出50或趋近50时，表示股市看跌。

如果WMS值已经进入超买区域，却僵持不动，说明行情仍有一段坚挺期，投资者可以等待观望，一旦发现WMS值掉头向下，应立即卖出；同样，当WMS值在超卖区内僵持不动时，投资者也可适当坚持，一旦发现WMS冲向上方，应立即买入。

WMS向上触顶四次，第四次是良好卖点；向下触底四次，第四次是良好买点。运用WMS指标应该综合其他技术指标共同分析。

2. K线类

其研究手法侧重若干天的K线组合情况，推测市场多空双方力量的对比，进而判断多空双方谁占优势，是暂时的优势还是决定性的优势。

3. 形态类

形态类指标是根据价格图表中过去一段时间走过的轨迹形态来预测价格未来趋势的方法，主要的形态有头肩顶、头肩底、M头、W底等十几种。从价格轨迹的形态中，可以推测出市场处于一个什么样的大环境之中，由此对今后的投资给予一定的指导。

4. 切线类

按一定方法和原则在由价格的数据所绘制的图表中画出一些直线，然后根据这些直线的情况推测价格的未来趋势，这些直线就叫切线。切线的作用主要是起支撑和压力的作用。支撑线和压力线的往后延伸位置对价格趋势起一定的制约作用。画切线的方法有很多种，主要有趋势线、通道线、黄金分割线等。

5. 波浪类

将价格的上下变动看成是波浪的上下起伏。波浪的起伏遵循自然界的规律，价格的运动也就遵循波浪起伏的规律。简单地说，上升是五浪，下跌是三浪。

三、证券投资技术分析的优点

相对基本分析而言，技术分析同市场接近，考虑问题比较直接。通过技术分析指导证券买卖效果较明显，获得利益的周期短，其优点有以下几个方面：

1）技术分析方法简单方便、易学易懂，在计算机及软件发达的今天更容易被人们接受。科技的迅速普及使技术分析方法走进机构大户，也贴近中小散户。

2）技术分析是一种理性分析，其结论比较客观。技术分析依据客观数据，采用科学的方法，其结论具有客观性，不可能因主观意愿而改变。技术分析能使人们在瞬息万变的证券市场保持客观冷静的态度。

3）技术分析以多种图表、指标为手段，有具体的形象可供参考，有一定的标准可供遵循，并可进行多重对比分析，有利于从总体上把握市场。

温馨提示

技术分析方法应用时应注意的问题

技术分析必须与基本面的分析结合起来使用，注意多种技术分析方法的综合研判，切忌片面地使用某一种技术分析结果。前人和别人得到的结论要通过自己实践验证后才能放心地使用。对技术分析不要寄予过高的期望。技术分析是一种工具，决定因素是人。

四、证券投资技术分析的常用方法

（一）K线分析法

1. K线的画法

K线是用开盘价、收盘价、最高价和最低价绘制而成的一条柱状的线条，由影线和实体组成。影线在实体上方的部分称为上影线，下方的部分称为下影线。实体分阳线和阴线两种，上涨为阳，下跌为阴。K 线制作如图 5-6 所示。

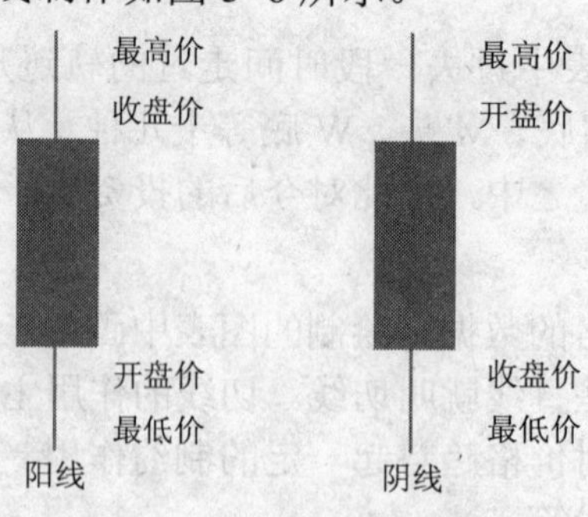

图 5-6　K 线制作示意图

画 K 线时，通常将开盘价和收盘价间的价位用一段矩形表示，组成 K 线的实体。若收盘价比开盘价高，实体为阳线，用红色表示；若收盘价比开盘价低，实体为阴线，用绿色表示。若最高价高于开盘价和收盘价，用一条细线将开盘价或收盘价与最高价连接，称为上影线，表示最高曾达到的价位；若最低价比开盘价和收盘价低，也用一条细线将开盘价或收盘价与最低价连接，称为下影线，表示最低曾达到的价位。

小知识

K 线的种类

根据 K 线的计算周期可将其分为日 K 线、周 K 线、月 K 线、年 K 线。也有小时 K 线和半小时 K 线等。所谓日 K 线是每日画一根 K 线，周 K 线是每周画一根 K 线，然后将它们按时间先后排列起来，这便形成了一条轨迹来反映股票价格的变化情况和上下波动趋势。

日 K 线图：专门以研究 K 线的形状和组合为基础，将每天的 K 线按时间顺序排列在一起，就组成这只股票自上市以来的每天的价格变动情况，这就叫日 K 线图。

日 K 线是根据股价（指数）一天的走势中形成的四个价位（即开盘价、收盘价、最高价、最低价）绘制而成的。四个价格中，收盘价最重要。通常说到股票的价格时，指的就是收盘价。

周 K 线是指以周一的开盘价、周五的收盘价、全周最高价和全周最低价来画的 K 线图。月 K 线则以一个月的第一个交易日的开盘价、最后一个交易日的收盘价、全月最高价与全月最低价来画的 K 线图，同理可以推得年 K 线定义。周 K 线、月 K 线常用于研判中期行情。对于短线操作者来说，分析软件提供的 5 分钟 K 线、15 分钟 K 线、30 分钟 K 线和 60 分钟 K 线也具有重要的参考价值。

小知识

K 线画法的由来

K线图最早是日本德川幕府时代大阪的米商用来记录当时一天、一周或一月中米价涨跌行情的图示法，后被引入股市。K线图有直观、立体感强、携带信息量大的特点，蕴涵着丰富的东方哲学思想，能充分显示股票价格趋势的强弱、买卖双方力量平衡的变化，是各类传播媒介、计算机实时分析系统应用较多的技术分析手段之一。

2. 典型单根日 K 线图主要形状和含义

（1）■光头光脚小阳线　此形态表示最低价与开盘价相同，最高价与收盘价相同，上下

价位窄幅波动，表示买方力量逐步增加，买卖双方多头力量暂时略占优势。此形态常在上涨初期、回调结束或盘整的时候出现。

（2）光头光脚小阴线　此形态表示开盘价就是最高价，收盘价就是最低价，价格波动幅度有限，表示卖方力量有所增加，买卖双方空方力量暂时略占优势。此形态常在下跌初期、横盘整理或反弹结束时出现。

（3）光头光脚长阳线　没有上下影线，表示多方走势强劲，买方占绝对优势，空方毫无抵抗。经常出现在脱离底部的初期，回调结束后的再次上涨及高位的拉升阶段，有时也在严重超跌后的大力度反弹中出现。

（4）光头光脚长阴线　没有上下影线，表示空方走势强劲，卖方占绝对优势，多方毫无抵抗。经常出现在头部开始下跌的初期，反弹结束后或最后的打压过程中。

（5）带上影线的阳线　上升抵抗型，表示多方在上攻途中遇到了阻力。此形态常出现在上涨途中、上涨末期或股价从底位启动遇到密集成交区，上影线和实体的比例可以反映多方遇阻的程度。上影线越长，表示压力越大，阳实体的长度越长表示多方的力量越强。

（6）带上影线的阴线　表示股价先涨后跌，庄家拉高位出货常会出现此种形态。黑色实体越长，表示卖方实力越强。常出现在阶段的头部和震仓洗盘中。

小知识

带有上影线的光脚阴线，说明虽然在开盘后因多方上攻出现了上影，但上方抛压较重，空方的力量强大一直打压到最低价报收。实体长于上影的光脚阴线，说明多方虽有推高意图，但空方的打压更坚决，力量更强大；实体等长上影光脚阴线，说明多空经过交战，空方占据着主动地位；实体短于长上影的光脚阴线，说明空方虽然略占优势，但多方也蕴藏着反扑的力量。当然具体分析时还要看K线所处的高低位置。

该线形常常出现在下跌趋势的中途和盘整末期的破位，表示后市继续下跌的可能性较大，因为空方占据的主动优势地位。但若是出现在持续大幅下跌之后的低价区，尤其是出现实体短于上影的光脚阴线，不排除多方在试探空方的抛压实力，后市再次上攻若有量的配合，股票价格的走向趋势可能会出现转势。

如果次日开盘价和交战的区域在影线的上端，多方发动总攻占据绝对优势，次日报收中大阳线的概率较大；如果次日开盘和交战区域在影线的部分，多方卷土重来再次发动主动性攻击，报收阳线的概率仍然较大；如果次日开盘价和交战区域在实体的部分，多空双方短兵相接旗鼓相当，但这并不表示空方处于劣势，还需进一步观察"中心值"的得失；如果次日开盘和交战的区域在实体的下端，说明空方借势乘胜追击往往再度收阴。

小链接

所谓破位，是指突破支撑位或者阻力位。向上突破就是买入时机，向下突破就是卖出时机。确定突破以后，支撑阻力会互换。

所谓的支撑位、阻力位，确定的方法有很多。有的用均线，有的用趋势线，有的用技术图形，还有的用固定日数（也就是所谓的前期高点、前期低点）。

（7）带下影线的阳线　这是先跌后涨型，反映股票价格在低位获得买方支持，卖方受挫。常出现在市场底部或市场调整完毕。

温馨提示

如果在低价位区域出现带下影线的阳线（上吊阳线），同时股票价格表现出探底过程中成交量萎缩，随着股票价格的逐步攀高，成交量呈均匀放大事态，并最终以阳线报收，预示后市股票价格看涨。如果在高价位区域出现上吊阳线，则有可能是主力在拉高出货，需要留心。

（8）带下影线的阴线　这是下跌抵抗型，表示空方力量强大，但在下跌途中一定程度上受到了买方的抵抗。常出现在下跌途中、市场顶部或振荡行情中。

（9）带上下影线的阳线　表示下有支撑，上有压力，总体买方占优。常出现在市场的底部、上升途中。上影线长，说明上方压力大；下影线长，说明下档支撑强；实体越长，说明多方实力强。

小知识

实体长于上下影的阳线，是比较常见的阳线形式，此阳线说明多空双方进行了全面的接触，所以带有上下的影线。阳线的实体较大说明多方占据优势，若是出现在上升趋势中，次日后市稳步上攻继续收阳的可能性较大。但若是出现在大幅扬升之后的高价区，伴随着巨量，次日开盘后若不能在最高价上影之上站稳，说明走势有出现逆转的征兆。

实体短于上影长于下影阳线，往往说明多方心有余而力不足，逢高的获利抛压盘较重，多方虽然略占上风，但卖方的力量正在增加，除非次日可以攻克上影的最高价，否则收阴线的概率较大。如果出现在大幅扬升之后的高价区，往往意味着趋势逆转。若是出现在经过持续下跌之后的低价区，常常表示多方在试探空方的卖压，后市若能得到成交量的配合，股票价格将有逆转上升的可能。

实体短于下影长于上影阳线，出现此阳线说明买卖双方交战激烈互不相让，股票价格探低之后稳步上涨，多方略占优势，后市行情继续看涨，但次日仍有接受卖方考验的可能，以不跌破“中心值”，即重新开始续涨的走势较佳。若是收盘收在“中心值”附近偏下，说明短期进行小幅整理的可能性较大。

（10）带上下影线的阴线　表示上有压力，下有支撑，总体空方占优，阴线实体越长，表明空方做空的力量越大。常出现在市场顶部或下跌途中。

小知识

实体长于上下影的阴线，是比较常见的阴线形式，常常出现在下跌的中途，此阴线说明多空双方进行了全面的接触，所以带有上下的影线。阴线的实体较大说明空方占据明显优势，股票价格次日继续下跌的可能性较大。但若是出现在股票价格持续下跌之后的低价区，次日没有创出新低，第三日又带量上攻的话，则要注意股票价格趋势的逆转。

实体短于上影长于下影阴线，往往说明多方虽有心上攻，但遭到空方的强大抛压，多方下档的抵抗十分微弱，空方把握着全局。此阴线经常出现在持续上升的高价区转向下跌的转势位置上，标志着一波下跌趋势的开始。但若是出现在股票价格持续下跌之后的低价区，特别是这根阴线的线体较小，次日多方带量再次上攻的话，也要注意股票价格趋势的逆转可能。

实体短于下影长于上影阴线，说明多空双方分歧较大、交战激烈，空方的打压有所遇阻，只是略占优势，多方也有蓄势的可能。此阴线常常出现在下降趋势的中途，次日继续收阴的可能性较大。如果是出现在持续下跌的低价区或是上涨趋势的中途，次日下跌又未创出新低收孕线，那么后市上涨的概率较大。

小链接

抱线与孕线

抱线是由两根K线组成，左边的K线是阴线，右边的K线是阳线，但是右边的K线完全包住了左边的K线（包括影线），是一种低开高走的形态。抱线一般是这样形成的，大盘经过长时间的下跌之后，突然有一天，股票价格跳空低开，空方的力量非常凶猛，但是股票价格在低开后并没有继续下探而是出现了快速的上涨，并一举吞没了前面的K线，形态上好像这根阳线完全包住了前面的K线一样。形同一个人抱着一个孩子，是一种典型的见底信号。它经常出现在下跌末端，但有时也出现在整理形态快结束的时候。出现在下跌末端往往预示着空方力量的衰竭，如果出现在整理形态的末端，往往意味着最后一次洗盘。

孕线也是由两条图线组合成的图形。组合形态与抱线相反，第一条图线是长线，第二条图线为短线，第二条图线的最高价和最低价均不能超过前一图线的最高价和最低价。这种前长后短的组合形态，形似怀有身孕的妇女一样，所以称为孕线。孕线孕育着希望，趋势随时都可能会反转向上。

孕线一般分为三种形态：一是前一条图线是一条长大的阳线，第二条图线是一条短小的阴线，称为阴孕阳孕线，简称阴孕线；二是前一条图线是一条长大的阴线，第二条图线是一条短小的阳线，称为阳孕阴孕线，简称阳孕线；三是前一条图线是一条长大的阳线（或阴线），第二条图线是一条十字星线，称为十字星孕线，简称星孕线。

（11）┼十字星图形　表示开盘价和收盘价相同，多空力量暂时处于平衡。

（12）┬ T字形　表示开盘价和收盘价相同，下影线表示下方有一定支撑。T字形常出现在市场的底部或顶部。

温馨提示

收出T字形的K线，股票价格在全天的走势中虽然有一波下探的过程，但很快就被买方拉起，这说明下档有一定的支撑力度。如果第二天的抛压不是很强烈的话，那么股票价格很有可能会上涨。如果这种T字形的K线出现在股票价格连续上涨的中途，则表明买方出现疲惫，股价走势有可能转弱。如果出现在股票价格暴涨的过程中，那么后期的走势有可能会继续向上拓展空间。

（13）┴倒T字形　表示开盘价和收盘价相同，上影线表示上方有一定的压力，常出现在市场的顶部或横盘整理（盘整）中。

（14）——一字形　此种形态常出现在股票价格涨停板或跌停板的时候，表示多方或空方绝对占优，被封至涨停或跌停的位置。

小知识

K 线的波动范围

极阴线和极阳线的波动范围在 0.5%左右。

小阴线和小阳线的波动范围一般在 0.6%～1.5%之间。

中阴线和中阳线的波动范围一般在 1.6%～3.5%之间。

大阴线和大阳线的波动范围在 3.6%以上。

小阳星的全日中股票价格波动很小，开盘价与收盘价极其接近，收盘价略高于开盘价。

小阴星的分时走势图与小阳星相似，只是收盘价格略低于开盘价格。

3. K 线组合分析

1）单根 K 线只有在特定价格区域中才有较大的判断作用，平时则根据若干 K 线形成的组合判断。

2）K 线数量越多，越有助于正确地判断市场趋势。

3）对 K 线组合进行分析，不仅要分析其价格变动，还要研究其交易量的变化。如价格上涨伴随着成交量的逐步放大，则说明价格上涨有量的配合，后市还将上升。如果上涨无量，则可能是机构大户刻意制造股票价格上升的势头，随之股票价格有可能转头朝下。同样，若股票价格下跌，而交易量萎缩，则可能是机构大户进行震仓来清除浮筹，以减轻股票价格进一步上升的压力。

4）结合不同周期的 K 线分析。

为正确判断股市行情，投资者在使用日 K 线分析价格变动趋势时，也应关注周 K 线的变化。因为日 K 线较易受到短期供需影响，易为机构大户操纵以此来制造假象骗钱。而周 K 线因周期长，较能真实地反映股市变化。

温馨提示

应用 K 线组合应注意的问题

K 线组合预测的结论都是相对的，而非绝对的，结论只是起到一种建议作用。如果应用不同的组合得到的结论不同，尽量使用 K 线多的组合结论。

（二）其他的常见理论

1. 形态理论

把每天的收盘价连点成线就构成了价格形态。从技术分析的角度看 ，股票价格移动有着内在的必然性，它受到供需双方力量强弱的影响。在一个时期，如果买方势强，股票价格将逐步向上移动。如果卖方势强，股票价格将向下移。而一旦供需关系已呈明朗之势，股票价格将沿着惯性前进。通过多种股票价格形态的分析，就可以捕捉买卖双方谁占优势，从而进行投资决策。

温馨提示

应用形态理论应该注意的问题

1）站在不同的角度，对同一形态可能产生不同的解释。

2）进行实际操作时，形态理论要求形态完全明朗后再行动。

2. 切线理论

切线理论是一种很重要的技术分析方法。它的着眼点在于股市的图表，在图表上通过一定的方法画出若干条直线，通过这些直线可以进行股市变化趋势的预测。切线理论的内容包括以下几个方面：

（1）趋势分析　简单地说，趋势就是股票价格的波动方向，或者说是股票市场运动的方向。趋势的方向有三个：上升方向、下降方向、水平方向（即无趋势方向）。按道氏理论的分类，趋势分为三个类型：主要趋势、次要趋势、短暂趋势。

（2）支撑线　支撑线（Support Line）又称为抵抗线。当股票价格跌到某个价位附近时停止下跌，甚至有可能回升。这个起着阻止股票价格继续下跌或暂时阻止股票价格继续下跌的价格就是支撑线所在的位置。

（3）压力线　压力线（Resistance Line）又称为阻力线。当股票价格上涨到某价位附近时，股票价格停止上涨，甚至回落。这个起着阻止或暂时阻止股票价格继续上升的价位就是压力线所在的位置。支撑线和压力线的作用是阻止或暂时阻止股票价格向一个方向继续运动。同时，支撑线和压力线又有彻底阻止股票价格按原方向变动的可能。

（4）支撑线与压力线相互转化　一条支撑线如果被跌破，那么这条支撑线将成为压力线；同理，一条压力线被突破，这条压力线将成为支撑线。这说明支撑线和压力线的地位不是始终不变的，而是可以改变的，条件是它被强大的股票价格变动突破。

（5）支撑线和压力线的确认和印正　一般来说，一条支撑线或压力线对当前影响的重要性有三个方面的考虑。一是股票价格在这个区域停留时间的长短；二是股票价格在这个区域伴随的成交量大小；三是这个支撑区域或压力区域发生的时间距离当前这个时期的远近。

（6）趋势线　趋势线是衡量价格波动方向的，由趋势线的方向可以明确地看出股票价格的趋势。在上升趋势中，将两个低点连成一条直线，就得到上升趋势线。在下降趋势中，将两个高点连成一条直线，就得到下降趋势线。要得到一条真正起作用的趋势线，需要经多方面的验证才能最终确认。首先，必须确实有趋势存在。其次，画出直线后还应得到第三个点的验证才能确认这条趋势线是有效的。

（7）轨道线　轨道线又称通道线或管道线，是基于趋势线的一种方法。在已经得到了趋势线后，通过第一个峰和谷可以作出这条趋势线的平行线，这条平行线就是轨道线。两条平行线组成一个轨道，这就是常说的上升和下降轨道。轨道的作用是限制股票价格的变动范围。对上面的或下面的直线的突破将意味着有一个大的变化。与突破趋势线不同，对轨道线的突破并不是趋势反向的开始，而是趋势加速的开始。轨道线的另一个作用是提出趋势转向的警报。

温馨提示

应用切线理论应注意的问题

1）支撑线、压力线有被突破的可能，在应用时会有一些令人困惑的现象。往往要等到价格已经离开很远时，才发现突破的有效和无效。

2）影响价格波动的因素有很多，支撑线、压力线只是其中的一方面。多方面考虑才能提高正确的概率。

3. 波浪理论

波浪理论又称艾略特波段理论。该理论认为，股票价格的波动与自然界中的潮汐现象极其相似，在多头市况下，每一个高价都会是后一波的垫底价，在空头市况下，每一个底价都会是后一波的天价。如果投资者能审时度势，把握股票价格的波动大势趋向的话，不必围着股票价格的小小波动忙出忙进。而随着大势一路做多或一路做空，这样既能抓住有利时机赚取大钱，又能规避不测之险及时停损。波浪理论为投资者很好地提供了判别股票价格波动大势的有效工具。

根据波浪理论，一个完整的股市涨跌周期由五波浪推动和三波浪调整所组成。任何一个股票价格运动的波浪均属于较大一级的波浪之中的一部分。而每一个不同级别的波浪走势都是息息相关的，任何一级的波浪都可以分为次一级的波浪。也就是说，一个大波浪总是由无数个次一级的小波浪组成，而无数个低一级的小波浪可以组成一个高一级的大波浪。

（三）技术分析方法中的常用专用术语及其应用

1. 黄金分割律

（1）黄金分割律的概念　黄金分割律又名黄金率，即把已知线段分成两部分，使其中一部分与全部的比率等于其余一部分对于这部分的比率。专业股票技术分析者将该项定律引用在股票市场，探讨股票价格变动的高低点，发现准确性不低，而成为投资人预测未来股票价格变动完成点的主要测试标准之一。

依照此定律的特性，它能提供大势或个别股从空头转入多头市场或由多头市场转入空头市场的时机与价位，投资者由此根据当时经济环境的变化，作为进出股票的依据。

（2）黄金分割律的运用　黄金分割律，最基本的公式就是把 1 分割成 0.618 与 0.382，然后再依据实际情况变化，演变成其他的计算公式。

小知识

“顶”的判断

当空头市场结束、多头市场展开时，投资人最关心的问题是“顶”在哪里？事实上，影响股票价格变动的因素极多，要想准确地掌握上升行情的最高价是绝对不可能的，因此，投资人所能做的就是依照黄金分割律计算可能出现的股票价格反转点，以供操作时参考。

在股票价格上涨过程中，依照黄金分割律，它的涨势会在上涨幅度接近或达到 0.382 与 0.618 时发生变化。也就是说，当上升接近或超越 38.2%或 61.8%时，就会出现反压，可能出

现反转下跌而结束一段上升行情的情况。

黄金分割律除了固定的0.382与0.618是上涨幅度的反压点外，其间也有一半的反压点，即0.382的一半0.191也是重要的依据。因此，当上升行情展开时，要预测股票价格上升的能力与可能反转的价位时，可将前股票价格行情下跌的最低点乘以0.191、0.382、0.809与1，得出的结果作为可能上升的幅度的预测。当股票价格上涨幅度越过1倍时，其反压点则以1.191、1.382、1.809和2倍进行计算得出并依此类推。

小案例

当下跌行情结束前，某股的最低价为4元/股。如果股票价格反转上升，投资人可以预先计算出各种不同情况下的反压价位，也就是：4×（1+0.191）=4.764元；4×（1+0.382）=5.528元；4×（1+0.618）=6.472元；4×（1+0.809）=7.236元；4×（1+1.0）=8元；4×（1+1.191）=8.764元。然后，再依照实际股价变动情形作斟酌。

小知识

“底”的判断

当多头市场结束、空头市场展开时，投资人最关切的问题莫过于“底”在哪里？但影响因素极多，无法完全掌握。从黄金分割律中可计算跌势进行中的支撑价位，增加投资人逢低买进的信心。

在股票价格下跌过程中，依照黄金分割律，它的跌势也会在下跌幅度接近或达到0.382与0.618时发生变化。也就是说，与上升行情相似，当下跌幅度接近或超越38.2%或61.8%时，就容易出现支撑，有反转上升而结束下跌行情的可能。与上升行情的黄金分割律公式相同，下跌行情展开时，除了0.382和0.618有支撑外，在0.191、0.809处均可能发挥支撑的效力。

小案例

上升行情结束前，某股最高价为3元/股。如果股价反转下跌，投资人可以计算出各种不同的支撑价位，也就是：3×（1−0.191）=2.427元；3×（1−0.382）=1.854元；3×（1−0.618）=1.146元；3×（1−0.809）=0.573元。

在许多情况下，将黄金分割律运用于股票市场，投资人会发现，将其使用在大势判断上有效性高于使用在个股上。这是因为个股的投机性较强，在部分做手介入下，某些股票极易出现暴涨暴跌的走势。这样，如用刻板的计算公式寻找“顶”与“底”的准确性就会降低。而股指则相对较好，人为干预因素虽然也存在，但与个股相比要少得多。因此，掌握“顶”与“底”的机会也会大一些。

2. 乖离率

（1）乖离率的概念　乖离率简称Y值，是移动平均原理派生的一项技术指标，其功能主要是通过测算股票价格在波动过程中与移动平均线出现偏离的程度，从而得出股票价格在剧烈波动时因偏离移动平均趋势而造成可能的回档或反弹，以及股票价格在正常波动范围内移动而形成继续原有趋势的可信度。

乖离度的测试原理是建立在“如果股票价格偏离移动平均线太远，不管股票价格在移动平均线之上或之下，都有可能趋向平均线。”的这一条原理上。而乖离率则表示股票价格偏离趋向指标的百分比值。

乖离率的计算公式为

Y 值=（当日收市价−N 日内移动平均收市价）/N 日内移动平均收市价×100%

其中，N 日为设立参数，可按自己选用移动平均线日数设立，一般分定为 6 日、12 日、24 日和 72 日，也可按 10 日、30 日和 75 日设定。

（2）乖离率的取值与应用　乖离率的数值大小可以直接用来研究股票价格的超买超卖现象，判断买卖股票的时机。由于选用乖离率周期参数的不同，其对行情的研判标准也会随之变化。但大致的方法基本相似。以 5 日和 10 日乖离率为例，具体方法如下：

1）在弱势市场上。一般而言，在弱势市场上，股票价格的 5 日乖离率达到−5 以上，表示股票价格超卖现象出现，可以考虑开始买入股票。而当股票价格的 5 日乖离率达到 5 以上，表示股票价格超买现象出现，可以考虑卖出股票。

2）在强势市场上。在强势市场上，股票价格的 5 日乖离率达到−10 以上，表示股票价格超卖现象出现，为短线买入机会。当股票价格的 5 日乖离率达到 10 以上，表示股票价格超买现象出现，为短线卖出股票的机会。

3）在我国沪深股市上。结合我国沪深股市的实际，抓住一些暴涨暴跌的时机。对于综合指数而言，当 10 日乖离率大于 10 以上时，预示股票价格指数已经出现超买现象，可开始逢高卖出股票；当 10 日乖离率小于−5 时，预示股票价格指数已经出现超卖现象，可开始逢低吸纳股票。而对个股而言，当 10 日乖离率大于 15 以上为短线卖出时机；当 10 日乖离率小于−10 为短线买入时机。

3. 移动平均线

（1）移动平均线的概念　移动平均线属于指标类分析方法的一种，是判断股票价格趋势最常用的一个指标。它本质上是以一种算术平均数的概念来表示趋势值的方法。先选定时间数列的平均期数，在该期间内求取移动总值，然后除以期数就可求得移动平均值的长期趋势值。

以时间为横坐标，以移动平均数为纵坐标，将各点以移动平均数连成一线即为移动平均线，移动平均线上升表示股票价格（指数）呈上升的趋势；移动平均线下降表示股票价格（指数）呈下降的趋势。

移动平均分析的最大优点在于通过某一期间平均股票价格（指数）的移动走势，可以大致反映真实的趋势，避免人为的短线炒作。

移动平均线分为短期移动平均线（3 日、5 日、10 日、15 日等）、中期移动平均线（25 日、30 日、75 日等）和长期移动平均线（150 日、275 日等）。

（2）买卖点的判断　由葛兰维法则可归纳出下列买卖点：

1）平均线从下降转为水平而有向上趋势，股票价格从平均线下方向上突破，回跌时若不破平均线，是运用短线的最佳买进时机。

2）平均线由上升转为水平而有向下趋势，股票价格从平均线上方向下跌破，回升时无力穿过平均线，是运用短线的最佳卖出时机。

3）移动平均线正在下跌之中，股票价格突然暴跌，负乖离率扩大，股价即将反弹，是买进时机。移动平均线正在上升之中，股票价格突然暴涨，正乖离率扩大，股票价格即将回档，是卖出时机。

移动平均线应用八法则

如何运用移动平均线进行行情分析呢？美国投资专家葛兰维（Granvile）提出了运用移动平均线的八法则。其中四条属买进时机（买进信号），另四条则属卖出时机（卖出信号）。这八法则是：

1）平均线由下降逐渐转为水平，且有往上方抬头的迹象，而股票价格从平均线下方突破，便是买进信号。

2）股票价格趋势走在平均线上，股票价格下跌而没有跌破平均线，又再度上升，为买进信号。

3）股票价格跌至平均线下方，而平均线短期内仍为继续上升趋势，是买进信号。

4）股票价格趋势走在平均线下方，突然暴跌，远离平均线，极有可能反弹回升至平均线附近，为买进信号。

5）股票价格趋势走在平均线上方，突然暴涨，远离平均线，极有可能回跌至平均线附近，为卖出信号。

6）平均线逐渐从上升趋势走平，而且股票价格由平均线上方跌破平均线，为卖出时机。

7）股票价格趋势走在平均线下方，反弹回升未能超越平均线，平均线已有从水平反转而下的趋势，为卖出时机。

8）股票价格在平均线上震荡，而且平均线继续向下跌，为卖出信号。

温馨提示

移动平均线应用注意事项

上述3）与8）二项，运用起来较不明确，具有风险性，非平均线熟练操作者可以不用。

上述1）与2）项、6）与7）项合用较为明确，可发展出各种不同买卖点的实用方法。

上述4）与5）项配合乖离率使用，获利也不困难。

本章小结

证券投资决策与分析关系到证券投资的成败。证券投资决策是指通过分析、比较，在若干种可供选择的证券投资方案中选定最优方案的过程。证券投资决策必须建立在相应的分析的基础上，同时要遵循一定的原则。证券投资的分析涉及宏观分析、微观分析以及技术分析等。

宏观分析主要包括国内生产总值影响分析、经济周期分析以及其他因素的影响分析等。微观分析主要包括行业区域分析以及对上市公司的分析等。技术分析方法是在对价格、数量历史资料分析的基础上运用统计、数学计算、绘制图表等主要手段来判断市场的未来走向。一般来说，可以将技术分析方法分为：指标类、切线类、形态类、K线类、波浪类五类。

第六章　证券投资风险的防范和证券监管

证券投资风险是指由于证券收益的不确定性而发生损失的可能性。证券投资风险与损失紧密联系。加强证券监管是降低证券投资风险和防止证券投资损失的重要途径。

本章主要介绍有关证券投资风险及证券监管的知识，通过“案例导入”，激发学生的学习兴趣，通过问题的设计，教师引导学生采用探究式的教学方法完成本章的学习任务：①认识证券投资风险的概念及其分类。②了解证券投资风险的应对措施。③认识证券监管的目标、原则、对象及手段。

通过《证券实务习题集》的练习，加深对证券市场交易风险及证券监管知识的理解。学会结合证券市场的现实，分析证券监管过程中面临的现实问题，提高专业能力。

第一节　证券投资风险的防范

案例导入

1993 年 11 月 6 日，海南的《特区证券报》登出巨大标题——“北海正大置业致函本报向社会公众收购‘苏三山’股票”。当日的海南《特区证券报》在深圳、海南、北京、贵阳、上海等地被抢购一空。于是，11 月 8 日开盘后股票价格仅为 8.30 元/股的“苏三山”扬起了“牛”气，最高升至 11.50 元/股，单股成交金额达 2.2 亿元，创下深圳股市个股成交额最高的纪录。贵阳有近千名股民以 11 元以上的价格买入 200 万元的“苏三山”。11 月 10 日，广西北海市工商局经查询后获悉，当地并无“北海正大置业”这家注册公司，深圳证券交易所和深圳证券登记公司也均没有“北海正大置业公司”开户和交易的记录。显然这是一场大骗局，很多投资者因此损失惨重。苏三山股票认购证如图 6-1 所示。

图 6-1　苏三山股票认购证

温馨提示

对于投资者而言，证券交易能为其带来巨大的投资收益的同时也会为其带来巨大的交易风险，因此，投资者必须始终重视证券交易的风险问题。

◀◁ 相关知识

一、证券投资风险的概念

证券投资是一种风险投资。一般而言，证券投资风险是指对证券投资者预期收益的背离，或者是指因证券收益的不确定性而导致损失的可能性。

二、证券投资风险的分类

证券投资风险按照性质分类，可以分为系统风险和非系统风险。系统风险是指由于全局性事件引起的投资收益变动的不确定性。系统风险对所有公司（企业）、证券投资者和证券种类均产生影响，即使通过多样化投资也不能抵消这样的风险，所以又称为不可分散风险或不可多样化风险。非系统风险是指由非全局性事件引起的投资收益率变动的不确定性。在现实生活中，各个公司的经营状况会受其自身因素的影响，这些因素跟其他企业没有必然联系，只会造成该家公司证券收益率的变动，不会影响其他公司的证券收益率，它是某个行业或公司遭受的风险。由于一种或集中证券收益率的非系统性变动跟其他证券收益率的变动没有内在的、必然的联系，因而可以通过证券多样化方式来消除这类风险，所以又被称为可分散的风险或可多样化风险。

与证券投资相关的所有风险称为总风险。证券投资的总风险是系统风险和非系统风险的总和。

1. 系统风险的表现

（1）市场风险　市场风险是证券投资活动中最普遍、最常见的风险，是由市场上证券价格的涨落直接引起的。市场行情的变化一般为周期性的，其周期大致可分为四个阶段：盘整期、转势期、高潮期、低潮期。在市场行情走低时，证券的价格普遍下降。在高潮期，价格普遍上扬。影响市场行情走势的主要因素为经济的周期循环。此外，市场资金的供求变化、市场的季节变化、市场预期等也都影响着市场行情的走势。一般认为，现代市场经济中的经济周期大体包括四个阶段：复苏、繁荣、危机、萧条。在经济复苏和繁荣时期，社会总需求、总投资旺盛，经济增长率上升，就业率和个人收入水平也有较大提高，证券市场筹资与投资行为十分活跃，证券投资收益较好。然而在经济萧条或经济危机时，整个社会活动处于停滞不前甚至萎缩和倒退状态，经济秩序不稳定，证券市场必然受到冲击。一方面，资金需求减少，市场交易规模随之缩小；另一方面，证券价格大幅度波动并呈现下跌之势，投资者实际收益下降，甚至蒙受亏损。

温馨提示

“股市是经济活动的‘晴雨表’”这是对证券市场与宏观经济运行状况的高度概括。据统计，美国经济周期运动仅仅比股市行情走势平均时滞四个月。

（2）利率风险　利率风险是指由于银行利率水平的波动而带来的投资收益风险。当利率水平上调时，一般会引起一系列连锁反应。银行存款者的机会成本下降，部分潜在投资者将储蓄存入银行，或原有的股票投资者将资金撤出证券市场存入银行，从而降低对股票的需求，导致股票价格下降。货币供给量减少，造成股票交易规模缩减，从而引起股票价格下降。公司贷款成本上升，投资预期减少，利润下降，股票价格下跌。利率变动也会影响债息的支付、到期债券的兑现。

（3）政策风险　政府的经济政策和管理措施可能会影响证券的投资收益，这在新兴股票市场上表现得尤为突出。经济、产业政策的变化、税率的调整，可以直接影响到公司利润、债券收益的变化，进而间接影响公司证券价格。证券交易政策的变化，可以直接影响到证券的价格。因此，每一项经济政策、法规出台或调整都会在一定程度上引起证券市场的波动。这种由于政府的经济政策和管理措施的变动给证券投资者带来的损失的风险称为政策风险。

（4）购买力风险　在现实生活中，由于物价的上涨，同样金额的货币未必能买到过去同样的商品。这种物价的变化导致了货币实际购买力的不确定性，称为购买力风险或通货膨胀风险。同样在证券市场上，由于投资证券的回报是以货币的形式来支付的，而在通货膨胀时期，货币的购买力下降，也就是投资的实际收益下降，将给投资者带来损失。

2. 非系统风险的表现

（1）经营风险　证券市场交易股票的价格，从根本上说是反映上市公司内在价值的，其价值的大小由上市公司的经营业绩决定。然而，上市公司本身的经营是有风险的，经营中潜藏着危机甚至破产、倒闭的风险，从而造成投资收益的减少或损失，即经营风险。

（2）财务风险　财务风险是指公司因筹措资金而产生的风险，即公司可能丧失偿债能力的风险。公司财务结构的不合理，往往会给公司造成财务风险。形成财务风险的因素主要有资本负债比率、资产与负债的期限、债务结构等因素。在投资股票时，应注意分析公司的财务报表。

（3）信用风险　信用风险也称违约风险，是指不能按时向证券持有人支付本息而使投资

者造成损失的可能性。主要针对债券投资品种，对于股票只有在公司破产的情况下才会出现。

（4）道德风险　道德风险主要指上市公司管理者的道德风险。上市公司的股东和管理者是一种委托—代理关系。由于管理者和股东追求的目标不同，尤其在双方信息不对称的情况下，管理者的行为可能对股东利益造成损害。

（5）违约违纪风险　违约违纪风险主要是指证券发行者违反证券法规，以虚假信息欺骗公众以及违法经营导致破产等原因使投资者利益受到损失的可能性。在严格的证券监管体系中，这样的情况虽然很少见，但毕竟难以杜绝。

（6）其他风险　其他风险主要包括：投资者密码失密、操作不当、投资决策失误等原因可能会使投资者发生亏损；网上委托、热键操作完毕后未及时退出，他人进行恶意操作而造成的损失；网上交易未及时退出遭遇黑客攻击，从而造成的损失；委托他人代理证券交易，且长期不关注账户变化，致使他人恶意操作而造成的损失。上述损失都将由投资者自行承担。

三、证券投资风险的应对

1. 选择信誉良好的证券公司

证券公司及其营业部管理和服务质量的好坏直接关系到投资者交易的效率和安全性。根据国家有关规定，证券公司及其证券营业部的设立要经过主管部门的批准。投资者在确定其合法性后，方可依据其他客观标准来选择自己放心的投资营业部和咨询服务平台。这些标准主要包括公司规模、信誉、服务质量、软硬件及配套设施和内部管理状况等。

2. 签订有关协议

投资者选择了一家证券公司营业部作为股票交易代理人时，必须与其签订《证券买卖代理协议》和《指定交易协议》，形成委托代理的合同关系。双方依约享有协议所规定的权利和义务，这样可以避免今后交易中可能发生的一些风险。当然，投资者一旦采用指定方式进行交易，便只能在指定的证券公司营业部办理有关的委托交易，而不能在其他地方进行证券的交易。投资者也可以在原来的证券公司营业部撤销指定交易，并重新指定新的证券公司或营业部进行交易。

3. 防止股票盗卖和资金冒提

投资者股票被第三人盗卖及保证金被冒提主要有两个原因：一是股民的相关证件和交易资料发生泄露，使违法者有机可乘。二是因证券公司管理不严等因素使违法者得以进行盗卖。投资者必须在日常投资实践中增强风险防范意识。

温馨提示

投资者尤其要注意以下事项：①在证券营业部开户时要预留三证（身份证、股东卡、资金卡）复印件和签名样本。②细心保管好自己的三证和资金存取单据、股票买卖交割单等所有的原始凭证，以防不慎被人利用。③经常查询资金余额和股票托管余额，发现问题及时处理，减少损失。④注意交易密码和提款密码的保密。⑤不定期修改密码。⑥逐步采用自助委托等方式，减少柜台委托。

4. 认真核对交割单和对账单

目前，A 股交易采用“T+1”交收制度，即当天买卖，次日交割。投资者应在交易日后一天在证券营业部打印交割单，以核对自己的买卖情况。如果投资者发现资金账户里的资金与实有资金存在差异，应立即向证券营业部查询核对，进行交涉。投资者在需要时还可向证券营业部索取对账单，核对以往交易资料，如果发现资料有误，投资者可向证券营业部进行查询核对。

5. 合理、有效地选择委托方式

目前，投资者可以在证券市场采用限价委托和市价委托两种方式进行交易。其中，市价委托还分为对手方最优价格委托、本方最优价格委托、最优五档即时成交剩余撤销委托等方式。不同的委托方式具有不同交易效率和成交效果。采用限价委托，委托成交价格明确，但委托需要根据当时市场情况确定能否成交。与限价申报方式相比，市价委托可以保证委托及时成交，有利于提高委托成交效率，但其成交价格无法事前预知，存在一定的不确定性，尤其在证券价格波动剧烈时，市价委托成交价格的不确定风险较大。

6. 关注交易公开信息

交易公开信息是交易所为了提高市场透明度，及时、有效地向投资者揭示市场风险的工具。目前，交易所公布的交易公开信息分为单日交易公开信息和交易异常波动公开信息两种。其中，单日交易公开信息针对日收盘价格涨跌幅偏离值达到±7%等情况进行披露，而交易异常波动公开信息则是针对连续三个交易日内收盘价格偏离值累计达到±20%等属于交易异常波动的情况进行披露，两者程度不同。投资者应及时关注交易公开信息内容，并进行理性分析，谨慎投资。需要指出的是，涨跌幅偏离值不是简单地把单只证券若干天涨跌幅比例进行累加，而是考虑了当天大市升跌情况的因素，把单只证券涨跌幅与对应分类指数涨跌幅加以比较，得出的更为准确、科学的指标。

7. 善用证券公司的研究报告

证券公司研究报告一般是证券公司专业研究分析人员经过实地调研和专业分析得出的结果。但由于部分研究报告会受到研究人员能力水平和个人主观因素的影响，投资者应在独立分析的基础上，善用证券公司研究报告。

温馨提示

在国内外经济环境复杂、股市表现疲弱时，投资者会面临较大的证券交易风险，但如果利用好股指期货则可以有效地规避相关风险。如果在股指期货卖出与股票组合价值相当的合约，一旦股票价格继续下跌，在现货市场的亏损就可以通过股指期货的盈利得到部分甚至全部的弥补。

小知识

为了防范证券公司的证券交易风险，中国证监会颁布的《证券公司证券自营业务管理办法》对证券公司的一些指标进行了明确规定。该办法规定：证券公司负债总额与净资产之比

不得超过 10:1；证券公司从事证券自营业务，其流动性资产占净资产或证券营运资金的比例不得低于 50%；证券公司证券自营业务账户上持有的权益类证券按成本价计算的总金额，不得超过其净资产或证券营运资金的 80%；证券公司从事证券自营业务，持有一种非国债类证券按成本价计算的总金额，不得超过净资产或证券营运资金的 20%；证券公司买入任一上市公司股票按当日收盘价计算的总市值，不得超过该上市公司已流通股总市值的 20%；等等。

第二节 证券监管

案例导入	“南海泡沫事件”是英国证券市场发展史上最重要的事件之一。南海公司成立于 1711 年，其经营策略主要是通过与政府交易以换取经营特权并以此谋取暴利。1720 年，英国战争负债有一亿英镑，为了应付债务，南海公司与英国政府协议债券重组计划，由南海公司认购总价值近 1 000 万英镑的政府债券。作为回报，英国政府对南海公司经营的酒、醋、烟草等商品实行永久性退税政策，并给予对南海（即南美洲）的贸易垄断权。随着南美贸易障碍的清除，加之公众对股票价格上扬的预期，南海公司股票价格不断上升，投资者趋之若鹜，其中包括半数以上的参议员，就连国王也禁不住诱惑，认购了 10 万英镑的股票。由于购买踊跃，股票供不应求，因而价格狂飙。当年每股狂飙到 1 000 英镑以上，半年涨幅高达 700%。在南海公司股票价格扶摇直上的示范效应下，整个英国 170 多家新成立的股份公司的股票以及所有的公司股票都成了投机对象。一时间，股票价格暴涨，平均涨幅超过 5 倍。然而当时这些公司的真实业绩与人们期待的投资回报相去甚远，公司股票的市场价格与上市公司实际经营前景完全脱节。1720 年 6 月，为了抑制虚拟市场出现的泡沫，政府出台相关法案。于是，南海股票价格一落千丈，甚至跌至每股 124 英镑，“南海泡沫”由此破灭。“南海泡沫”事件对英国证券市场发展造成了重大影响，这也进一步说明证券监管的重要意义。

你知道我国负责证券监管的机构有哪些吗？

温馨提示

随着我国证券市场的大力发展，我国证券市场的交易投资规模在不断扩大，这对证券监管提出了更高的要求。

◀◁ 相关知识

证券监管是指以保护投资者合法权益为宗旨，以矫正和改善证券市场的内在问题（市场失灵）为目的，政府及其监管部门通过法律、经济、行政等手段对参与证券市场活动的各类主体的行为所进行的引导、干预和管制。这里强调的是，任何对投资者合法权益的侵害行为（如股价操纵、证券欺诈、内幕交易等）均应毫无争议地成为监管对象，并对其进行事前的有效预警和事后的严厉惩处。切实杜绝各类机构或个人以其拥有的信息优势和资金优势对中小投资者进行剥夺与伤害。

一、证券监管的主体

我国的证券监管主体可以分为他律监管主体与自律监管主体。在他律监管主体方面，有中国证券监督管理委员会及其派出机构；在自律监管主体方面，主要有证券交易所和证券业协会。

小链接

我国证券市场经过多年的发展，逐步形成了五位一体的监管体系，即集国务院证券监督管理机构、国务院证券监督管理机构的派出机构、证券交易所、行业协会和证券投资者保护基金公司为一体的监管体系和自律管理体系。

二、证券监管的目标

由于各国和地区的经济发展水平不同，历史、文化和法律制度存在差异，其证券监管制度也有所不同。国际证券事务监察委员会组织（IOSCO）在国际范围内提出了证券监管的主要目标：保护投资者；保证市场的公平、有效和透明；减少系统性风险。

各国证券监管的目标基本是相同的。一般包括三个方面，即保护投资者，确保市场的公正、透明和有效，维护证券市场的安全与稳定。

1. 保护投资者

保护投资者利益是证券立法的基本宗旨，也是证券监管的最基本目标。实现这一监管目标的措施有以下几个方面：

1）加强信息披露。加强信息披露，完善信息披露制度，这是对投资者进行的最基本的、也是最有效的保护方式。

2）加强对中介机构的监督管理。投资者买卖证券需要通过中介机构代理以及中介机构提供的各种服务，但同时投资者也往往容易受到中介机构的欺诈。因此，需要建立一套全面的关于检查、监督证券中介机构的制度，以防止中介机构侵害投资者利益。

3）建立对投资者进行法律救济的机制以及保护措施。建立对投资者进行法律救济的机制以及保护措施，包括建立赔偿基金，成立专门的证券仲裁机构，完善证券诉讼机制等。

小链接

2005 年我国新修订的《中华人民共和国证券法》通过创设预披露信息制度，加强对中介机构证券公司的监管，规定国家设立证券投资者保护基金等一系列措施，加强了对投资者的保护。

2. 确保市场的公正、透明和有效

公正、透明和有效是证券市场赖以存在和发展的基础。这三者之间相互联系、相互作用。只有公正、透明的市场才能产生有效的市场。有效的市场必然是公正和透明的。只有透明才能保证市场的公正和有效。实现这一目标的措施有以下几个方面：

1）保证规则的公正。公正的规则有助于市场的公正，证券监管应确保证券交易所制订的交易规则具有公正性，对所有的投资者应一视同仁，不应当使交易规则偏向于某些投资者。

2）确保市场透明。防止不正当、不公平交易发生的一个重要的方式，就是要确保证券市场的透明度。将一切与证券发行和交易有关的信息，真实、全面、及时地向社会公众投资者公开，以便投资者参考使用。

3）提高市场效率。证券监管应确保投资者享有平等的交易机会，平等地了解市场及价格信息，使市场成为充分体现价格机制的场所。

3. 维护证券市场的安全与稳定

维护证券市场的安全与稳定，减少系统风险，是证券监管的重要目标之一。证券市场充满各种风险，其中包括证券市场自身面临的系统风险，如证券市场崩溃、证券机构连锁倒闭等。证券市场一旦出现系统风险，将危及整个国民经济的发展。尽管不能期待监管机构防止市场中介机构的倒闭，但监管应能减少倒闭的风险。证券监管应当旨在减少系统风险，实现这一目标有以下几种措施：

1）制订市场中介机构最低的入场标准，要求中介机构保护客户利益。

2）建立处理市场中介机构破产的程序，以便把对投资者造成的损失降至最低限度，并控制系统风险。

3）应加强对证券交易市场的持续监管，促进交易的透明度，阻止不公平交易行为，妥善控制大额风险、违规风险和市场剧烈波动，同时还应加强对证券交易的清算、结算系统的监管。

温馨提示

2005 年新修订的《中华人民共和国证券法》是为了促进证券市场的稳定和发展，防范金融风险，加强证券公司作为市场主体准入和退出的管理，改变证券公司客户交易结算资金管理模式，杜绝挪用客户交易结算资金行为的发生。既充分保障了公众投资者权益，又有利于减少证券公司的经营风险对证券市场带来的安全隐患。

小链接

美国 1933 年《证券法》包含两个基本目标：①向投资者提供有关证券公开发行的实质性信息②禁止证券售卖过程中的误导、虚假和其他欺诈行为。日本《证券交易法》(1984 年)列明："为使有价证券的发行、买卖及其他交易能够公正进行，并使有价证券顺利流通，以保证国民经济的正常运行及保护投资者利益，特制定本法律。"

三、证券监管的原则

证券监管原则是指证券监管活动本身应当遵循的基本准则。它贯穿于证券监管活动的始终，对证券监管行为具有指导性作用，有助于保障证券监管目标的实现。

1. 证券监管的"三公"原则

"三公"原则是指公平、公开、公正，这是证券监管最基本的原则。

(1) 公平　要求证券市场上的参与者拥有均等的市场机会、均等的交易机会和均等的竞争机会，不存在任何歧视或特殊待遇。

(2) 公正　要求证券监管者公正无私地进行市场管理和对待市场参与者。公正原则的内容包括立法公正、执法公正、仲裁公正。公正原则是有效监管的生命，是监管者以法律框架实现市场所有参与者之间的平衡与秩序的关键，并构成对管理者、立法者、司法者权力的赋予与制约。

(3) 公开　要求证券市场上的各种信息向市场参与者公开披露，任何市场参与者不得利用内幕信息从事市场活动。这里的信息包含各种财务信息、交易信息、行为信息、政策信息乃至监管信息等与市场参与者利益相关的所有信息。公开原则是实现市场公平和公正的必要条件，也是证券法律的精髓所在。

"三公"原则是市场经济的三大原则，是证券监管活动必须奉行的基本原则，也是各国证券市场管理的核心和灵魂所在。

2. 依法监管原则

依法监管原则是指证券监管机构的监管行为应当依法进行，受法律保障，也受法律制约。

3. 适度监管原则

适度监管原则是指证券监管应当采取与市场发展相适应的适度监管方式与政策，既不要过度干预市场，也不要放任市场失灵。当今世界没有政府不监管证券市场的，关键是如何监管，采取什么样的监管政策与思路。必须合理界定监管机关的职责范围，明确其职权的合理限度，监管过度与监管不足都是不可取的。

4. 效率原则

效率原则是指证券监管的实施必须进行成本效益分析，以成本最小化获取收益最大化，从而提高监管的效率。因此，效率原则也称为成本最小化与收益最大化原则。证券市场监管是有成本的。一是政府监管本身要耗费大量的人力、物力和财力。二是不合理的监管行为，如监管不足、监管过度或监管权滥用，都会对证券市场的规范发展造成重大的损害。

5．政府监管与自律管理相结合原则

所谓自律管理也称自我管理，是指行业中的企业按照一致的意愿，自行对各成员进行管理，以促进行业的公平、有序发展。自律管理具有不可替代的地位，相对于政府监管，具有显著的比较优势和特殊作用。

温馨提示

自律管理的优势

首先，自律管理具有专业性。自律组织来自市场、接近市场、了解市场，拥有直接的市场经验，并储备了大量的专业人士。其次，自律管理具有灵活性。自律管理可以随证券市场的发展变化，采取灵活的管理方式和措施。再次，自律管理与行政监管具有互补性。自律管理不仅为行政监管提供基础，还能补充行政监管的不足，如对从业人员的培训与管理、行业的内部业务交流与对外交往等。因此，应当重视行业自律，发挥市场参与者的自律作用。自律组织与政府监管应该互为依存，相互补充。

四、证券监管的对象

证券监管的对象涵盖参与证券市场运行的所有主体，既包括证券经纪商和自营商等证券金融中介机构，也包括工商企业和个人。

1．工商企业

工商企业指进入证券市场筹集资金的资本需求者，也包括在证券交易市场参与交易的企业法人。

2．基金

基金既包括被作为交易对象的二级市场上的上市流通基金，也包括在基金发行市场上的投资基金。

3．个人

个人大致包含两类：一类主要指证券市场上的投资者，即资金供给者。另一类指各种证券从业人员。

4．证券金融中介机构

证券金融中介机构主要指涉及证券发行与交易等各类证券业务的金融机构。它既可以是专业的证券经纪商、承销商、自营商，也可以是银证合一体制下的商业银行和其他金融机构。

5．证券交易所或其他集中交易场所

证券交易所提供证券集中交易的场所，并承担自律管理职能。它既包括传统的有形市场，也包括以电子交易系统为运作方式的无形市场。

6．证券市场的其他中介机构

证券市场的其他中介机构包括证券登记、托管、清算机构以及证券咨询机构、会计师事务所、律师事务所、资产评估机构等。

五、证券监管内容

（一）信息披露监管

近年来，随着我国证券市场国际化、规范化程度的日益提高，我国证券市场的信息披露度从无到有，逐步形成了一套信息披露制度，对维护证券市场秩序、保护投资者起到了积极作用。

信息披露制度的主要内容包括证券发行与上市的信息公开制度、持续信息公开制度以及证券交易所的信息公开制度。

1. 证券发行与上市的信息公开制度

首先，证券发行信息的公开。发行人有责任对投资于其证券的有关风险和投机因素、发行证券所筹集资金的目的和使用方向、证券发行的包销和销售计划等向投资者加以阐明。证券发行信息的披露形式主要是招股说明书。其次，证券上市信息的公开。《中华人民共和国证券法》规定，股票上市交易申请经证券交易所审核同意后，签订上市协议的公司应当在规定的期限内公告股票上市的有关文件，并将该文件置备于指定场所供公众查阅。

上市公司还应当在上市交易前规定的期限内公告：

1）股票获准在证券交易所交易的日期。

2）持有公司股份最多的前 10 名股东的名单和持股数额。

3）公司的实际控制人。

4）董事、监事、高级管理人员的姓名及其持有本公司股票和债券的情况。

上市信息的披露形式主要是上市公告书。

2. 持续信息公开制度

持续信息公开的主要内容有：公司财务会计报告和经营情况、涉及公司的重大诉讼事项、已发行的股票和公司债券情况、高级管理人员及其持股票情况、持有公司股票最多的前 10 名股东的姓名和持股数量等。持续信息公开的形式主要是年度报告、中期报告、季度报告和临时报告。《中华人民共和国证券法》规定，上市公司应于每个会计年度结束后 4 个月内公布年度报告，于每个会计年度的上半年结束后 2 个月内公布中期报告。

3. 证券交易所的信息公开制度

证券交易所应为组织公平的集中竞价交易提供保障，即时公布证券交易行情，并按交易日制作证券市场行情表，予以公布。另外，证券交易所对在交易所进行的证券交易实行实时监控，并对异常的交易情况提出报告。

温馨提示

信息披露的基本要求

（1）全面性　这一要求是指发行人应当充分披露可能影响投资者投资判断的有关资料，不得有任何隐瞒或重大遗漏。

（2）真实性　这一要求是指发行人公开的信息资料应当准确、真实，不得有虚假记载、误导或欺骗。

（3）时效性　这一要求是指向公众投资者公开的信息应当具有最新性、及时性。公开资料反映的公司状态应为公司的现实状况，公开资料交付的时间不得超过法定期限。

（二）对操纵市场的监管

证券市场中的操纵市场是指某一组织或个人以获取利益或者减少损失为目的，利用资金、信息等优势滥用职权、制造证券市场假象、诱导或者致使投资者在不了解事实真相的情况下作出证券投资决定，扰乱证券市场秩序的行为。对操纵市场行为的监管可分为事前监管和事后救济两种。

1. 事前监管

事前监管是指证券市场在发生操纵行为之前，证券管理机构采取必要手段防止损害发生。

2. 事后救济

事后救济是指证券管理机构对证券市场操纵行为者的处理及操纵者对受损当事人的损害赔偿。这主要包括两方面：一是对操纵行为的制裁；二是操纵行为受害者可以通过民事诉讼获得损害赔偿。

（三）对欺诈客户行为的监管

欺诈客户是指证券商或证券交易所在接受客户委托进行证券交易的过程中，违反有关证券管理法规、欺骗客户、损害客户利益的行为。

为禁止证券欺诈行为，《中华人民共和国证券法》规定：禁止任何单位或个人在证券发行、交易及相关活动中欺诈客户。证券经营机构、证券登记或清算机构以及其他各类从事证券业的机构有欺诈客户行为的，将受到相应的处罚。

（四）对内幕交易的监管

内幕交易又称知情者交易，是指公司的董事、监事、经理、职员、主要股东、证券市场内部人员或市场管理人员以获取利益或减少经济损失为目的，利用其地位、职务等便利，获取发行人未公开的、可以影响证券价格的重要信息，进行有价证券交易或泄露该信息的行为。

《中华人民共和国证券法》规定：知悉证券交易内幕信息的知情者或非法获取内幕信息的人员，不得买入或卖出所持有的该公司的证券，或者泄露该信息或者建议他人买卖该证券。

温馨提示

信息披露存在虚假陈述或重大遗漏需承担法律责任

《中华人民共和国证券法》关于信息披露文件的责任主体，主要包括四类：发行人及公司发起人；发行人的重要职员，包括董事、监事、经理及在文件中签章的其他职员；注册会计师、律师、工程师、评估师或其他专业技术人员；证券公司。

《中华人民共和国证券法》就上述四类主体做虚假陈述、故意提供虚假资料、伪造、变造交易记录等的行为明确了相应的法律责任和处罚规定。

六、证券监管的手段

1. 法律手段

法律手段即国家通过立法和执法，以法律规范形式将证券市场运行中的各种行为纳入法制范围内，证券发行与交易过程中的各参与主体按法律要求规范其行为。运用法律手段管理证券市场，主要是通过立法和执法抑制和消除欺诈、垄断、操纵、内幕交易和恶性投机现象等，维护证券市场的良好运行秩序。

小链接

证券法律体系

涉及证券市场管理的法律、法规范围很广，大致可以分为两类。一类是证券监管的直接法规，除证券管理法、证券交易法等基本法律外，还包括各国在上市审查、会计准则、证券投资信托、证券金融事业、证券保管和代理买卖、证券清算与交割、证券贴现、证券交易所管理、证券税收、证券管理机构、证券自律组织、外国人投资证券等方面的专门法规，几乎遍及证券市场的所有领域。另一类是涉及证券管理，与证券市场密切相关的其他法律，如公司法、银行法、票据法、破产法、财政法、反托拉斯法等。这样形成一个以证券基本法为核心，专门证券管理法规或规则相补充，其他相关法律相配套的证券法律体系。

2. 经济手段

经济手段是指政府以管理和调控证券市场（而不是其他经济目标）为主要目的，采用间接调控方式影响证券市场运行和参与主体的行为。在证券监管实践中，常见的有以下两种经济调控手段：

（1）金融信贷手段　运用金融货币政策对证券市场的影响颇为显著。在股市低迷之际放松银根、降低贴现率和存款准备金率，可增加市场货币供应量，从而刺激股市回升；反之，则可抑制股市暴涨。运用“平准基金”开展证券市场上的公开操作，可直接调节证券供求与价格。金融货币手段可以有效地平抑股市的非理性波动和过度投机，有助于实现稳定证券市场的预期管理目标。

小链接

平 准 基 金

平准基金又称干预基金，是指政府通过特定的机构以法定的方式建立的基金。这种基金可以通过对证券市场的逆向操作（如在股市非理性暴跌、股票投资价值凸显时买进，在股市泡沫泛滥、市场投机气氛狂热时卖出的方式。）熨平股市非理性波动，达到稳定证券市场的目的。一般情况下，平准基金的来源有法定的渠道或其基本组成是强制性的，如国家财政拨款、向参与证券市场的相关单位征收等，也不排除向自愿购买的投资者配售。从广义上说，平准基金通常是指政府通过特定的机构以法定的方式建立的基金，通过对某个具体市场的逆向操作，降低非理性的市场剧烈波动，以达到稳定该市场的目的。平准基金是一种政策性基金，其根本职责是实现证券市场的稳定，防止暴涨暴跌。

（2）税收政策　由于以证券所得税和证券交易税（即印花税）为主的证券市场税收直接计入交易成本，税率和税收结构的调整直接影响交易成本，从而可产生抑制或刺激市场的效应。

3. 行政手段

行政手段是指政府监管部门采用计划、政策、制度、办法等对证券市场进行直接的行政干预和管理。与经济手段相比较，运用行政手段对证券市场的监管具有强制性和直接性的特点。例如，在证券发行方面采取上市审批制度，行政控制上市种类和市场规模；对证券交易所、证券经营机构、证券咨询机构、证券清算和存管机构等实行严格的市场准入和许可证制度；交易过程中的紧急闭市等。

行政手段存在于任何国家证券市场的监管历史之中。区别是在市场发育早期使用行政方式管理多些，成熟阶段则行政方式用得少些。早期证券市场受社会经济诸方面条件制约，法律手段不健全，经济手段低效率，造成监管不足，故需行政手段的积极补充。然而，证券市场毕竟是市场经济高度发达的产物，其市场经济特性必然要求市场的成熟与完善。减少行政干预有利于证券市场的发展，因为过多的不恰当的行政干预容易形成监管过度，扭曲市场机制。

小知识

中国证监会

中国证券监督管理委员会（简称证监会）为国务院直属正部级事业单位，依照法律、法规和国务院授权，统一监督管理全国证券期货市场，维护证券期货市场秩序，保障其合法运行。中国证监会设在北京，现设主席 1 名，副主席 4 名，纪委书记 1 名（副部级），主席助理 3 名。机关内设 18 个职能部门，1 个稽查总队，3 个中心。根据《中华人民共和国证券法》第 14 条规定，中国证监会还设有股票发行审核委员会，委员由中国证监会专业人员和所聘请的会外有关专家担任。中国证监会在省、自治区、直辖市和计划单列市设立 36 个证券监管局，以及上海、深圳证券监管专员办事处。

小知识

中国证券业协会

证券业协会是证券业的自律性组织。中国证券业协会成立于 1991 年 8 月，是依法注册，具有独立法人地位，由经营证券业务的金融机构自愿组成的行业性自律组织。中国证券业协会采取会员制的组织形式，其职能是：依法拟订自律性管理规则；统一会员的交易行为，维护市场秩序；调解会员的纠纷；接受主管部门的授权，仲裁会员与顾客间的争议等。

七、完善证券监管的长效机制

1. 完善相关法律制度

1）完善法律责任制度。《中华人民共和国证券法》对证券欺诈行为以及相应的法律责任作了具体规定。这些规定对规范证券市场运作、保护投资者的利益起到了一定的作用，但仍存在一些不完善的地方，突出表现为缺乏证券欺诈民事责任的规定。所以《中华人民共和国证券法》中应增加规定各种欺诈行为的民事责任。

2）建立事前预防制度。证券欺诈行为具有极大的社会危害性，一旦发生后果无法挽回。为避免证券欺诈行为的发生，应当建立事前预防制度。就国外的立法经验来看，证券监管准司法权制度和不欺诈担保金制度是两种行之有效的证券欺诈行为事前预防制度。

司法权的缺失使得证券监管机关面对证券欺诈行为软弱无力。因此，应建立证券监管准司法权制度，给予证券监管机关以传唤、直接冻结账户、电话窃听等准司法权，这将对证券市场监管产生深远影响。

不欺诈保证金制度，同样可以有效预防证券欺诈行为的发生。不欺诈保证金指通过要求包括证券发行人、证券投资者、证券经纪公司以及其他证券行为人提供保证金作为其不进行证券欺诈行为的担保。如果其进行了证券欺诈行为，其保证金将被没收或用于对受害人进行赔偿。

3）完善和强化诉讼救济制度。完善和强化诉讼救济制度要做好以下几方面工作：首先，要完善举证责任制度。证券欺诈应当作为特殊侵权行为对待，证券欺诈诉讼中的举证责任也应建立特殊的举证规则。但我国法律目前尚无此方面的规定，应通过立法加以完善。

其次，要建立股东代表诉讼制度。股东代表诉讼制度，就是股东代表公司进行诉讼的制度。具体地说，是指当公司的正当权益受到他人侵害，特别是受到有控制权的股东、母公司、董事和管理人员等的侵害，而公司怠于行使诉讼权时，符合法定条件的股东以自己的名义为公司的利益对侵害人提起诉讼，追究其法律责任的诉讼制度。

再次，要建立支持起诉制度。支持起诉制度指在投资者向司法机关提请诉讼的时候，证券监督管理部门有责任提供所能掌握的所有资料，为投资者的诉讼提供证据上的支持。

2. 加强证券欺诈监管

证券市场是交易信息高度密集、交易速度高度迅速、交易规模高度庞大的市场，离开专业的监管，要想使证券市场有序运行几乎是不可能的。因此，必须加强对证券市场的监管，才能有效减少证券欺诈行为。各国为了管理证券市场，均设立有证券监管机构，并赋予其相当大的监管职权。目前，我国尽管也设立有监管机构，但其在现实中的作用需要进一步发挥，以更好地防范证券欺诈行为。

加强证券欺诈监管要做好以下几方面工作：首先，应树立高度的监管意识。离开严格的监管，不可能防范证券欺诈，此应成为监管机构和监管人员的共识。其次，强化监管职责。法律赋予监管机构监督市场的权力，同时也规定了其监督市场的职责。对职责的履行和贯彻程度，直接影响监管的效果。因此，应强化监管职责，促使有关方面履行监管义务。再次，证券监管是个系统工程，应该走向制度化、经常化，为此应建立完善的监管制度，建立健全证券监管的长效机制，以保证证券监管的顺利进行。最后，加大监管查处力度。

3. 加强职业道德建设

职业道德培训，提高证券从业人员的自律能力，是防范证券欺诈的有效途径之一。证券欺诈行为是证券从业人员职业道德缺失的表现。加强职业道德培训，强化行为人内心深处的道德感、罪责感，通过内在的职业道德约束（即行为人的自律），可以降低证券欺诈行为发生的频率。

加强职业道德建设应做好两方面工作。首先，通过岗前培训、业务培训等方式，加大职业道德普及的力度，巩固、强化人们内心已形成的道德感，使之成为自我约束的力量。其次，通过证券立法和普法教育，使行为人了解、掌握现行法律规定，从而有效约束自己的行为。

4. 加强投资者自我保护教育

证券欺诈在证券市场上是普遍存在的，投资者加强自我保护教育无疑是防范证券欺诈的一个重要方面。就投资者而言，一般应从以下几方面着手，加强自我保护，防范证券欺诈。

首先，加强证券法律法规学习，了解证券欺诈的各种表现形式，认清证券欺诈的本质，不受证券欺诈者的欺骗。了解惩罚证券欺诈的法律措施，强化自我保护意识。

其次，树立理性的投资理念。正确的投资理念和投资心态在应对证券欺诈方面十分重要。投资时要有风险意识，先考虑风险再期望利润。投资者应保持良好的心态，消除错误投资理念，切忌追涨杀跌、贪婪急躁。

再次，求助法律，弥补损失。法律对证券欺诈行为规定了相应的惩处措施，这些措施有行政性质的，也有刑事和民事性质的。投资者因证券欺诈行为遭受损失以后，一方面可以积极提起诉讼，通过诉讼挽回自己的损失；另一方面，可以向证券监管机构和司法机关举报，要求追究行为人的行政责任或刑事责任。投资者切忌在遭受损失以后自认倒霉，这样不但不能维护自己的合法权益，也放纵了违法和犯罪行为，不利于减少证券欺诈行为。

最后，投资者应联合起来，成立自治组织，比如投资者保护协会等，对抗证券欺诈行为，保护自身合法利益。

◀◁ 本章小结

证券投资风险是指对证券投资者预期收益的背离，或者因证券收益的不确定性而导致损失的可能性。证券投资风险按照性质分类，可以分为系统风险和非系统风险。

证券监管是指以保护投资者合法权益为宗旨，以矫正和改善证券市场的内在问题（市场失灵）为目的，政府及其监管部门通过法律、经济、行政等手段对参与证券市场各类活动的各类主体的行为所进行的引导、干预和管制。证券市场监管需要完善证券市场监管的长效机制。

参考文献

[1] 张强．证券基础[M]．北京：中国财政经济出版社，2006．

[2] 李国强，田月秋．证券投资实务[M]．北京：中国财政经济出版社，2002．